Klaus Boll
KulturSchock Mexiko

013kb Foto: kb

Impressum

Klaus Boll
KulturSchock Mexiko

erschienen im
Reise Know-How Verlag Peter Rump GmbH
Osnabrücker Str. 79
33649 Bielefeld

6. Auflage 2010

Gestaltung
Umschlag: Günter Pawlak (Layout), Klaus Werner (Realisierung)
Inhalt: Günter Pawlak (Layout), Liane Werner (Realisierung)
Fotos: Klaus Boll (kb, inkl. Cover), Birgitta Huse (bh), de.fotolia.com
Karte: Anna Medvedev

Lektorat: Liane Werner
Lektorat (Aktualisierung): Dhaara P. Volkmann

Druck und Bindung: Fuldaer Verlagsanstalt GmbH & Co. KG

ISBN 978-3-8317-1703-3
Printed in Germany

Dieses Buch ist erhältlich in jeder Buchhandlung Deutschlands, der Schweiz, Österreichs, Belgiens und der Niederlande.
Bitte informieren Sie Ihren Buchhändler über folgende Bezugsadressen:

Deutschland
Prolit GmbH, PF 9, D-35461 Fernwald (Annerod)
sowie alle Barsortimente
Schweiz
AVA-buch 2000, Postfach, CH-8910 Affoltern
Österreich
Mohr Morawa Buchvertrieb GmbH,
Sulzengasse 2, A-1230 Wien
Niederlande, Belgien
Willems Adventure,
www.willemsadventure.nl

Wir freuen uns über Kritik, Kommentare und Verbesserungsvorschläge.

Alle Informationen in diesem Buch sind vom Autor mit größter Sorgfalt gesammelt und vom Lektorat des Verlages gewissenhaft bearbeitet und überprüft worden.

Da inhaltliche und sachliche Fehler nicht ausgeschlossen werden können, erklärt der Verlag, dass alle Angaben im Sinne der Produkthaftung ohne Garantie erfolgen und dass Verlag wie Autor keinerlei Verantwortung und Haftung für inhaltliche und sachliche Fehler übernehmen.

Der Verlag sucht Autoren für weitere KulturSchock-Bände.

Klaus Boll

KULTURSCHOCK

Mexiko

Inhalt

218mx Foto: bh

Vorwort

Mexiko gilt seiner reichen kulturellen Geschichte, seiner einzigartigen landschaftlichen Vielfalt, seiner besonderen Musik- und Tanztraditionen und vor allem seiner Menschen wegen zu Recht als eines der faszinierendsten Länder der Welt. Die Mexikaner sagen oft von sich selbst, ihrer Einzigartigkeit bewusst: „Mexico es otro mundo – Mexiko ist eine andere Welt, Mexiko ist unvergleichlich." Wer Mexiko bereist, egal ob in einer Studienreisegruppe oder individuell mit Rucksack, egal ob drei Wochen oder drei Monate lang, egal ob durch Reiseführer gut vorbereitet oder völlig uninformiert, wird sich nach wenigen Tagen, vielleicht bereits wenige Minuten nach der Ankunft eine Reihe von Fragen stellen:

Warum sind Mexikaner bei Dienstleistungen fast überfreundlich, beinah unterwürfig? Wie kommt es, dass an Allerseelen die Friedhöfe Mexikos gestopft voll sind von Angehörigen der Verstorbenen, die an den Gräbern singen, essen und *tequila* trinken? Wieso ist das Verhältnis der Mexikaner zu den US-Amerikanern gespannt, ambivalent, so emotionsgeladen? Warum sind viele Mexikaner so patriotisch? Warum sind Lotterie, Stier- und Hahnenkampf so populär in Mexiko? Warum fahren die Busse, Züge und Metros selten pünktlich ab? Ist es angemessen, meine mexikanischen Bekannten genauso zu begrüßen (mit einem klassischen *abrazo,* wörtlich: „Umarmung"), wie die Männer es in der Bar untereinander, bzw. die Frauen es in der Öffentlichkeit tun? Warum führt der Mann seine Ehefrau wie eine Gefangene mit festem Griff über die Straße?

Ein Reiseführer, der die touristischen Orte Mexikos beschreibt, wird kaum auf solche Themen eingehen. Dann werden sich Mexikobesucher mit diesen offenen Fragen allein gelassen fühlen, insbesondere, wenn sie feststellen, dass die in der Heimat bewährten Formen der Informationsverwertung versagen und Erklärungssysteme nicht mehr funktionieren.

Viele Signale der menschlichen Kommunikation haben in Mexiko eine andere Bedeutung. Die Mexikaner denken, fühlen und handeln in zahlreichen Situationen anders, sie verknüpfen auch bestimmte Informationen auf eine andere Weise. Auch bleiben die uns gewohnten Formen der Rückmeldung aus, andere treten an ihre Stelle. In der Computersprache hieße das: Das Betriebssystem von Mexikanern und Besuchern ist zwar dasselbe, doch ihr jeweiliges Programm ist unterschiedlich. Erfolgt diese Erkenntnis plötzlich und unvorbereitet, kann es zum Kulturschock kommen, zur Orientierungslosigkeit, wenn die erlernte Struktur nicht mehr zu den Ereignissen passt.

Mexiko hat z. B. eine Kultur, in der viele Gedanken und Gefühle nicht tatsächlich auch gleich in Worten ausgesprochen werden. Sie werden vom Sprecher in Tonfall, Gestik, Mimik oder im besonderen Kontext der jeweiligen Situation mitgeteilt. Im Gegensatz zur „High Context Culture" Mexiko kann man die Bundesrepublik Deutschland als „Low Context Culture" charakterisieren; hier gelten in aller Regel nur die auch tatsächlich geäußerten Bemerkungen als ausgetauscht. Ein harmloses Beispiel: Auf die Frage nach dem Weg zum *zócalo* mag ein Mexikaner aus Höflichkeit (oder um den Schein des Kenners zu wahren) dem Reisenden die Antwort geben, zwei Blocks weiter und dann rechts zu gehen. An der Art seiner Erwiderung (Tonfall, Gestik, Formulierung, eventuelles Zögern) würde ein Landsmann erkennen können, dass diese Antwort „Ich kenne den Weg nicht!" bedeutet. In Deutschland dagegen würde man nach einer solchen Auskunft in aller Regel erwarten, dass der *zócalo* auch tatsächlich zwei Blocks weiter und dann rechts zu finden ist. Allein schon aus diesem grundsätzlichen Unterschied können sich erhebliche Probleme im Verständnis zwischen Mexikanern und Deutschen ergeben.

„KulturSchock Mexiko" will Reisende gezielt auf mögliche Erfahrungen vorbereiten und für mentale Besonderheiten der Menschen Mexikos sensibilisieren. Der Band soll einen Beitrag leisten zum Bewusstwerden möglicher, ja wahrscheinlicher Konfliktfelder im Schwellenland Mexiko, zum Aufbau größeren Verständnisses für die in vielen Bereichen anders denkenden, fühlenden und handelnden Mexikaner.

Dieses Buch soll auch zu privaten Kontakten zu Mexikanern ermutigen. In diesem Band werden beispielhaft einige extreme Fälle für kulturell geprägtes Verhalten genannt, dabei gewissermaßen Idealtypen zur besseren Verdeutlichung beschrieben. Wohlgemerkt: Das Buch will Tendenzen, Grundstrukturen der mexikanischen Kultur aufzeigen, doch keine Generalisierungen oder gar Vorurteile fördern. Denn kein Mexikaner hat den gleichen individuellen Hintergrund wie sein Nachbar, sein Denken, Fühlen und Handeln ist nicht identisch mit dem seines Freundes.

Kulturelle Traditionen und Verhaltensweisen lassen sich nicht ohne den ökonomischen und historischen Rahmen darstellen. Man muss sie immer auch vor dem Hintergrund der Tatsache sehen, dass laut Weltbankquellen 2007 etwa 40 % aller Mexikaner am Rande des Existenzminimums lebten. Bestimmte Verhaltensweisen werden aus der blanken Not geboren, andere – vermeintlich zivilisierte bzw. weiter entwickelte – können aufgrund der wirtschaftlichen Not erst gar nicht entstehen.

Klaus Boll

009mx Foto: kb

RELIGION

„Wir sind nicht in erster Linie Angehörige der römisch-katholischen Kirche, sondern Guadalupeños - wir glauben vor allem an die Heilige Jungfrau von Guadalupe."

(übliche Antwort von Mexikanern auf die Frage eines Fremden nach ihrer Konfessionszugehörigkeit)

Religion der Maya und Azteken

Um die tiefe Religiosität, die allgegenwärtige Frömmigkeit der meisten Mexikaner zu verstehen, ist es unumgänglich, sich ein wenig näher mit der Religion in Mexiko vor Beginn der Eroberung durch die Spanier zu beschäftigen. Zahlreiche Elemente dieses alten Glaubens wirken auch heute noch auf das Denken und Fühlen der Menschen in Mexiko. Beispielhaft sollen daher an dieser Stelle die wichtigsten Grundzüge der Religion der Maya und der Azteken herausgearbeitet werden - ihre gesamte religiöse Vorstellungswelt kann jedoch hier nicht umfassend dargestellt werden.

Religion der Maya

Nicht nur hinsichtlich des Kalendersystems und der Astronomie, sondern auch in Bezug auf ihre Religion bezogen sich die Anschauungen der Maya auf die Grundlagen der Olmeken, der sogenannten Mutterkultur Mesoamerikas. Die religiösen Vorstellungen und Praktiken der Maya sind schwer zu trennen vom Alltagsleben, denn möglicherweise lebten die Maya in einer **Theokratie,** in der die Fürsten der Stadtstaaten gleichfalls die Priester waren. Alltag und Religion, Berufsausübung und Frömmigkeit waren sehr eng miteinander verwoben.

Die **Schöpfungsgeschichte** der Maya ähnelt der christlichen Bibel. Am Anfang steht die Erschaffung der Welt, dann die des Menschen in mehreren Anläufen. Überaus erhellend sind die Schilderungen des *„Popol Vuh"* („Buch des Rates"), das in lateinischer Schrift von *padre Ximenez* kurz nach der Eroberung niedergeschrieben und erfreulicherweise erhalten geblieben ist. Viele Jahre lang war es auf mysteriöse Weise verschwunden geblieben, bis es in einer verstaubten Bibliothek wieder auftauchte. Das *„Popol Vuh"* ist zwar eine großartige Quelle, doch ist es bislang nicht hundertprozentig sicher, dass es auch völlig authentisch ist; möglicherweise hat es bereits Einflüsse vom Christentum aufgenommen.

Die ursprüngliche Situation auf der Erde beschreibt das *„Popol Vuh"* in geradezu prosaischer Form: „Das ist die Kunde: Da war das ruhende All. Kein Hauch. Kein Laut. Reglos und schweigend die Welt. Und des Himmels Raum war leer. Dies ist die erste Kunde, das erste Wort. Noch war kein Mensch da, kein Tier. Vögel, Fische, Schalentiere, Bäume, Steine, Höhlen, Schluchten gab es nicht. Kein Gras, kein Wald. Nur der Himmel war da. Noch war der Erde Antlitz nicht enthüllt. Nur das sanfte Meer war da und des Himmels weiter Raum." Langsam beginnen sich nun die Schöpfergötter der Maya zu regen, erschaffen Tiere und Pflanzen, bringen Leben in die Welt.

Der Schöpfer, der Former und der Erzeuger beschlossen nun, Geschöpfe zu kreieren, die die Götter erhalten, ernähren, verehren und preisen sollten. „Darauf geschah die Schöpfung und Formung. Aus Erde, aus Lehm, machten sie des Menschen Fleisch. Aber sie sahen, dass es nicht gut war. Denn es schwand dahin, es war weich, es war ohne Bewegung und ohne Kraft, es fiel um, es war weich, es bewegte nicht den Kopf, das Haupt hing zu einer Seite, der Blick war verschleiert, es konnte nicht rückwärts blicken. Wohl sprach es, aber es hatte keine Vernunft. Bald weichten es die Wasser auf, und es sank dahin." Erst nach mehreren Versuchen gelang es den Schöpfergottheiten der Maya, das richtige Material für des Menschen Fleisch zu finden: Mais.

Die **Erde** stellten sich die Maya aller Wahrscheinlichkeit nach flach und viereckig vor. Die vier Ecken bzw. Himmelsrichtungen entsprachen je einer Farbe: Den Osten symbolisierte man mit roter Farbe, den Süden gelb, den Westen schwarz, den Norden weiß. Die Mitte der Erde stellten die Maya auf Keramiken oder Stelen stets grün dar. Vier kräftige *bacabs* (Götter) – einer anderen Version zufolge vier Bäume – trugen den Himmel, die Mitte stützte der heilige Baum der Maya, die mächtige Ceiba. Die großen, senkrecht stehenden Wurzeln des Ceibabaums bilden im Urwald eine Art Kreuz, ein immer wiederkehrendes Symbol in der Maya-Religion. Das Kreuz war zugleich ein Fruchtbarkeitssymbol und wurde von nicht wenigen Maya im Zuge der spanischen Missionierung auch als solches (miss-)verstanden.

Der **Himmel** bestand aus 13 Schichten und dementsprechend 13 Gottheiten, die Unterwelt aus neun Schichten bzw. Göttern. Diese neun Götter beherrschten die Unterwelt, durch die Sonne, Mond und Sterne tagtäglich zogen, wenn sie aus dem Blickfeld der Menschen verschwunden waren. In die Unterwelt gelangte man als Maya – in aller Regel – von selbst nach dem Tod.

Die Priester der Maya hatten im Laufe der Zeit ein **umfangreiches Pantheon** geschaffen, in dem zahlreiche Götter und Göttinnen, junge und alte, gut- und bösartige, für bestimmte Bereiche des alltäglichen Lebens zuständig waren. Zur klassischen Periode glaubten die Maya – den verschiedenen, noch erhaltenen Kodizes zufolge – an etwa 30 Gottheiten, laut dem aus dem 18. Jahrhundert stammenden „Ritual der *bacabs*" gar an über 160 Götter. Diese hohe Zahl erklärt sich aus den unterschiedlichen Erscheinungsformen der Götter als Mann oder Frau, als Vertreter dieser oder jener Himmelsrichtung und Farbe, als Verkörperung einer der Schichten der Ober- bzw. Unterwelt.

Die **wichtigsten Götter** der Maya waren der stets als alter Mann mit gebogener Nase dargestellte *Itzamná* („Eidechsen-Haus"), Gott der Wissenschaften und Erfinder der Schrift, sowie seine Frau *Ix Chel,* die Regenbogengöttin; sie war zuständig für die Geburt, die Medizin und das Weben von Kleidern. Möglicherweise sind der Sonnengott *Ah Kinchil* und die Mondgöttin *Ix Chúp* Verkörperungen dieser beiden Gottheiten. Alle anderen Götter stammten von diesem Paar ab. Wichtig waren auch der Todesgott *Ah Puch* (bzw. *Cumhau*) sowie die Regengötter, die *Chacs,* die, farblich unterschiedlich dargestellt, an den vier Ecken der Welt lebten, es donnern und blitzen ließen und für Regen sorgten.

Wie bei der Schöpfungsgeschichte der Maya ergibt sich auch bei vielen Göttern eine interessante **Parallele zu den christlichen Vorstellungen:** Der Großteil der Maya-Gottheiten war nämlich eine Art Schutzpatron für einen bestimmten Berufsstand oder eine Bevölkerungsschicht. Einzelne sogenannte Kriegsgötter waren zuständig für den Erfolg der Maya-Soldaten, Kaufleute und Kakaopflanzer verehrten den knollennasigen, dunkelhäutigen Gott *Ek Chuah*. Bienenzüchter, Steinmetze, Jäger und Fischer, Schauspieler, Poeten und Sänger hatten allesamt ihren eigenen Gott. Sogar Selbstmörder konnten zu einem speziellen Gott beten.

Menschenopfer gab es in der klassischen Periode der Maya-Kultur, zwischen 250 und 900 n. Chr., aller Wahrscheinlichkeit nicht oder nur in sehr geringem Maße. Am verbreitetsten waren dagegen **Selbstopfer:** Ein Adliger etwa ging mit seinen Dienern zu einem Opferstein, einer Stele oder einem Altar und durchbohrte sich die Zunge oder gar den Penis, stach sich in den Finger und ließ das Blut zu Ehren des Gottes auf die Opferschale tropfen; diese Opfer konnten so schmerzhaft sein, dass die Diener, wie auf einigen Keramikzeichnungen zu sehen, den Opfernden stützen mussten. Zu anderen Anlässen trank man den giftigen Schleim der Kröte *Bufo Marinus* und musste sich daraufhin erbrechen, oder man rauchte eine Zigarre als Opfer (!), was ebenfalls zu körperlichem Unwohlsein führen konnte. Weitere Opfer waren das Räucherharz Copal, das man in vor Tempeln und Stelen aufgestellten Schalen verbrannte, sowie Tiere und Pflanzen. Die nicht an ein Zölibat gebundenen Priester, Herrscher, Adlige, reiche Kaufleute tanzten in vollem Ornat – was ebenfalls sehr anstrengend werden konnte. Sie aßen zu Ehren einer Gottheit halluzinogene Blumenblüten oder verabreichten sich selbst berauschende Säfte in Form von Einläufen.

Zusammenfassend lässt sich die Religion der Maya beschreiben als eine Glaubensform, die stark mit den alltäglichen Tätigkeiten der Menschen verbunden ist, die über zahlreiche Götter für bestimmte Funktionen verfügt und von den Gläubigen materielle und körperlich schmerzhafte Opfer verlangt. Die **religiösen fiestas** der Maya förderten aufgrund ihrer professionellen Inszenierung schon damals die Integration aller Mitglieder in die Gemeinschaft, ihnen kam somit eine stark verbindende Funktion zu.

Religion der Azteken

In den aztekischen Glaubensvorstellungen zeigten sich starke **Einflüsse** der für ihre Menschenopfer berühmten Tolteken, aber auch der ehemals größten Stadt Amerikas, Teotihuacan, sowie der Olmeken und der mit den Azteken Handel treibenden Maya.

Dem aztekischen Weltbild zufolge regierte eine **kosmische Ordnung** die gesamte Welt; sogar die Götter waren ihr unterworfen. Und diese

Götter (in der Sprache *nahuatl: teules*) verehrte jedermann im täglichen Leben in Form von Opfern, die man den kleinen, tönernen Götterfiguren auf dem Hausaltar Speise- oder Getränkeopfer darbrachte. Andere Opferformen eines normalsterblichen Azteken waren Tanzrituale, Wachen in der Nacht, Tieropfer und mehrtägiges Fasten.

Die Azteken kannten die Idee der – auch in anderen Kulturen und Kontinenten existierenden – **zyklischen Welterschaffung und Weltzerstörung:** Demnach lebten sie selbst im Zeitalter der Fünften Sonne und glaubten, das Universum sei bereits durch vier solcher Weltenalter hindurchgegangen. Im ersten kosmogonischen Zeitabschnitt hatten die von den Göttern selbst erschaffenen Giganten auf der Erde gelebt, bis sie von Jaguaren angegriffen und verschlungen worden waren. Das zweite Weltenalter endete mit starken Stürmen, woraufhin sich die Menschen in Affen verwandelten. Doch auch der dritte Zeitabschnitt währte nicht ewig: Vulkanausbrüche, herausströmende Lava und Feuer zerstörten die Welt und die Menschen mussten sich nun in Vögel verwandeln, um diese Naturkatastrophe zu überleben. Das vierte Weltenalter endete durch eine vollständige Verwüstung der Welt durch stürmische Wolkenbrüche.

Nun verwandelten sich die Menschen in Fische, bevor sie im Fünften Zeitabschnitt als Volk der Mexica bzw. Azteken wieder in Erscheinung traten. Einer Quelle nach versammelten sich eines Nachts alle Götter und beschlossen, dass zwei von ihnen sich selbst im Feuer opfern sollten. Als die beiden auserwählten Gottheiten dies taten, verwandelten sie sich in Sonne und Mond. Um den Lauf der für die Menschen so wichtigen Sonne und des Mondes weiterhin zu sichern, mussten die Azteken nun in Zukunft immer wieder **Menschen opfern.** Insbesondere die Sonne wollte es so; sie verlangte nach Menschenblut.

Die Opfer – meist ranghohe Gefangene aus den rituellen Blumenkriegen mit anderen Stämmen – wurden in einer aufwändigen, von Musik und Rauchschwaden begleiteten Prozession die Treppenstufe zum Tempelaufbau geführt, wo vier Priester sie an den Extremitäten festhielten und ein fünfter ihnen mit einem gezielten Schnitt (per Obsidianmesser) die Brust öffnete und das Herz herausriss. Ein Teil ihres Fleisches soll – so einzelne Quellen – von verdienstvollen Kriegern verzehrt worden sein, um die Energie des Opfers in sich aufzunehmen, sicherlich ohne jeden kannibalischen Hintergrund. Die Herzen sollen in Käfig gehaltenen Jaguaren vorgeworfen worden sein. Über die Zahl dieser Menschenopfer gibt es sehr unterschiedliche Angaben: Sie schwanken von einzelnen Opfern zu bestimmten Festtagen bis hin zu zahlreichen Opfern tagtäglich bzw. mehreren Tausend im Jahresverlauf. Ob alle Azteken die Notwendigkeit dieser Menschenopfer einsahen, ist schwer zu sagen; möglicherweise gab es auch Widerstände gegen diese von den Priestern im vermeintlichen Auftrag der Sonne geforderten Blutopfer.

Die Azteken waren sich über die Endlichkeit der bestehenden Welt im Klaren; eines Tages würde die Sonne nicht mehr aufgehen, die Fünfte Sonne würde dann für immer untergegangen sein. Dieses Fünfte Zeitalter sollte nach der aztekischen Vorstellung durch ein schweres Erdbeben beendet werden.

Die Azteken gingen (wie auch die Maya) weiter davon aus, dass nach Ablauf eines **52-Jahres-Zyklus** die Welt untergehen würde. Sie zerstörten einen Teil ihres Besitzes, löschten die Feuer, verließen die Tempelaufbauten oder rissen sie gar ab. In der dunklen, feuerlosen Nacht stiegen die aztekischen Priester zum Sternenhügel hinauf und beobachteten dann die Plejaden, die nun – so hielt man es für möglich – beim Erreichen des Zenits mitsamt der übrigen Welt untergehen würden. Überschritten sie jedoch den Zenit um Mitternacht, ohne dass das erwartete schwere Erdbeben die Welt zerstörte, entfachte man die Feuer neu, errichtete neue Tempelaufbauten zu Ehren der Götter und feierte ein großes Fest mit vielen religiösen Ritualen.

Aufgrund unterschiedlicher Quellen und auch wegen der Zerstörung der meisten aztekischen Kodizes und Götterdarstellungen durch spani-

014mx Foto: kb

sche Missionare lässt sich bis heute keine klar geordnete **Götterwelt** der Azteken nachzeichnen. Wie bei den Maya existierte für jede Bevölkerungs- und Berufsgruppe eine eigene Gottheit. In der Art ihrer Verehrung lassen sich am besten die alltäglichen Frömmigkeitsformen demonstrieren, denn man trug bei längeren Wanderungen stets bestimmte, in ein Tuch eingewickelte Symbole des jeweiligen Gottes in Form eines „Heiligen Bündels" mit sich.

Im aztekischen Pantheon, das viele regionale Besonderheiten aufweist und Götter gerne in verschiedenen Formen erschienen lässt, gab es mehrere männliche und weibliche Götter der Unterwelt und des Todes. Der Gott *Xipe Totec,* dem im „Herz der Einen Welt" in Tenochtitlan ein eigener Tempel gewidmet war, sorgte sich um die Fruchtbarkeit der Azteken und um die Geburt. Der Gott *Ehecatl* (in einigen Versionen eine spezielle Erscheinungsform von *Quetzalcóatl*) war für den Wind zuständig; seine Tempel waren stets rund gebaut, damit er sich nicht an etwaigen Ecken stoßen würde.

Vier Götter spielten in der aztekischen Religion eine ganz zentrale Rolle: *Tezcatlipoca, Huitzilopochtli,* der Regengott *Tlaloc* und *Quetzalcóatl.* Der **wichtigste aztekische Gott Tezcatlipoca** („Rauchender Spiegel") trug anstelle des rechten Fußes einen rauchenden Spiegel aus Obsidianglas. *Tezcatlipoca* war allwissend, was die Zukunft betraf; er existierte in allen menschlichen und göttlichen Lebensbereichen, besonders jedoch in der dunklen Nacht und im Krieg. Die Azteken schrieben ihm einen überaus zerstörerischen Charakter zu.

Zweitwichtigster Gott war **Quetzalcóatl,** die „Gefiederte Schlange", der bei den Maya auch unter dem Namen *Kukulkan* auftaucht. Er gilt als der Schöpfer der Welt, als Vater der Gelehrsamkeit, Weisheit und Wissenschaft, als Erzeuger von Essen und Trinken, als Gott der Liebe. *Quetzalcóatl* galt als sehr friedliebend, als Feind von Menschenopfern und als Schutzgottheit der aztekischen Kaufleute. In manchen Legenden ist er mit dem sagenumwobenen Herrscher der einstigen Toltekenhauptstadt Tula identisch; als solcher soll er vor seinem aggressiven Widersacher *Huemac* Richtung Osten geflohen sein und versprochen haben, im Jahr „1 Rohr" – umgerechnet 1519 n. Chr. – wiederzukehren. Einer anderen Version zufolge habe sich *Quetzalcóatl* in Tula nach dem Erkennen seines hässlichen Antlitzes (er hatte weißes Haar und einen für Mexikaner untypischen Bart) ins Feuer gestürzt und sei als Morgenstern (Venus) wiederauferstanden. Einzelne mexikanische Ethnien glaubten, *Quetzal-*

Ein altmexikanischer Priesterherrscher nimmt Opfergaben entgegen

cóatl würde sie eines Tages (im Jahr 1 Rohr) von den Mexica (Azteken) befreien. Viele hielten *Hernan Cortés* für die Gefiederte Schlange, und *Cortés'* Dolmetscherin unterstützte diesen Glauben nach Kräften.

Ältester Gott der Azteken war der **Regengott Tlaloc,** dem man auf Berggipfeln – eben in der Nähe der von ihm besorgten Wolken – huldigte. Sein roboterhafter Kopf, seine fransenartige Oberlippe und die beiden Kreise auf der Stirn sind bereits in der ehemaligen Großstadt Teotihuacan dargestellt. *Tlaloc* war neben dem Regen auch für die Ernte zuständig, weil es in den meisten Gebieten – außer den künstlich bewässerten – ohne Regen keine Ernten geben konnte.

Mit *Tlaloc* im aztekischen Haupttempel in Tenochtitlan verewigt war der **Gott Huitzilopochtli** („Kolibrifeder am linken Fuß"): Dieser hatte der Legende zufolge die Azteken aus ihrer ursprünglichen Heimat Aztlan in das Becken von Mexiko geführt zur Insel Tenochtitlan und hatte ihnen stets zur Seite gestanden, als sie nach und nach die Macht in großen Teilen Mexikos an sich rissen. Auch er verlangte nach Menschenblut: Den ihm geweihten Opfern zogen die Priester sorgfältig die Haut von Kopf bis Fuß ab.

Bei großen **religiösen Feierlichkeiten** repräsentierten Menschen die hier genannten Götter; meist hatten diese auserwählten Jünglinge ein Jahr lang ein paradiesisches Leben (mit jungen Frauen, viel Essen und Trinken und Musik) geführt und wurden dann am Festtag des jeweiligen Gottes auf dem Tempel geopfert.

Musik spielte überhaupt bei den indianischen Kulten stets eine zentrale Rolle: Priester bliesen in große Muscheltrompeten und erzeugten dabei einen tiefen, schwingenden Klang, andere spielten auf Flöten, trommelten auf Steinen und Schildkrötenpanzern. Eintönige Melodien konnten die Teilnehmer der Zeremonien zusammen mit den Raucheffekten und eingenommenen Drogen schneller in Trance bringen.

Die aztekischen **Priester,** die sich zeitlebens nicht mehr waschen durften, fielen den Spaniern vor allem wegen ihres bestialischen Gestanks und ihrer blutverkrusteten Haare auf. Weibliche Priesterinnen waren verantwortlich für die weiblichen Gottheiten der Azteken, die meist wie schreckliche Monster wie z B. „die mit dem Schlangenrock" *(Coatlicue)* und die Mondgöttin dargestellt waren.

Auch für den **natürlichen Tod** gab es selbstverständlich Regeln: Stellte man sich als Azteke auf den baldigen Tod ein, musste man sich einen kleinen Stein aus Jade besorgen, den man kurz vor dem letzten Atemzug in den Mund legte. Er galt als Preisgeld für den „Schmalen Durchlass" auf dem Weg ins Totenreich. Eine häufige Bestattungsmethode bei den Azteken war die Verbrennung des Leichnams. Darauf hatten auch die ein

Anrecht, die wegen eines Vergehens – etwa dem Ehebruch – mit Tod bestraft worden waren.

Im Volk der Azteken gab es besonders religiöse und weniger fromme Menschen. Der zur Zeit der spanischen Conquista regierende **Aztekenkaiser Motecuzoma II.** soll – vermutlich aufgrund seiner frühen religiösen Studien – sehr fromm gewesen sein. Da er durch sein religiös begründetes Zögern im Zuge der spanischen Eroberung den Spaniern erst den Sieg über Tenochtitlan ermöglichte, soll er von seinen Landsleuten auch als abergläubisch verurteilt worden sein.

Zusammenfassend charakterisieren die Religion der Azteken anspruchsvolle, der kosmischen Ordnung unterworfene Götter, die im Alltag durch kleine Opfer, bei Festtagen durch blutige Menschenopfer verehrt werden.

Pelota – das kultische Ballspiel

Neben zahlreichen Gemeinsamkeiten in der Auslegung astronomischer Beobachtungen und mehreren Göttern, die in verschiedenen Kulturen existieren, war den mexikanischen Indianergesellschaften zumindest eine weitere religiöse Praxis gemein: das kultische Ballspiel *(pelota)*. Es stellt sicherlich einen **zentralen Aspekt in der Religion fast aller präkolumbischen Kulturen Mexikos** dar und dürfte als eine der heiligsten Handlungen dieser Kulturen gelten.

In jeder nennenswerten städtischen wie religiösen Anlage Mesoamerikas haben die Archäologen einen zentral gelegenen h-förmigen, meist zwischen 50 und 120 Meter langen **Ballspielplatz** freilegen können. Im Siedlungsgebiet der Maya und Zapoteken dominieren Ballspielplätze mit schrägen Steinwänden, im Einflussgebiet der Tolteken und Azteken gibt es vertikale Steinwände. Die Nähe zu den religiösen Gebäuden einer Stadt und die Abbildung ballspielender Götter in einzelnen erhaltenen indianischen Handschriften verstärkt die Vermutung, dass es sich beim Pelota um eine kultische Handlung handelte. Das heute noch in einigen Orten entlang der mexikanischen Pazifikküste gespielte Pelota folgt jedoch eigenen Regeln und hat keinen religiösen oder rituellen Hintergrund mehr.

Vermutlich mussten sich vor allem Herrscher von Städten und Stadtstaaten, hohe Beamte, eventuell auch Priester und Krieger im Ballspiel beweisen. Als **religiösen Hintergrund** nimmt die Anthropologie die Verbindung zur astronomischen Vorstellungswelt der mexikanischen Indianer an: Der tischtennisball- bis faustgroße Kautschukball symbolisierte den Lauf der Sonne am Firmament; er muss sehr sprungfähig gewesen sein. Der an den Seiten des Ballspielplatzes befestigte Ring stand für den schmalen Durchgang, den die Sonne am frühen Morgen passieren musste, um wieder aufzugehen. Der Ball bzw. die Sonne durfte weder den Boden berühren, noch durfte sie während des Spieles zum Stillstand kommen. Dass dies eine äußerst große Herausforderung für die Spieler beider Teams war, versteht sich von selbst. Zeitgenössische Rekonstruktionen des Pelota lassen vermuten, dass diese Regeln fast unmöglich einzuhalten waren. Die Spieler – je nach Platzgröße vermutlich unterschiedlich viele, mindestens jedoch sechs pro Team – sollten mit Hilfe ihrer Ellbogen, ihrer Hüften, Schultern, Füße und Beine versuchen, den Ball durch den Steinring zu befördern. Wahrscheinlich war das **Spiel** dann zu Ende, wenn es einem Spieler gelang, den Ball durch einen der beiden Ringe zu schlagen, notfalls auch über Bande, also via Steinwand. Die Spieler selbst trugen stabile Lederpolster am gesamten Körper, um sich vor Verletzungen zu schützen. Dennoch zog sich manch einer beim Spiel einen kräftigen Bluterguss zu, sodass auch hier die Spieler gewissermaßen – wie bei den Maya sehr verbreitet – ihren Göttern ein körperlich schmerzhaftes Opfer darbrachten.

Bei den Tolteken und den spät- oder postklassischen Maya war das Ballspiel aller Wahrscheinlichkeit nach in einigen Orten mit einem **Menschenopfer** verbunden. Ob der Mannschaftskapitän der „Verlierer", das gesamte Team oder gar der Anführer der „Gewinner" geopfert wurde, lässt sich nicht mit Sicherheit sagen. Zumindest muss es ein überaus ehrenvoller Tod gewesen sein, der den Lauf der Sonne, die Fruchtbarkeit der Felder, den Fortbestand der regierenden Herrscherdynastie oder die Sicherheit des Staates gewährleisten sollte. Möglicherweise geht dieses Menschenopfer auch auf eine Erzählung im *„Popol Vuh"* zurück, nach der die Urväter der in Guatemala lebenden Quiché-Indianer die Unterweltgötter mit ihrem Ballspiel so sehr verärgert hatten, dass sie deshalb sterben sollten.

Missionierung Mexikos von 1519 bis 1911

„Im Jahr 1518 bis zum Jahr 1542, worin wir gegenwärtig leben, ward die Bosheit, Ungerechtigkeit, Gewalttätigkeit und Tyrannei, welche die Christen in Indien (gemeint ist vor allem Mexiko; Anmerkung des Autors) verübten, aufs Höchste getrieben."

(*Fray Bartholomé de las Casas,* der als Apostel der mexikanischen Indianer bekannt gewordene spanische Missionar, in seinem „Kurzgefassten Bericht von der Verwüstung der westindischen Länder")

Die fast vierhundert Jahre umfassende Zeit der Missionierung bis zum Beginn der Revolution - auch heute gibt es noch Missionstätigkeit in Mexiko, vor allem von freikirchlichen, evangelischen Gruppen in entlegenen Indianerregionen - bietet ein überaus heterogenes Bild. Unter den **spanischen Missionaren,** die nach Mexiko zogen, gab es **Vertreter jeder Art:** glühende Verfechter der Indianerrechte, sachliche, sehr pragmatisch ausgerichtete Mönche und missionswütige *padres,* die mit ihren Bekehrungs- und Strafaktionen über Leichen gingen. Hier ist es wichtig, ein differenziertes Bild zu zeichnen, um die Bedeutung der spanischen Missionstätigkeit insbesondere zur Kolonialzeit für den Glauben der Mexikaner heute herauszustellen. Die spanische Missionstätigkeit in den ersten Jahrzehnten nach der Schleifung Tenochtitlans ist gekennzeichnet von dem noch frischen Eindruck der *reconquista* (Rückeroberung Spaniens von den maurischen Bewohnern) im Mutterland: Die vehemente Vertreibung der Mauren und ihrer Religion war noch nicht lange vorbei.

Alle an der Eroberung Mexikos beteiligten Soldaten und *padres,* auch der Gouverneur von Kuba, der *Hernán Cortés* ausgesandt hatte, und der spanische König empfanden es als heilige Verpflichtung, alle Menschen der neu entdeckten Länder vom „rechten Glauben" zu überzeugen. Bereits im Mutterland hatten jesuitische *padres* von Rechtsgelehrten das sogenannte **requerimiento** (dt.: „Aufforderung, Ersuchen, Mahnung") ausarbeiten lassen, das die Bewohner Mexikos aufforderte, sich den neuen Herren friedlich zu unterwerfen und den neuen Glauben anzunehmen. Dieses *requerimiento* sollten die spanischen Ritter - so die naive Auffassung der Jesuiten - den mexikanischen Kriegern vorlesen, bevor sie das neue Land im Namen des Papstes und der spanischen Krone in Besitz nahmen. Nach einer kurzen Geschichte des Christentums forderte dieser Text die Indianer auf, sich zu unterwerfen, um fortan die Vorzüge des Christentums genießen zu können. Wer dies nicht tue, sei als Aufständischer anzusehen und habe sein Leben verwirkt.

Die spanischen Eroberer und am Eroberungszug beteiligten *padres,* ja auch die meisten der später folgenden Missionare gingen entgegen der weit verbreiteten Meinung längst **nicht immer zerstörerisch** mit der Religion der mexikanischen Indianer um.

Im Gegenteil: Bereits der den Generalkapitän in religiösen Fragen beratende **Jerónimo de Aguilar,** der nach einem Schiffbruch mehrere Jahre als Gefangener der Maya auf der Halbinsel Yucatán verbracht hatte, riet *Cortés* während seines Zuges nach Tenochtitlan immer wieder davon ab, die Tempel der einheimischen Götter zu zerstören. Stattdessen waren sich die meisten der spanischen *padres* darüber im klaren, dass eine gewalttätige Missionierung die Indianer nur gegen die Spanier aufbringen würde. Die moderne Geschichtsschreibung beurteilt den Großteil der ersten spanischen Missionare in Mexiko als überaus fähig und begabt, einen beträchtlichen Teil der neuen weltlichen Herren aus Spanien dagegen als tendenziell raffgierig und skrupellos.

Die taktischen und militärischen Siege der spanischen *conquistadores* schrieben viele der unterlegenen Fürsten Mexikos dem christlichen Gott der Spanier zu. Nachdem sich der Herrscher der Tlaxcaltecas, *Xicotencatl,* von *Jerónimo de Aguilar* hatte taufen lassen, verbuchten die Missionare sehr bald regelrechte **Massentaufen.** Bereits auf ihrem Weg zur Aztekenhauptstadt im Becken von Mexiko ersetzten sie einzelne Götterfiguren in den Tempelaufbauten durch Bilder oder Statuen der Gottesmutter Maria, ihres Schutzheiligen Santiago (dem Heiligen Jakob) oder Jesus Christus.

In Tenochtitlan angekommen, versuchten die Spanier „es zunächst im Guten": *Cortés* persönlich unternahm mehrere Anstrengungen, mit Hilfe seiner Geliebten und Dolmetscherin *Malinche* den **Aztekenkaiser zu überzeugen.** Eine dieser Zusammenkünfte beschreibt der spanische Hauptmann und Schriftkundige *Bernal Diaz del Castillo* in seiner „Wahrhaften Geschichte der Eroberung und Entdeckung Mexikos" wie folgt: „Unser Generalkapitän *(Hernán Cortés)* sagte lächelnd zu *Motecuzoma:* ‚In der Tat, ich kann nicht begreifen, wie ein so großer und weiser Herrscher wie Ihr an diese Götzen glauben kann, die doch keine Gottheiten sein können, sondern böse Geister, Teufel. Erlaubt uns, auf die Spitze dieses Tempels ein Kreuz und in einem Raum neben Eurem Kriegs- und Höllengott ein Muttergottesbild zu setzen. Ihr und Eure Papas, Ihr werdet sehr bald sehen, welche Angst diese Götzen ergreifen wird.' *Motecuzoma* kannte das Madonnenbild. Er antwortete *Cortés* in Gegenwart von zwei Papas, die sehr böse dreinblickten, mit nur schlecht verhaltenem Zorn: ‚Malinche! Hätte ich gewusst, welche Schmähreden Du hier halten würdest, ich hätte Dir meine Götter keineswegs gezeigt. In unseren Augen sind es gute Götter. Sie schenken uns Leben und gedeihen, Wasser und gute Ernten, gesundes und fruchtbares Wetter, und wenn wir sie darum bitten, auch Siege. Deshalb beten wir zu ihnen, und deshalb opfern wir ihnen. Ich muss Dich bitten, kein unehrerbietiges Wort mehr gegen sie zu sagen!'"

Zwar begann *Cortés* während seines mehrmonatigen Aufenthalts als „Gast" von *Motecuzoma,* auch in Tenochtitlan die aztekischen Götterfiguren in einzelnen Tempeln durch christliche zu ersetzen, doch hielt sich dies anscheinend in für die Azteken vertretbarem Rahmen. Anders verhielt sich jedoch der für seine Kompromisslosigkeit und Goldgier berühmt-berüchtigte Mitstreiter **Pedro de Alvarado,** der Jahre später auch durch seine menschenverachtende Vorgehensweise bei der Eroberung Guatemalas von sich reden machte. Bei einem aztekischen Götterfest in *Cortés'* Abwesenheit (dieser war einem zweiten, in Veracruz gelandeten spanischen Heer entgegengeeilt) soll er in Tenochtitlan mit einem Teil der verbliebenen Soldaten ein wahres **Blutbad unter der aztekischen Bevölkerung** angerichtet haben. Möglicherweise hat er in seinem christlichen Fanatismus damit die Spanier zur nächtlichen, sehr verlustreichen Flucht in der sogenannten *noche triste* gezwungen.

Nach der 83 Tage dauernden Belagerung der Aztekenhauptstadt, der Gefangennahme des letzten Aztekenkaisers *Cuauthémocs* und der Niederwerfung Tenochtitlans am 13. August 1521 verfuhren die Spanier weitaus weniger zimperlich mit der Religion der Azteken. All ihre **Tempel wurden geschleift** und auf deren Grundmauern entstanden bald stattliche christliche Kirchen und Klöster. Ähnlich agierten auch die Brüder *Montejo* mit der Religion der Maya auf der Halbinsel Yucatán. Das 16. Jh. war bei weitem nicht die Zeit der Toleranz in Glaubensfragen und so waren etwa die Menschenopfer der Azteken für die Spanier reines **„Teufelswerk".** Selbst *Bernal Diaz del Castillo,* sicherlich keiner der fanatischsten Spanier, nennt in seiner Chronik den Tempel für den aztekischen Gott „Rauchender Spiegel", den blutdürstigen *Tezcatlipoca,* einen „Teufelstempel" und alle Götter der Mexikaner wurden schlichtweg mit dem Teufel in der christlichen Vorstellungswelt gleichgesetzt.

Die **eigentliche Missionierung** Mexikos begann jedoch erst drei Jahre nach dem Fall Tenochtitlans. Im Jahre 1524 erreichten zwölf Mönche des Franziskanerordens das Tal von Mexiko und begannen mit der konsequenten und umfassenden „Bekehrung der heidnischen Seelen". Bezüglich der Frömmigkeitsformen zeigten sie sich jedoch keineswegs so konsequent: Sehr bald erkannten sie, dass sie die **gewohnten äußeren Formen der Huldigung von Göttern** zu einem beträchtlichen Teil **beibehalten** mussten, um ihren Missionserfolg nicht in Frage zu stellen; oft tauschten sie nur (nominell, nicht wirklich) die Inhalte der beiden Glaubenswelten aus. Rituelle Lieder und Zeremonialtänze ließen sie weiterbestehen, doch anstelle der aztekischen Gottheit beteten die getauften Mexikaner nun – zumindest nach außen hin – den christlichen Gott oder einen Heiligen an.

Augenfälligstes Beispiel für diese wohlüberlegte Methode ist die Verehrung der **Heiligen Jungfrau von Guadelupe.** Dort, wo die Azteken bislang der Göttin *Tonintzín* (die in einzelnen Quellen den Beinamen *Guaxalupe* trägt) gehuldigt hatten – auf dem Hügel Tepeyac im Becken von Mexiko – soll die Jungfrau im Jahre 1531 nun gegenüber einem frisch bekehrten Indianer (mit dem Namen *Juan Diego Cuauhtlatohuac,* der 2002 vom Papst heilig gesprochen wurde) ein Wunder gezeigt haben. So konnten die Indianer weiterhin zum Tepeyac-Hügel pilgern und nun opferten sie ihrer wie sie selbst dunkelhäutigen „Göttin" eben Kerzen und Rosenkranzgebete. Diese Umstellung stellte für die Indianer kein großes Problem dar, denn schließlich hatten sich in ihrer Glaubenswelt immer wieder Neuerungen vollzogen und Frömmigkeitsformen sich im Laufe der Zeit geändert.

In anderen Fällen ersetzten die Missionare äußerlich zwar den Gott, beließen aber wohlweislich den Ort und den jeweiligen Tag der *fiesta* bei. Die **Parallelen christlicher Glaubenselemente zu indianischen Ritualen** waren in mehreren Fällen so offensichtlich, dass es dabei wenig Überzeugungsarbeit bedurfte. So verstanden z. B. viele Indianer den von einem römischen Soldaten ausgeführten Schnitt an Jesu Brustkorb nach seiner Kreuzigung als Parallele zum Öffnen des Brustkorbs durch Priester bei den bei Azteken und Tolteken üblichen Menschenopfern. Auch Jesus opferte sein Blut, die Christen trinken sein Blut und essen sein Fleisch. Der Großteil der zeitgenössischen Religionswissenschaftler schätzt die Gemeinsamkeiten zwischen indianischer und christlicher Religion als entscheidend für den Erfolg der spanischen Missionare in Mexiko ein: Eine andere Religion als die katholische hätte bei den Indianern wohl kaum den Erfolg haben können, da sie sich in ihrer Religionsausübung – wie die Katholiken – schon seit langer Zeit stark auf äußerliche Rituale, auf bewegende Gesänge und Musik, auf Weihrauch, auf die Vielzahl von Heiligen, auf Prozessionen und große *fiestas* konzentriert hatten.

Bei Problemen in der Akzeptanz bestimmter Frömmigkeitsformen wussten sich die spanischen *padres* sehr wohl zu helfen. Anschauliches Beispiel dafür ist die anfangs häufig ausgesprochene Weigerung vieler Indianer, einen derart hohen und geschlossenen Raum aus Stein wie den einer Kirche zu einem Gottesdienst zu betreten. Die meisten Einheimischen waren dies nicht gewohnt und hatten Angst, das Dach könnte zusammenbrechen und sie erschlagen. Die Dächer aztekischer Häuser waren aus Holzbalken konstruiert, nur die obere, gemauerte Tempelplattform verfügte über ein steinernes Dach. Und dorthin hatten ausschließlich die Priester Zugang. Daraufhin bauten die spanischen Architekten in den ersten Jahrzehnten der Missionierung **halboffene Kapellen** an die Kirchen, sodass die Indianer auch unter freiem Himmel der Messe folgen konnten. Diese Bauweise lässt sich heute übrigens noch an der zuerst fertiggestellten Kathedrale Mexikos in Cuernavaca erkennen. In einigen anderen Fällen soll die Furcht vor einer spontanen indianischen Revolte während eines Gottesdienstes in den ansonsten gut verriegelten Festungskirchen die Spanier zum Bau einer solchen Außenkapelle veranlasst haben.

Auch in den ersten Jahrzehnten nach der Eroberung gibt es **Beispiele für aufrichtiges Interesse an den einheimischen Indianern** und an der mexikanischen Kultur. Einzelne Kleriker setzten sich tatkräftig für ihr neues Kirchenvolk ein. Der erste Bischof Mexikos zum Beispiel, *Juan de Zumárraga,* stellte sich insbesondere rücksichtslosen und rein profitorientierten weltlichen Amtsträgern in den spanischen Reihen entgegen. Bereits 1529 setzte er durch, dass mehrere ruchlose Mitglieder der neugegründeten *audiencia* von Mexiko, einem staatlichen Kontrollorgan mit Gerichts- und Gesetzgebungscharakter, wegen offensichtlicher Grausamkeiten gegenüber Indianern exkommuniziert wurden - seinerzeit neben dem Tod durch die Hand der Inquisition die schwerste Strafe. Die Anwendung der spanischen Inquisition schaffte im übrigen einen besonderen Hintergrund für die Missionierung, denn eine öffentliche Verbrennung empfanden die Indianer als bedeutend grausamer als Menschen opfer - schon allein, weil dieser Tod keine Ehre für den betreffenden Menschen war. So zeigte sich für die zu Bekehrenden die neue Religion zumindest in diesem Punkt als blutiger im Vergleich zu ihrer traditionellen Religion.

Die Arbeit mehrerer Missionare ist für die **Erforschung der präkolumbischen Kultur Mexikos** von großer Bedeutung. Allen voran ist hier *Bernadino de Sahagún* zu nennen, der eine zwölfbändige Dokumentation der mexikanischen Kultur erarbeitete, indem er weise, alte Männer nach ihren Kenntnissen zu Religion und Alltag zur Zeit vor der *conquista* befragte. Seine Schüler notierten die Antworten auf *nahuatl.* Andere Mönche beschäftigten sich neben ihrer Missionstätigkeit intensiv mit der Erforschung der Grammatik und des Wortschatzes indianischer Sprachen, ließen Predigten ins *nahuatl* und *maya* übersetzen und unterstützten 1551 die Einrichtung eines Lehrstuhls für *nahuatl* an der gerade gegründeten Universität von Mexiko-Stadt.

Auch **Diego de Landa,** das wohl abschreckendste **Beispiel für blinde Bekehrungswut,** hat große Beiträge zur Erforschung der mexikanischen Kulturen vor *Cortés'* Ankunft geleistet. In Spanien angeklagt wegen zahlreicher Gesetzesübertretungen, formulierte *de Landa* zehn Jahre lang eine umfassende Rechtfertigungsschrift für das spanische Gericht. Dabei sammelte er für die heutige Wissenschaft wichtige Daten vor allem der Maya-Kultur, eben um seine richtige Handlungsweise und die barbarische, heidnische Natur der Maya unter Beweis zu stellen. Allerdings hatte er zuvor bereits unermessliche Schätze dieser Kultur zerstört: Unzählige Bücher der Maya, Figuren, Textilien und religiöse Gegenstände waren längst auf dem Scheiterhaufen der Mission verbrannt worden und der Nachwelt für immer verlorengegangen.

Der als Apostel der mexikanischen Indianer bekannt gewordene, in San Cristóbal tätige **Fray Bartholomé de las Casas,** setzte sich vor dem spanischen König und vor dem Papst in Rom für seine ihm Anvertrauten ein. In seinem „Kurzgefaßten Bericht von der Verwüstung der westindischen Länder" schrieb der 1566 verstorbene Missionar: „Neuspanien ward im Jahr 1517 entdeckt. Bei Gelegenheit dieser Entdeckung ward den Indianern von denen, welche es entdeckten, großes Ärgernis gegeben. Auch wurden von ihnen verschiedene Mordtaten begangen."

Nach *Bartholomé de las Casas* waren die Indianer nicht nur gezwungen, die neuen Götter der christlichen Missionare anzuerkennen, sondern auch den spanischen König: „Es verdient hier bemerkt zu werden, dass der Vorwand, unter welchem die Spanier alle die unschuldigen Menschen ermordeten und alle Länder entvölkerten, welche wahrhaften Christen wegen ihrer außerordentlichen und unsäglichen Volksmenge Freude und Vergnügen gemacht haben würden, darin bestand, dass man von ihnen verlangte, sie sollten kommen, sich unterwerfen und dem König von Spanien huldigen; wo nicht, so werde man sie unterwerfen und sie zu Sklaven machen." Was blieb den Indianern anderes übrig, als sich den neuen göttlichen und weltlichen Herren gleichermaßen zu beugen?

Zu keiner anderen Einschätzung kommt auch der deutsche **Gelehrte Alexander von Humboldt** auf seiner Mexikoreise ca. 250 Jahre später, Anfang des 19. Jahrhunderts: „Was die moralischen Eigenschaften der mexikanischen Ureinwohner betrifft, so ist es schwer, sie mit Richtigkeit zu beurteilen, wenn man diese unter langer Tyrannei schmachtende Kaste bloß im jetzigen Zustand ihrer Erniedrigung betrachtet. Zu Anfang der spanischen Eroberung wurden die wohlhabendsten Indianer, bei denen man eine gewisse intellektuelle Kultur vermuten konnte, größtenteils die Opfer der europäischen Grausamkeit."

Humboldt nennt als **Hauptopfer der spanischen Missionare** die mexikanischen Priester: „Besonders wütete der christliche Fanatismus aber gegen die aztekischen Priester. Man vertilgte alle Teo Pixti oder Diener der Gottheit. Alle die, die die Teocalli oder die Häuser Gottes bewohnten und die man als Bewahrer der historischen und astronomischen Kenntnisse des Landes ansehen konnte, indem die Priester in Mexiko den Mittagsschatten an den Sonnenuhren beobachteten und die Interkalationen regulierten."

Etwa hundert Jahre nach Beginn der Missionierung bildeten sich in Mexiko zahlreiche **cofradías, kirchliche Bruderschaften,** die insbesondere in den Städten von nun an für lange Zeit das Leben der Kirchengemeinde mitbestimmen sollten. Alle Mitglieder dieser *cofradías* hatten monatliche Beiträge zu zahlen, mit denen Messen, Begräbnisfeiern und kirchliche Feste zu Ehren eines Heiligen finanziert werden konnten. Die *cofradías* organisierten von nun an die großen Prozessionen und Wallfahrten, die die Gemeindeverwaltungen nach dem starken Rückgang ihrer indianischen Mitglieder (durch europäische Zivilisationskrankheiten, Aufstände, Versklavung und ähnliches) nicht mehr bezahlen konnten. Auf diese Art entwickelten sich die Bruderschaften gewissermaßen zu einem kirchlichen Ersatz für die lokalen, politischen Kommunalverwaltungen. Der große Zulauf und die große Bedeutung der *cofradías* lässt sich auch dadurch erklären, dass sie ihren Mitgliedern – nach regelmäßigen Beitragszahlungen – vollständigen Ablass aller Sünden am Tag ihres Todes versprachen – für die Indianer ein überaus attraktives Angebot.

Wie in allen christlich geprägten Ländern zu jener Zeit verfügte auch in Mexiko die **Kirche** über das **Bildungsmonopol.** Zwar waren die spanischen Kolonialherren keineswegs daran interessiert, allen neuen Untertanen das Lesen und Schreiben beizubringen, doch hielten sie sehr bald nach Wegen Ausschau, Lehrernachwuchs aus den indianischen Reihen zu rekrutieren. Hierbei konzentrierten sie sich insbesondere auf die Söhne des indianischen Adels, die von nun an die ersten wenigen Schulen der spanischen Mönche besuchen sollten, um hier Lesen und Schreiben zu lernen, theologische Grundkenntnisse zu erwerben und sich darauf vorzubereiten, später im Dienst der Spanier führende Ämter in der Kolonialverwaltung zu übernehmen.

Bereits *Alexander von Humboldt* machte sich Gedanken über die Verbindung zwischen der Vernichtung des indianischen Kulturerbes durch missionierungswütige spanische *padres* und dem **Bildungsstand der Einheimischen:** „Die Mönche ließen sogar die hieroglyphischen Bilder verbrennen, durch welche aller Art Kenntnisse von Generation zu Generation verpflanzt wurden. Nachdem das Volk dieser Unterrichtsmittel beraubt war, verfiel es in eine um so tiefere Unwissenheit, da die Missionare die mexikanischen Sprachen nur sehr schlecht verstanden und daher die alten Ideen durch wenige neue zu ersetzen vermochten."

Der groß angelegte Versuch, einen Teil der **indianischen Schüler zu katholischen Geistlichen auszubilden** und damit die Reihen der Kirche in Mexiko zu stärken, scheiterte, außerdem waren viele der indianischen Adelssöhne den weniger gewissenhaft ausgebildeten spanischen Missionaren intellektuell überlegen. Hintergrund dieses Versuchs war die Erkenntnis, dass sich bereits in anderen Ländern größere Missionierungserfolge eingestellt hatten, wenn recht bald Einheimische ihren Landsleuten die „Frohe Botschaft" übermittelten. Doch dem klerikalen Nachwuchs fehlte es offenbar an „tiefem Glauben". Immer wieder hinterfragten sie bestimmte, offensichtlich unstimmige Glaubenskonstruktionen und trieben damit die spanischen Geistlichen schier zum Wahnsinn. Die Spanier erteilten ihnen daraufhin in der Regel erst gar nicht die Berechtigung, Religion in den Schulen oder Theologie an den Hochschulen zu unterrichten.

Unabhängig vom religiösen Einfluss der spanischen katholischen Kirche auf die Menschen in Mexiko entwickelte sich während der Kolonialzeit und weitere hundert Jahre später ein Phänomen, das die Beziehung vieler Mexikaner zur Kirche auch heute noch prägt – der enorme **materielle Besitz der Kirche.** Zur Zeit des Unabhängigkeitskrieges besaß die Kirche schätzungsweise die Hälfte des gesamten mexikanischen Landes und beträchtlicher Reichtümer in Form der Kirchenbauten, der Schulen, des Schmucks und anderer Mobilien und Immobilien. Diese vor niemandem mehr zu rechtfertigende Anhäufung von Eigentum führte zu enormen Ressentiments der mittellosen Indianer gegenüber den Kirchenvertretern, die sich unter anderem in der Revolution explosionsartig entluden. Die Wut auf die unstillbare Besitzgier hoher Kleriker führte letztendlich zur in der Verfassung von 1917 festgeschriebenen Trennung von Staat und Kirche und zur Enteignung des Kirchenbesitzes. Erst 1992 lockerte der mexikanische Staatspräsident *Carlos Salinas de Gortari* die Bestimmungen und gab der Kirche – vor dem Hintergrund ihres großen Engagements bei der Erdbebenhilfe 1985 – mehr Freiraum innerhalb ihres gesellschaftlichen Handlungsspielraums.

Religion in Mexiko heute

Viele Elemente der indianischen Religionen haben trotz massiver Missionierungsversuche heute noch Gültigkeit und erklären das soziale Verhalten vieler Mexikaner. Im Nebeneinander der verschiedenen Religionen sind im Lauf der Jahrhunderte zahlreiche Synkretismen (Verschmelzungen mehrerer religiöser Auffassungen) entstanden, in denen traditionelle indianische Glaubensrituale sichtbar werden. Für Außenstehende wirkt dies nicht selten wie Aberglaube. Die Religion der Mexikaner prägt auch weiterhin die Alltagskultur überaus stark.

Religionszugehörigkeit und -ausübung

Mehr als 90 % der mexikanischen Staatsbürger bezeichnen sich als **katholisch.** Dies klingt zunächst einmal sehr eindeutig. Doch nur 50 % von ihnen besuchen regelmäßig (z. B. Sonntags) einen Gottesdienst. Dies wiederum heißt jedoch keineswegs, dass die restlichen 50 % nur auf dem Papier Christen oder Atheisten bzw. Nihilisten sind. Für die meisten

Mexikaner zeigt sich Frömmigkeit nicht oder zumindest nicht allein in der Anzahl der jährlichen Gottesdienstbesuche, sondern in der täglichen Einhaltung bestimmter religiöser Vorsätze und in der Befolgung kleinerer Vorgaben wie z. B. dem Sprechen eines Tischgebets. Um die geistige und praktische Religiosität der Mexikaner kennenzulernen, muss man schon wesentlich genauer hinschauen und differenzieren.

Die katholische Religion ist und bleibt auf absehbare Zeit die dominierende Religion in Mexiko. Seit zehn Jahren gewinnen **freikirchliche Sekten** (bislang existieren 50 solcher Kirchen in Mexiko: Adventisten, Lutheraner, Scientologen, Baptisten, Presbyterianer, Methodisten und andere) weiter an Einfluss, wenn auch nicht so sehr wie im benachbarten Guatemala, wo sie nach den schweren Erdbeben in den 1980er-Jahren durch schnelle und effektive humanitäre Hilfe die entscheidende Tür zu einer intensiven Missionierungstätigkeit öffnen konnten. Die Zahl der **Juden** und **Moslems** sowie der **Mennoniten** (vorwiegend in Enklaven lebende deutschstämmige Familien) bleibt seit vielen Jahren gleich und überschreitet die Millionengrenze nicht. Daneben bezeichnen sich mehrere Tausend Mexikaner als **Atheisten** und Nihilisten – dies sind meist überzeugte Revolutionäre, wie Anhänger von marxistischen Splittergruppen.

Differenzierungen in der Religionsausübung ergeben sich bereits aus dem lokalen Lebensumfeld der Mexikaner. Wie in vielen anderen Kulturen auch, tendieren mexikanische Landbewohner zu traditionelleren Glaubensformen. Dies drückt sich einerseits im Fortbestand indianischer religiöser Elemente aus, andererseits in der Art, wie man als Gemeindemitglied seine Frömmigkeit ausdrückt. Die Botschaft der Kirche wird auf dem Land weniger kritisch hinterfragt, man sucht stärker als in der Stadt Zuflucht im Gebet, akzeptiert gegebene Umstände eher als gottgewollt, betont Formen des Selbstopfers. Darüber hinaus zeigt sich der Unterschied zur Stadt in generell häufigeren Gottesdienstbesuchen, in aufwendigeren religiösen *fiestas* (oftmals einhergehend mit einem „primitiven" Verständnis biblischer Vorgänge und christlicher Botschaften), in zahlreicheren und größeren Prozessionen und Wallfahrten. Eine weitere wichtige Differenzierung ergibt sich – ebenfalls wie in anderen Kulturen – in Bezug auf die soziale Schichtung der mexikanischen Bevölkerung: Angehörige der Oberschicht und der gebildeten Mittelschicht sind weniger aktive Christen als Angehörige der unteren sozialen Klassen.

Formen der mexikanischen Volksfrömmigkeit

Der Glaube der Mexikaner äußert sich selbstverständlich nicht nur an Sonn- und Feiertagen – er zeigt sich auch im Alltag.

028mx Foto: kb

Besonders ersichtlich wird die allgegenwärtige Präsenz der Religion in den **Devotionalien,** die in Mexiko in schier unglaublicher Vielfalt vor Kirchen, an den *zócalos,* bei Wallfahrten und an Kiosken angeboten werden. Am Innenrückspiegel des Autos baumelt da etwa eine kleine Heiligenfigur, im Taxi steht eine Miniaturausgabe der *Virgen de Guadelupe,* der Busfahrer hat einen bunten Aufkleber von Jesus Christus auf sein Armaturenbrett geklebt und auf der Rückwand des Lastwagen prangt eine farbenfrohe biblische Szene. In fast jedem mexikanischen Wohnzimmer, oft auch im Schlafzimmer, hängt ein Bild von Jesus Christus oder von der Heiligen Jungfrau von Guadalupe. Auch kleine Hausaltäre mit Kerzen sind sehr verbreitet. Seit einigen Jahren gibt es gar Vexierbilder in allen erdenklichen Größen zu kaufen, auf denen je nach dem Standort des Betrachters der Heiland, die Jungfrau oder der Papst erscheinen.

Wessen Beruf dies ermöglicht, besucht auch werktags einmal in einer Arbeitspause die Dorfkirche oder die Basilika zu einem kurzen **Gebet.** Bei anderen Mexikanern wiederum zeigt sich die Frömmigkeit weniger im täglichen Gebet oder in der Einhaltung der zehn Gebote (wie etwa den Geboten nicht die Ehe zu brechen, nicht zu lügen und nicht zu stehlen), sondern durch den **Besuch religiöser fiestas** und durch die **Teilnahme an Prozessionen und Wallfahrten.**

Beim Großteil der Mexikaner ist der Glaube sehr präsent. Erkennbar wird dies u. a. daran, dass sich Menschen beim Passieren einer Kirche oder einer Heiligenkapelle am Straßenrand **bekreuzigen,** dass Fußballer vor dem Spiel und nach einem erzielten Tor das Kreuz schlagen, dass sich Stierkämpfer vor ihrem lebensgefährlichen Kampf das dreifache Kreuzzeichen mit dem Daumen auf Stirn, Lippen und Brust geben. Mexikanische Flugpassagiere bekreuzigen sich oft auch vor dem Start ihrer Maschine.

Die Frömmigkeit geht durch **alle Schichten des Volkes** und ist keineswegs auf die armen sozialen Klassen beschränkt. In den Kathedralen der mexikanischen Städte sieht man häufig ältere Indianerfrauen in den Kirchenbänken knien und einen Rosenkranz still neben einem jungen, erfolgreichen Geschäftsmann beten, der in seiner Mittagspause oder auf dem Weg zu einer wichtigen geschäftlichen Besprechung seinen teuren, ledernen Aktenkoffer neben sich abgestellt hat.

Wie später unter dem Stichwort Synkretismus noch ausgeführt wird, neigen viele Mexikaner in vielen Glaubensbereichen zu einem recht praktischen Umgang und einer an den Bedürfnissen des Menschen (bzw. an der Realität) ausgerichteten Auslegung der Heiligen Schrift und vatikanischer Verordnungen. So auch in der Frage des **Zölibats:** Vergleichbar mit der Praxis in anderen lateinamerikanischen Ländern, stört sich kaum jemand daran, dass zahlreiche Priester eine feste Freundin haben, oft in Form ihrer eigenen Haushälterin. Gemeinsamer Nachwuchs ist ebenfalls kein Tabuthema und wird in aller Regel von der Pfarrgemeinde wohlwollend geduldet. Der Grund für dieses breite Verständnis „menschlicher Schwächen" im Volk ist ein historischer: In Spanien war es bis zum Ende des 15. Jahrhunderts gängige Praxis gewesen, dass Priester auf Wunsch heiraten konnten; erst kurz vor der Eroberung Mexikos wurde dies vom König offiziell verboten, doch weiterhin stillschweigend akzeptiert. Erst sehr viel später versuchte der Vatikan noch einmal, das Zölibat mit härteren Maßnahmen durchzusetzen, in Mexiko jedoch bislang nur mit bescheidenem Erfolg.

Culto guadalupano

In kaum einem anderen Land der Welt ist der **Marienkult** so **stark ausgeprägt** wie in Mexiko. Viele Häuser, Fahrzeuge und Büros schmückt ein Bild der *Virgen de Guadalupe,* die in Mexiko auch gerne mit ihrem liebevollen Kosenamen *La Morena* angesprochen wird, weil ihre Gesichtshaut so offensichtlich dunkel ist – wie die der meisten mexikanischen Mestizen und Indianer. Und viele Hunderttausend Mexikaner – Frauen wie Männer – tragen den Namen der Jungfrau als Teil ihres Vornamens. Bereits *padre Miguel Hidalgo* zog am 16. September 1810 mit dem Schrei „Tod den Spaniern, es lebe die Jungfrau von Guadalupe" in den Kampf für die Unabhängigkeit Mexikos vom Mutterland Spanien. Die Jungfrau brachte den Mexikanern ein neues Selbstbewusstsein; sie fühlten sich durch ihre Gegenwart mit den direkt aus Spanien kommenden Verwaltern gleichwertig. Seitdem besitzt die *Virgen de Guadalupe* auch ein Stück weit die

Junge Männer tragen einen Guadalupe-Altar zur Basilika

Aura des Revolutionären, der Befreiung und der sozialen Gerechtigkeit. Nachdem die Erscheinung des Indianers *Juan Diego* aus dem Jahre 1531 gut 200 Jahre später (im Jahr 1754) vom Vatikan als Wunder anerkannt wurde, konnte die Jungfrau von Guadalupe auch mit dem Segen des Heiligen Stuhls die offizielle Schutzheilige Mexikos werden und den höchsten kirchlichen Feiertag Mexikos für sich beanspruchen.

Die **Ursprünge** des *culto guadalupanos* liegen ein wenig im Dunkeln. Sicher ist, dass am Hügel Tepeyac unweit des großen Sees während der Herrschaftszeit *Motecuzomas* ein Tempel für die aztekische Göttin *Tonantzín* stand, die in einzelnen Quellen den Beinamen *Guaxalupe* trägt. *Tonantzín* war unterschiedlichen Quellen zufolge die Göttin der Erde, des Maises und des Frühlings bzw. des Lichts und der Fruchtbarkeit und neben den drei Schlangengöttinnen die wichtigste Frau im Pantheon der Azteken. Bereits damals soll sie große Pilgerströme angezogen haben, die auch in Anwesenheit der spanischen *conquistadores* noch anhielten. Ein Hauptmann aus *Cortés'* Truppe soll während der monatelangen Belagerung Tenochtitlans im Jahre 1520/21 die Figur der aztekischen Gottheit entwendet haben und durch die Statue der in Spanien stark verehrten Heiligen Jungfrau von Guadalupe ersetzt haben – eine gängige Praxis während und nach der Eroberung Mexikos.

Nachdem im Jahr 1531 dem Indianer *Juan Diego* die *Virgen de Guadalupe* erschienen war und er wenige Tage später dem zweifelnden Erzbischof *Zumáraga* in seinem Mantel voller Rosen und mit dem Bild der Jungfrau im Strahlenkranz den Beweis für die Erscheinung erbracht hatte, begann der **beispiellose Siegeszug der Jungfrau in Mexiko.** Der Bischof ließ schnell eine Kapelle auf dem Hügel zu ihren Ehren erbauen, wenig später errichtete man gar eine Basilika. Statt wie früher zu Tonantzín zu pilgern, zog die Mexica nun zur Jungfrau von Guadalupe – der Ort war ja der selbe geblieben. Zudem war die Jungfrau dem Bildnis zufolge dunkelhäutig, so wie die Mexikaner – sie war gewissermaßen eine Frau aus dem Volk. Von nun an ließen sich die Einheimischen wieder leichter bekehren, schließlich hatten sie nun ja auch offiziell ihre eigene „Heilige".

Um die Jungfrau begann sich ein Netz von **Legenden und Wundersagen** zu weben. 1629 soll sie die Hauptstadt vor einer Überschwemmungskatastrophe gerettet, 1736 eine tödliche Epidemie aufgehalten haben. Und kurz nach der Revolution (1921) soll ihr Bildnis in der alten Basilika einen Bombenanschlag von antiklerikalen Revolutionären völlig

Die Jungfrau von Guadalupe ist die beliebteste Devotionalie

023mx Foto: kb

unbeschadet überstanden haben. All diese Dinge haben den Glauben an die Jungfrau nur noch verstärkt, ihren Glanz größer werden lassen.

Mit ca. acht Millionen Besuchern ist das Bildnis der Jungfrau in der 1976 eröffneten neuen **Basilika am Tepeyac-Hügel** das meistbesuchte religiöse Heiligtum der Christenheit nach dem Vatikan.

Den Organisatoren muss man einen sehr professionellen **Umgang mit den enormen Pilgermassen** bescheinigen. Die 20.000 Sitz- und Stehplätze in der zeltartigen, hellen Kirche sind durch die vielen großen Türme leicht zu erreichen, das Bildnis ist von jedem Platz in der Basilika jederzeit bestens zu sehen und kann auch während der von morgens bis abends stattfindenden Gottesdienste stets aus der Nähe betrachtet werden. Vier Rollbänder vor dem Bild sorgen für staufreie Pilgerströme, und die in einen langen, schmalen Schacht hineingeworfenen Spendengelder der Gläubigen werden sogleich computergestützt sortiert, gezählt und diebstahlsicher aufbewahrt. Für die Basilika gibt es eine eigene Metrostation, für das leibliche Wohl der Pilger sorgen zahllose ambulante Imbissstände, und selbst Toiletten gibt es viele. Verständlich, dass Dutzende von Straßenhändlern ihren Reibach mit dem Verkauf mitunter sehr phantasievoller Devotionalien machen. Ihr Geschäft floriert auch deshalb, weil in den Zeiten der wirtschaftlichen und sozialen Not der Glaube an die Kräfte der Jungfrau erhalten bleibt.

Trennung von Staat und Kirche

Die während der Revolutionswirren entstandene **Verfassung von 1917** fixierte zum ersten Mal in der mexikanischen Geschichte die strikte Trennung von Staat und Kirche: Um die historisch gewachsene sehr enge Beziehung zwischen Klerus und Eroberern (bzw. ihren Nachfolgern) zu beenden, schränkten die Verfassungsväter Mexikos die Befugnisse der Kirche extrem ein – trotz der offensichtlichen Frömmigkeit des Großteils der Mexikaner. Die neugegründeten Vereinigten Staaten von Mexiko brachen die diplomatischen Beziehungen zum Vatikan ab, der Papst konnte von nun an allenfalls als Staatsoberhaupt des Vatikans, nicht jedoch als Heiliger Vater der römisch-katholischen Kirche vom mexikanischen Staatspräsidenten empfangen werden.

An staatlichen Schulen war fortan Religionsunterricht nicht mehr erlaubt, sondern nur in kirchlich geführten Kindergärten und Privatschulen. Dies nahmen die frommen Mexikaner hin und die Geschichte sollte zeigen, dass dieser Ausschluss der Kirche von staatlichen Schulen, die formale Beschneidung der traditionellen Rechte der Kirche die mexikanische Frömmigkeit und Religiosität keineswegs auslöschen konnte.

Die Verfassung legte weiterhin fest, dass aller Besitz der Kirche in die Hände des Staates fiel; der Kirche war es fortan verboten, Güter in Mexiko zu besitzen. Die Geistlichen mussten sich von nun an ein Gotteshaus für ihre Messen vom Staat offiziell ausleihen. Darüber hinaus durfte die Kirche kein Geld in Banken und Aktiengesellschaften anlegen. Ein neues Kirchengebäude konnte nur mit Zustimmung der mexikanischen Regierung erbaut werden. Den Vertretern der Kirche, allen voran den Priestern, war es zudem verboten, sich politisch zu betätigen, bei Wahlen zu kandidieren oder aktiv in einen politischen Wahlkampf einzugreifen.

Zwar haben die von Präsident *Carlos Salinas de Gortari* **1992 erlassenen Gesetze** zur Beziehung zwischen Kirche und Staat einige der alten Bestimmungen zugunsten des Klerus aufgehoben, relativiert und modifiziert, doch wird der Grundgedanke der Trennung zwischen Staat und Kirche in Mexiko wenig davon berührt. Und am ohnehin starken Einfluss der katholischen Kirche auf die Mexikaner dürfte sich damit auch kaum etwas ändern.

Theologie der Befreiung in Mexiko

Die katholische Kirche in Lateinamerika versucht sich seit nunmehr ca. 40 Jahren explizit vom Image der Eroberer zu lösen und nimmt eher eine Vermittlerposition zwischen Arm und Reich ein. Initiiert hatte diese Bewegung der peruanische Priester *Gustavo Gutierrez;* er gilt als der Vater der in Lateinamerika verbreiteten Theologie der Befreiung. 1968 zum ersten Mal öffentlich eingefordert, versucht diese Glaubensrichtung, innerhalb der katholischen Kirche politisches Engagement mit christlichem Auftrag zu verbinden und **die Rechte der Armen und Benachteiligten gegenüber der Gemeinschaft einzuklagen.** Der Theologie der Befreiung haben sich seit den siebziger Jahren auch zahlreiche mexikanische Priester und Theologieprofessoren angeschlossen, doch längst nicht alle riskieren durch ihr öffentliches Bekenntnis dazu eine Konfrontation mit dem Vatikan (viele Priester sind aber auch Mitglieder des überaus konservativen „Opus Dei"). Denn dass dies immer wieder zu heftigen Konflikten mit dem Vatikan führt, steht außer Frage.

Der mittlerweile verstorbene **Papst Johannes Paul II.** wurde nicht nur anlässlich seiner Besuche in Lateinamerika wegen seiner Einstellungen zu Familienplanung und Emanzipation von einheimischen Bischöfen kritisiert. Er besuchte Mexiko in seiner Amtszeit dreimal, wurde jedoch nicht in allen mexikanischen Orten begeistert empfangen. Als vehementer Gegner der Familienplanung und als Feind von Verhütungsmitteln machten aufgeklärte Kreise den Papst für die Bevölkerungsexplosion in Mexiko mitverantwortlich, die die sozialen und wirtschaftlichen Probleme des Landes noch weiter verschärfte. Seine konservative Auslegung der Bibelstellen zum Verhältnis zwischen Mann und Frau trug ihm in den Kreisen gebildeter junger Frauen ebenfalls keine Sympathien ein.

Seit Anfang 1994 hat auch Mexiko einen prominenten Vertreter der Theologie der Befreiung: **Bischof Samuel Ruiz** in San Cristóbal de las Casas im Bundesstaat Chiapas, der sich als Nachfolger von *Fray Bartholomé de las Casas,* dem „Apostel der Indianer", sieht. Er trat nach dem Indianeraufstand in seinem Bistum als Vermittler zwischen der mexikanischen Staatsregierung einerseits und der Zapatistischen Befreiungsarmee unter Führung von *Subcomandante Marcos* andererseits auf und äußerte – wie bereits Jahre zuvor – immer wieder seine Sympathie mit den Forderungen der Armen nach sozialer Gerechtigkeit. Der Einsatz von *Bischof Samuel Ruiz* ging dem Vatikan dann irgendwann doch zu weit: Anfang 1997 schaltete sie *Ruiz* einen vatikantreuen Kleriker vor; *Ruiz'* Souveränität als Bischof war damit ein gutes Stück weit aufgehoben. Eine regelrechte Amtsenthebung des Bischofs hatte der Vatikan wohl nur deshalb nicht gewagt, weil er damit massive Proteste vieler seiner mexikanischen Gläubigen heraufbeschworen hätte.

Der Einfluss der langjährigen Arbeit *Don Samuels,* wie er von seinen Anhängern liebevoll genannt wird, ist jedoch nicht mit dem taktischen Schachzug des Vatikans auszulöschen. *Ruiz* versuchte – anders als viele seiner christlichen Kollegen in Geschichte und Gegenwart – von Beginn an, bei der Evangelisierung der indianischen Bevölkerung die Eigenständigkeit der Menschen zu respektieren; er verlangte von allen Mitarbeitern, die „Würde dieser Kultur“ zu akzeptieren. Auch trennte er nicht scharf zwischen Religion und Wirtschaft: In der von Armut und Existenzkampf gekennzeichneten Situation muss, so *Ruiz,* die Kirche den politischen Einsatz für die Indianer Mexikos als moralische Verpflichtung verstehen. In Insiderkreisen wird er als ein möglicher Kandidat für den Friedensnobelpreis bezeichnet.

Formen des Synkretismus in Mexiko

Wie bereits erwähnt, bezeichnen sich viele mexikanische Katholiken nicht in erster Linie als Mitglieder der römisch-katholischen Kirche, sondern als Guadalupeños, als gläubige Kinder der Heiligen Jungfrau von Guadalupe, als Praktiker des Culto Guadalupano. Darüber hinaus existieren jedoch noch zahlreiche weitere Formen von Synkretismus, der Vermischung verschiedener Glaubensrichtungen, in Mexiko. Viele Elemente des traditionellen Glaubens wie z. B. die verbreiteten **Glücksbringer** in Form gläserner Pyramiden, Glaskugeln u. a. haben einen festen Platz im Leben zahlreicher Mexikaner, egal ob Mann oder Frau, Jung oder Alt, Indianer oder Mestize. Ein Talisman wird entweder an einem geheimen Ort im Haus versteckt oder man platziert ihn unauffällig neben den Altar für die heilige Jungfrau von Guadalupe, ungefähr nach dem Motto: Doppelt hält besser – wenn der eine versagt, hilft vielleicht der andere.

Nach außen hin sichtbare Formen des Synkretismus leben insbesondere in den heute noch am stärksten indianisch geprägten Bundesstaaten Oaxaca und Chiapas fort. Hier besteht weiterhin der Glaube an den **nagualismo** fort, nach dem jeder Mensch während seiner Lebenszeit im Jenseits ein *nagual* als Gegenstück hat. *Naguales* sind Verkörperungen des jeweiligen Menschen in einer anderen Welt, zu der er zeitlebens Kontakt aufnehmen kann und soll. In zahlreichen Kirchen stellen die *indígenas* ihre *naguales* in Form von tönernen Jaguaren, Hunden, Stieren oder anderen Tierarten auf, umgeben diese mit einigen brennenden Kerzen und beten die *naguales* an. Auch sprechen die Einheimischen oftmals laut zu ihren verstorbenen Angehörigen, erzählen ihnen die neuesten Nachrichten oder bitten sie in schwierigen Lebenssituationen um Rat. Statt Jesus Christus oder Gott Vater verehren sie eher die Heiligen (den Dorfheiligen, den selbstgewählten persönlichen Schutzpatron oder den Namenspatron), die sie nicht selten als Verkörperungen ihrer alten indianischen Götter verstehen.

Innerhalb wie außerhalb dieser Kirchen opfert man Alkohol, Coca-Cola und Tiere. Auf dem Boden der Kirche ausgestreute Piniennadeln schaffen eine weihevolle Atmosphäre und verbessern die Verbindung der Gläubigen zur Erde und zu ihren verstorbenen Angehörigen – zu beobachten z. B. in der Kirche von San Juan Chamula nahe San Cristóbal de las Casas im Bundesstaat Chiapas. Auf einem heiligen Platz in den ans Dorf angrenzenden Wäldern gehen Wahrsager, Naturheiler und Medizinmänner wie seit altersher ihrer Arbeit nach und ergänzen damit die Arbeit der Geistlichen und Ärzte; die Grenzen zwischen traditionellen indianischen Praktiken und katholischen Riten und Ritualen sind fließend.

Der **Umgang mancher indianischer Gemeinden mit den Heiligen der katholischen Kirche** hat schon häufig den mestizischen oder weißen Geistlichen, der nur etwa alle vier Wochen seine Gemeinde auf dem Land besuchen kann, schier zur Verzweiflung getrieben. Ein Beispiel dafür bietet sich bis heute an den Tagen vor Ostern. Während der Osterwoche bauen die Indianer in ihren Kirchen die Szene vom letzten Abendmahl gerne mit lebensgroßen Aposteldarstellungen auf. Doch, so hat *B. Traven* beobachtet, „die Zahl wird nicht so genau genommen. Ich habe fünfzehn und auch acht Apostel gezählt, die beim Abendmahl zugegen waren. Nur der Judas darf nicht fehlen; alle anderen können doppelt oder dreifach oder gar nicht vorkommen, aber der Judas mit seinem Geldbeutel muss dasein." *Traven* vermutet, dies hänge ganz einfach mit der materiellen Versorgung der Gemeindekirche mit Heiligenfiguren zusammen: „Man sieht in der Tat manchmal drei- oder viermal Petrus am Tisch, weil die Kirche vielleicht vier zur Verfügung hat, aber dafür mag der Andreas oder der Matthäus fehlen."

Immer wieder kommt es zudem vor, dass ein Heiliger, der hartnäckig die Gebete und Bitten seiner Gläubigen ignoriert (und zum Beispiel keinen Regen fallen lässt o. Ä.), von den zuständigen Gemeindemitgliedern zur Strafe für Monate auf den Speicher eingesperrt wird. In anderen Fällen sägen die Bruderschaften ihm auch schon einmal, wenn er partout nicht folgen will, ein Bein oder einen Arm ab und hoffen auf Reue und den Willen zur Besserung.

Einzelne Gruppen der Tzeltales und Tzotziles in Chiapas leben ihre synkretistische Religion an unterschiedlichen Orten aus. Zwar besuchen sie Gottesdienste, unterhalten Kirchen und opfern den Heiligen, doch **orientieren sie sich zu Hause weiterhin an ihrem traditionellen Glauben.** In den eigenen vier Wänden beten sie den Gott *Hz'k'al* an, der mit seinem überdimensionalen Phallus auch für Regen und ausreichende Ernten zuständig ist. Eine weitere wichtige Rolle spielt die Göttin der Erde, *Chulmetic,* der an kleinen Hausaltären mit Kerzenopfern und Gebeten gehuldigt wird. Wer die Verehrung der Heiligen und der indianischen Götter vernachlässigt oder sonstige Missetaten begeht, wird, so ihr Glaube, von ihnen unweigerlich bestraft werden (z. B. mit einer Krankheit oder einem Unfall). Dann kann nur noch der stammeseigene Schamane helfen, der zwischen Heiligen, Göttern und Krankem vermitteln muss.

B. Traven schreibt in seinem Buch „Mexiko – Land des Frühlings" einige überaus interessante Passagen zur Religion der Indianer in Chiapas. Seiner Erfahrung nach empfinden die Indianer die **Unterschiede zwischen ihrem traditionellen Glauben und der christlichen Religion als nur geringfügig:** „Die katholische Religion kommt der alten Religion der Indianer so nahe, dass für sie der Unterschied nur in einigen nebensächlichen Dingen liegt. Die Hunderte von Heiligen der katholischen Kirche ersetzen ihre Hunderte von Untergöttern, die Jungfrau Maria ersetzt ihre Göttin der Fruchtbarkeit, Christus ist der dem Gott geopferte Mensch, dessen Fleisch gegessen und dessen Blut getrunken wird, genauso wie es die Azteken taten, die einen Menschen ihrem Gotte opferten und sein Fleisch aßen als eine religiöse Zeremonie, um Gott näher zu kommen. Und weil in der katholischen Religion durch Wandlung die Oblate zum wirklichen Fleisch und der Wein zum wirklichen Blut des geopferten Menschen Christus wird, so sieht der Indianer keinen Unterschied irgendwelcher Art."

Die vielen synkretistischen Elemente im mexikanischen Katholizismus sind nur vor dem Hintergrund der **besonderen Bedingungen der spanischen Missionierung in Mexiko** zu verstehen. Um die „Heiden" überhaupt erfolgreich bekehren zu können, musste man ihrem Glauben, ihrem Denken und ihren Wahrnehmungsmustern entgegenkommen, musste Zugeständnisse an ihre Religion machen, musste sich friedlich arrangieren. In den ersten Jahrzehnten ging es vielen Missionaren zudem in erster Linie darum, Tauf- und Bekehrungserfolge nach Rom melden zu können – ob die getauften Indianer nun tatsächlich Christen waren, die Heilige Schrift kannten und regelmäßig den Gottesdienst besuchten, war weniger wichtig.

Dass die Indianer bis heute noch an zahlreichen Elementen ihres traditionellen Glaubens festhalten, zeigt sich nicht nur in der Anbetung ihrer *naguales,* im Gespräch mit ihren Toten, sondern auch an der Art und Weise, wie sie die „Frohe Botschaft" verstehen und auf den für die so wichtigen religiösen *fiestas* zum Ausdruck bringen. Eine zentrale Stellung im Glauben der Indianer nehmen die in der Heiligen Schrift geschilder-

Gläubige rutschen auf Knien der Jungfrau in der Basilika entgegen

037mx Foto: kb

ten **Vorgänge um die Kreuzigung Jesu Christi** ein. In den indigenen Gemeinden im mexikanischen Bundesstaat Chiapas erlebte *Traven,* wie man dies auch heute noch in zahlreichen Städten Mexikos beobachten kann, dass die Judasfigur am Karfreitag zum Explodieren gebracht wird. „Die vier Tage von Gründonnerstag bis Ostersonntag sind angefüllt mit äußeren Zeremonien. Der Judas wird mit einem Strick um den Hals von einer radaulustigen Menge durch die Straßen geschleppt. Quer über die Straßen sind lebensgroße Figuren aus Papier und anderen Stoffen an Leinen aufgehängt, die auch Judasse darstellen. Diese Figuren werden am Mittag mit viel Lärm durch eingesetzte Feuerwerkskörper zum Platzen gebracht."

Während in Europa der Karfreitag vorwiegend mit einer zum Nachdenken anregenden Messe begangen wird, konzentrieren sich die indianischen Frömmigkeitsformen auf das Nachspielen der biblischen Handlung. Dabei, so *Traven,* ist eine schrifttreue Darstellung weniger wichtig:

„Karfreitag wird in Hunderten von Indianerstädten mit einer Darstellung der Passionsgeschichte gefeiert. Alles spielt sich im Freien ab. Der Christus ist eine roh geschnitzte Figur, die mit viel Getöse und Lärm endlich ans Kreuz genagelt wird. In der ganzen Darstellung, obgleich sie mehrere Stunden dauert, ist kein Zusammenhang und keine Disziplin. Es kommt vor, dass eine Gruppe irgendwo auf dem Platze noch das Pilatusverhör abhält, während woanders die Figur, die beim Pilatusverhör durch ein Doppel ersetzt wurde, an das Kreuz gehämmert wird."

Bis weit nach dem Zweiten Weltkrieg versuchten Indianer in einigen Dörfern, die Kreuzigungsszene möglichst realitätsnah – eben mit einem lebendigen Menschen, wie dies heute noch in Italien oder Spanien der Fall ist – nachzuspielen. Doch aus der nachgestellten Passionsgeschichte wird nun Ernst: „Unzählige Male ist es geschehen, dass sich die Indianer nicht mit einer Holzpuppe begnügten, sondern dass sie einen Mitbürger ans Kreuz nagelten, nachdem sie ihm ihre angeblichen Sünden aufgeladen hatten. Manchmal wird er am Abend abgenommen, meist aber muss er bis zum nächsten Abend hängen. Wenn er dann mit großer Feierlichkeit abgenommen wird, ist er natürlich tot. Aber es wird ja erwartet, dass er wieder aufersteht. Hier versagt er vollständig und dann lässt sich eben nichts machen."

Traven schließt seine Beobachtungen mit der Beschreibung des Versuchs staatlicher Stellen, gegen diese Art von Religiosität vorzugehen: „Zuweilen wurden die Behörden von irgendjemand, der von der Sache erfahren hatte, unterrichtet. Aber wenn sie eingreifen wollten, kam es zum Kampf. Die Indianer wollten ihren gekreuzigten Heiland nicht hergeben, sie betrachteten es als einen Eingriff in ihre Religion, und sie verteidigten ihren Christus, wie es guten und rechtschaffenen Christen ziemt. Um noch mehr Tote zu vermeiden, mussten die Soldaten wieder abziehen. Der Indianer, der gekreuzigt wurde, gab sich selbst dazu her. Er betrachtete es als größte Ehre und heiligste Handlung und viele beneideten ihn darum. In den allermeisten Fällen kommt es nie, auch nicht einmal nachher, zu Ohren der Behörden oder gar an die Öffentlichkeit." Und dies lag bzw. liegt sicherlich im Interesse aller Beteiligten.

Selbstverständlich muss sich der Glaube an traditionelle indianische Weisheiten nicht immer so drastisch äußern wie im Falle des gekreuzigten Mitbürgers. Auch ohne spektakuläre Vorkommnisse besitzt der **Glaube an magische Kräfte** noch eine große Bedeutung für das Verhalten vieler Mexikaner. In den indianisch geprägten Mercados bieten Magier und Naturheiler Zauberpulver, Heilkräuter, Amulette, Sprays gegen Eifersucht und Missgunst, Mineralien gegen den bösen Blick, Tiere wie Leguane und bestimmte Vögel an, die geheimnisvolle Kräfte haben sollen. Wie schon zu Zeiten *Quetzalcóatls* und *Motecuzomas* geht der Glaube an magische Kräfte einher mit Praktiken wie In-Trance-versetzen, mit Räucherzeremonien und rituellen Tänzen. Dass man selbst zur selben Zeit Mitglied der katholischen Kirche von Mexiko ist, spielt dabei keine Rolle.

In vielen indianischen Gemeinden Südmexikos dominiert auch heute noch das **Cargo-System** die soziale Struktur des dörflichen Lebens. Der Terminus geht zurück auf die ursprüngliche Bedeutung des spanischen Wortes *cargo*: die Last bzw. im übertragenen Sinne das Amt. Das Cargo-System honoriert alle, die innerhalb der Gemeinschaft zivile und religiöse Ämter bekleiden, *fiestas* organisieren und finanzieren, die administrative und juristische Aufgaben zu ihren Unkosten (Zeit und Geld) übernehmen. Je häufiger ein Mitglied ein solches Amt bekleidet, desto höher ist sein Ansehen im Dorf und desto höher steigt er in der sogenannten Ämterhierarchie. Das Cargo-System zeigt, wie sehr Religion und Alltag noch heute in den *communidades indígenas* verwoben sind. Wechselt ein Gemeindemitglied nun die Religion – zum Beispiel, wenn es sich von einer freikirchlichen Sekte hat bekehren lassen – so wird es von seiner neuen Kirche gezwungen, sich aus dem Cargo-System auszuklinken. Den Konvertierten bleibt somit in aller Regel nur der Wegzug aus dem Dorf.

041mx Foto: kb

FAMILIE UND GESELLSCHAFT

„Ich möchte wohl wissen, wie ein europäisches Volk aussehen möchte, das hundert Jahre Revolution, politische Unruhen, Aufstände, Parteienkämpfe, bewaffneten Einbruch und skrupellose Vergewaltigung durch Franzosen, Amerikaner, Engländer, Aufdrängung eines Kaisers fremder Rasse und ein ständiges Intrigenspiel der römischen Kirche hinter sich hat, wie das beim mexikanischen Volke der fall ist. Das alles durchzumachen und sich dennoch immer wieder aufzurichten, immer wieder aufzubauen, nie zu verzagen, nie die Unabhängigkeit aufzugeben, das alles beweist eine solche Zähigkeit, einen solchen unbeugsamen Lebenswillen, wie er wohl nur bei wenigen Völkern gefunden werden dürfte."

(*B. Traven* in „Mexiko – Land des Frühlings")

Die mexikanische Familie

Die Großfamilie als Stütze der Gesellschaft

Die Rolle der Familie ist in jeder Kultur entscheidend für die gesellschaftliche Struktur des Landes und für seine politische Stabilität. Für die allermeisten Mexikaner ist das „Modell Familie“ **Dreh- und Angelpunkt ihres Lebens** – neben zunehmend wichtiger werdenden moderneren Lebens- und Wohnformen. An zahlreichen Stellen der mexikanischen Gesellschaft lassen sich auch individuellere, emanzipiertere und recht selbstbewusste Lebensmodelle beobachten, teilweise befreit von den Zwängen der Familientraditionen, von den Erwartungen der Eltern, Großeltern und Nachbarn. Diese Lebensformen ähneln meist stark ihren westlichen Mustern und müssen an dieser Stelle nicht näher beschrieben werden.

An den Familienstrukturen, auch am Bild einer idealen Familie, hat sich seit vielen Jahrhunderten in Mexiko vor allem im ländlichen und kleinstädtischen Bereich wenig geändert. Selbst die enorme Bevölkerungsexplosion seit Anfang der vierziger Jahre, die gravierende soziale Veränderungen mit sich brachte, die rapide Industrialisierung, der Ölboom und die rasante Urbanisierung vermochten kaum an der **Grundstruktur der mexikanischen Familie** zu rütteln. So prägt die Familie weiterhin den einzelnen Menschen weit mehr, als dies in europäischen Ländern Kin-

042mx Foto: kb

dergarten, Schule, Freizeitgruppen und Studienkommilitonen tun. Auch heute leben etwa 90 Prozent der Mexikaner in einer Familie, während in der Bundesrepublik Deutschland ca. 50 Prozent aller Haushalte aus Singles bestehen. Ein weiterer Unterschied ist augenfällig: Während sich die meisten mitteleuropäischen Familien aus Eltern und ein bis zwei Kindern zusammensetzen, umfassen viele mexikanische Familien insbesondere auf dem Land neben Vater, Mutter, Söhnen und Töchtern oftmals auch Neffen und Nichten, Onkel und Tanten, deren Ehepartner verstorben sind, Cousins und Cousinen und - zumindest in wohlhabenden Verhältnissen - die verschiedenen Hausangestellten wie Kindermädchen, Gärtner, Chauffeur und Dienstmagd.

Die Großfamilie fungiert in Mexiko auch als die **wichtigste Wohlfahrtsinstitution,** noch vor der Kirche, und gleicht soziale Not aus. Wird ein Familienangehöriger arbeitslos, arbeitsunfähig oder krank, kann er sich auf seine Familie (nicht dagegen auf Zahlungen seines Arbeitgebers oder des Staates) verlassen. Die Familie fügt dann den Bohnen eben mehr Wasser hinzu, damit es für einen weiteren Esser reicht - so formulierte es in den 1970er-Jahren der damalige Präsident *López Portillo,* als er die sozialen Auswirkungen der damaligen Wirtschaftskrise charakterisierte.

Die mexikanische Großfamilie ist überaus selbstgenügsam: Man umgibt sich mit den zahlreichen Verwandten, findet Spielkameraden unter den Cousins und Cousinen und ist so mit Freunden ausreichend versorgt. Die Kehrseite der Medaille ist der Umstand, dass angeheiratete Verwandte lange Zeit als Fremdkörper gelten und mit besonderer Dienstfertigkeit und Freundlichkeit gegenüber den Alteingesessenen um deren Gunst buhlen müssen. Dieser Einsatz lohnt sich jedoch fast immer: Ist man einmal als Familienmitglied aufgenommen und akzeptiert, so ist auf die neue Verwandtschaft zukünftig auch Verlass.

Verwandtschaft

Die Verwandtschaft bildet die übergangslose Erweiterung der mexikanischen Großfamilie. Eine besondere Rolle (wesentlich wichtiger als etwa in der westlichen Welt) spielt dabei der jeweilige **Pate** der Kinder, der *padrino* bzw. *compadre*. Dieser kann aus der Großfamilie stammen, muss aber nicht. Er ist möglicherweise ein enger Freund der Familie oder ein Arbeitskollege (vorzugsweise der Chef) des Vaters. Der Pate ist Ansprechpartner bei persönlichen und familiären Problemen, in Sachen erste Liebe und Berufswunsch. Auch in finanziellen Engpässen sollte der *compadre* dem Schützling lebenslang zur Seite stehen. Schwierigkeiten, die es offiziell in der Familie nicht geben darf, Dinge, die für ein Gespräch mit Vater und Mutter tabu sind, können unter vier Augen mit dem *compadre* besprochen werden.

Ebenfalls eine Erweiterung der Großfamilie stellen in wohlhabenden Kreisen die **Hausangestellten** dar. Dienstmagd, Gärtner, Chauffeur, Nachtwächter und Kindermädchen sind oft lebenslang bei einer Familie für ein Entgelt von 5 Euro täglich und weniger angestellt und wohnen in vielen Fällen in deren Haus. Da sie die Familie zu jeder Tag- und Nachtzeit umsorgen, entgeht ihnen kein Geheimnis, kein Streit und kein Problem. Oft wird aus dem Beschäftigungsverhältnis ein Verhältnis besonderer Art: Die Familienväter, aber auch die Söhne der Familie haben nicht selten sexuelle Kontakte zu jungen Hausangestellten. Die Anstellung von Bediensteten verpflichtet die wohlhabende Familie auch zur Sorge um die Familie der Beschäftigten: Zieht zum Beispiel der Bruder der Dienstmagd zum Studium in die Stadt, so kann er sich in aller Regel darauf verlassen, solange ebenfalls im Haus der Arbeitgeber seiner Schwester wohnen zu dürfen.

Die Nähe zur eigenen Verwandtschaft wirkt sich auch im mexikanischen Arbeitsleben aus. Mehr als die Hälfte aller mexikanischen Klein-, Mittel- und Großbetriebe sind **Familienunternehmen:** Werkstätten, Gemischtwarengeschäfte, Restaurants, ambulante Straßenläden und Bauernhöfe werden von Familienverbänden geleitet oder bestehen ausschließlich aus Familienangehörigen. Hat man sich eine gute Stellung und einen soliden Ruf in einer großen Firma (oder als Hausangestellter in einer betuchten Familie) erarbeitet, so ist es selbstverständlich, dass man alles daran setzt, auch seine Brüder und Schwestern, Cousins und Cousinen in diesem Betrieb unterzubringen. Das bringt auch für den Unternehmer Vorteile: Miteinander verwandte Arbeitnehmer versuchen in aller Regel, Probleme untereinander selbst zu lösen, weil sie wissen, dass sie bei einem etwaigen Fehlverhalten auch die Arbeitsplätze ihrer Verwandten riskieren.

Flirten, Anbandeln und Heiraten

Heiraten ist auch in Mexiko ein überaus populäres Thema. Insbesondere auf dem Land, z. B. in indianischen Gemeinschaften der Bundesstaaten Oaxaca und Chiapas, ist die **Brautwerbung** weiterhin eine monatelange, romantische Prozedur. Eltern prüfen ihre zukünftigen Schwiegersöhne und -töchter eingehend und lassen sich mit zahlreichen Geschenken nach mehreren gegenseitigen Besuchen endlich für die Freigabe ihres „Kindes" gewinnen. Oft genug operiert dabei ein Freier bzw. Kuppler als Vermittler.

In den mexikanischen Städten dagegen finden sich die meisten Brautpaare aus eigenem Antrieb. Sehr beliebt sind die zwanglosen **Treffen heiratsfähiger und heiratswilliger Jugendlicher** am späten Sonntagnachmittag am zentralen *zócalo,* wo man in kleinen (gleichgeschlechtlichen) Gruppen zwischen Parkbänken, Eisständen und Bäumen flaniert und Ausschau nach einer *novia* (Freundin, Braut) oder einem *novio* (Freund, Bräutigam) hält.

Bis zur Hochzeit können nun zwar noch mehrere Jahre vergehen, doch bietet sich den wenigsten Paaren dabei Gelegenheit, in einer gemeinsamen Wohnung auszuprobieren, ob man auch dauerhaft zusammenleben kann – in den seltensten Fällen ziehen die Brautpaare bereits vor der Trauung zusammen. **Voreheliche sexuelle Erfahrungen** können also selten in den eigenen vier Wänden, sondern nur in der Wohnung eines verständnisvollen Freundes, der verreisten Eltern, im nächtlichen Stadtpark oder auf den nur begrenzt romantischen Sitzen eines dunklen Kinosaals gesammelt werden. Oft erfahren die Eltern von den Lieb- und Partnerschaften ihrer Kinder erst nach Monaten – oder überhaupt nicht.

Am Tag vor der Hochzeit feiern die Brautleute ihren Abschied vom Junggesellenleben – in getrennten *fiestas.*

Da seit der Revolution in der mexikanischen Verfassung die Trennung von Kirche und Staat festgeschrieben ist, gilt eine Heirat in Mexiko nur, wenn sie vor einem Standesbeamten vollzogen wurde. Mehr als zwei Drittel aller mexikanischen Paare heiraten nach der standesamtlichen Trauung auch kirchlich – mit allem erdenklichen Aufwand, auch in ärmeren Kreisen. In der mexikanischen **Trauungszeremonie** wird zur Beschreibung der Rollen von Mann und Frau in einer idealen Ehe gerne auf einen weit verbreiteten, aus dem 19. Jahrhundert stammenden Text zurückgegriffen. Darin werden die besonderen Eigenschaften des Bräutigams mit „Mut und Stärke" charakterisiert, die Hauptattribute der Braut mit „Selbstverleugnung, Schönheit, Mitgefühl, Scharfblick und Zärtlichkeit" umschrieben. Die Frau sollte in der Ehe ihrem Mann demnach „Gehorsam, Lust, Beistand, Bestätigung und Rat schenken und ihn immer mit der Ehrfurcht behandeln, die dem Menschen gebührt, der die Frau ernährt und beschützt".

Rollenverteilung in einer traditionell lebenden mexikanischen Familie

Väter verkörpern in einer vollständigen, intakten mexikanischen Familie die von niemandem in Frage gestellte Autorität. Seinen Anordnungen leisten Mutter und Kinder Folge, sie bedienen ihn und erwarten dafür wenig Gegenleistung – im Gegenteil: Sie nehmen es stillschweigend hin, wenn er sich für ihre Anliegen wenig interessiert, nach der Arbeit mit seinen Freunden ein Bier trinken geht oder am Wochenende seine Geliebte besucht. Die Aufmerksamkeit, die der Vater seiner Ehefrau und den Kindern entgegenbringt, müssen sie als gnädige Gunst dankbar annehmen.

Dieses klischeehafte, nach außen zur Schau getragene Bild stimmt jedoch nicht immer mit der Realität überein. Gerade bei in der Stadt lebenden jungen Familien mit hohem Bildungsstand findet sich ein Bild ähnlich wie in Deutschland. Schaut man hinter die Kulissen, so fällt die Mutter die wirklich wichtigen Entscheidungen oder schafft es, durch geschickte Taktik ihren Ehemann zu der von ihr favorisierten Lösung eines Problems zu bewegen. Zudem wachsen über ein Drittel der mexikanischen Kinder zeitweise oder dauerhaft ohne Vater auf; hier führt die Mutter ohnehin das Regiment, da die Väter ausgewandert sind in die USA, geflüchtet in andere Bundesstaaten oder zu arm sind, um Unterhaltszahlungen zu leisten (zum Vergleich: In den benachbarten USA wachsen derzeit etwa 50 % der Kinder in unvollständigen Familien auf).

Mütter verwenden neben ihrer Hausarbeit viel Zeit auf die Erziehung ihrer Kinder, insbesondere auf die ihrer Söhne, die auch dem Vater am meisten am Herzen liegen. Die Defizite an Verständigung und Zärtlichkeit im Umgang mit dem Familienvater versucht sie durch durch regelrechtes Umhegen der Kinder wettzumachen. Ihre geringe Freizeit verbringt sie meist mit Nachbarinnen, weiblichen Verwandten oder Freundinnen. Auch zahlreiche berufstätige Mütter tun ihr Bestes, um das Wohlbefinden von Mann und Kindern zu sichern oder zu steigern.

Kinder haben in aller Regel weniger Kontakt zu ihrem Vater als zur Mutter. Dennoch versuchen die Söhne meist, ihrem Vater nachzueifern, in seine Fußstapfen zu treten. Die Töchter werden von der Mutter in die Hausarbeit eingewiesen, auf das spätere Eheleben vorbereitet sowie mit den Techniken des Zeigens und Verbergens von Gefühlen vertraut gemacht. Selbst innerhalb der Familie lernen sie, sich den älteren wie jüngeren Brüdern unterzuordnen. In den rein indianischen Gemeinschaften des südlichen Mexikos hat sich an der Vorbereitung der Töchter zur Heirat, wie sie *Bartolomé de las Casas* beschrieb, wenig geändert.

Ein Generationenkonflikt wird in den wenigsten mexikanischen Familien ausgetragen; wenn es zu Konflikten zwischen Vater und Sohn, Mutter und Tochter kommt, handelt es sich meist um Kleinigkeiten, nicht um grundsätzliche Revolten gegen die Eltern oder im Hause lebende Großeltern. Die **Autorität der Älteren** wird kaum je in Frage gestellt – schließlich wollen die aufwachsenden Kinder später selbst einmal in den Genuss dieser unumstrittenen Autorität kommen.

Auch in Mexiko erhalten die Mütter - wie in den meisten Kulturen - viel stärker als die Männer die **kulturellen Traditionen:** Der lokale Dialekt, die besonderen regionalen Sitten, religiöse oder kirchliche Rituale, Formen der Höflichkeit und der Distanzwahrung werden von der Mutter auf die Kinder übertragen, weit weniger vom Vater. Über die Bedeutung einer intakten Familie sind sich selbstverständlich die profanen und religiösen Stützen der Gesellschaft im klaren: Regierung und Kirche versuchen bei ihrem Tun stets die Struktur der Familie zu schützen, halten flammende Reden über die Bedeutung und den Wert einer guten mexikanischen Familie - und stärken somit den Kern des Machismo. Dazu gehören für viele Priester auch die Vorherrschaft des Mannes und die Unterordnung der Frau.

Machismo und marianismo

„Witwe zu sein ist der Idealzustand einer Frau. Etwas Besseres kann einem nicht passieren. Man stellt den Dahingegangenen auf einen Altar, ehrt sein Andenken, sooft es verlangt wird, und frönt ansonsten fortan allem, woran man zu seinen Lebzeiten gehindert war. Ich spreche aus Erfahrung, nichts geht über den Witwenstand."
(*Angeles Mastretta,* „Mexikanischer Tango")

So könnte der **Alltag einer mexikanischen Frau** aussehen: *Señora Isabella Martinez de Garcia* lebt in Mexico Citys Stadtteil Coyoacan und ist morgens um fünf Uhr aufgestanden. Sie hat das Frühstück für ihren Mann und ihre fünf Kinder zubereitet und die jüngeren Kinder anschließend zur Schule gebracht. Danach erledigt sie Wäsche, räumt im Haus auf und kocht das Mittagessen für sich und die Kinder. Sie trifft sich vor dem Haus mit ihren Nachbarinnen und Freundinnen. Nach dem *almuerzo,* dem Mittagessen, hilft sie den Kindern bei den Schularbeiten, geht dann für mehrere Stunden in einem anderen Haushalt im benachbarten Stadtteil putzen und widmet sich anschließend der Zubereitung des Abendessens, des *cena.* Ihr **Ehemann,** *Señor Garcia,* kommt kurz vor der Dämmerung von der Arbeit im nördlichen Stadtteil Mexico Citys, Ecatepec, nach einer zweistündigen Busfahrt nach Hause, begrüßt Frau und Kinder und lässt sich fortan bedienen. Nach dem *cena,* bei dem er sich wenig gesprächig gezeigt hat, geht er mit Freunden einige *tequilas* und *cervezas* trinken, nachher vielleicht noch seine Geliebte in dem dafür bekannten Café „Opera" in der Calle Cinco de Mayo besuchen und kommt erst nach Mitternacht nach Hause. *Señora Isabella* hatte noch bis zehn Uhr gearbeitet, kurz Besuch von ihrer Schwester bekommen und bis elf Uhr - wie fast immer erfolglos - auf die Rückkehr ihres Mannes gewartet.

Das oben Geschilderte ist eine klassische Situation für mexikanische Frauen: als Ehefrau und Mutter mit Arbeit vollgepackt und in feste Rollen gezwängt. Doch vorab, um keine falschen Erwartungen aufkommen zu lassen: Längst nicht jeder Mexikaner ist ein klassischer *macho* und längst nicht jede Mexikanerin, gleich welchen Alters, spielt die ihr traditionellerweise zugedachte Rolle der Jungfrau *Maria*. Dennoch ist das Phänomen des *machismo* und *marianismo* auch heute noch in Mexiko sehr ausgeprägt.

Machismo

Was bedeuten diese beiden Begriffe nun genau? Unter *machismo* versteht man übersteigertes Männlichkeitsgefühl, die **Betonung der männlichen Überlegenheit** und die **Forderung nach besonderer Aufmerksamkeit.** Ein *macho* sollte Frauen gegenüber (ausgenommen der Ehefrau gegenüber) galant sein, sie umschmeicheln können, sich spielerisch und locker mit ihr verständigen können. Dabei mimt er den überlegenen *caballero* („Ritter"), der in jeder Lebenssituation der Ehre den Vorzug vor Fairness, Wahrheit oder christlicher Nächstenliebe gibt. Zum *machismo* gehört jedoch auch die Forderung nach besonderer Fürsorge, und die macht *machos* gleichzeitig abhängig, verletzlich und verwundbar. Der mexikanische *machismo* äußert sich je nach der ethnischen Zugehörigkeit, der sozialen Schicht und dem Lebensumfeld (Land oder Stadt) des jeweiligen Mannes unterschiedlich. Auf dem Land etwa war die Idealfigur des *macho* lange Zeit der *charro,* das mexikanische Pendant zum nordamerikanischen Cowboy.

Die im Folgenden mit ihrem Text aufgeführte populäre **Hymne mexikanischer machos** *„Sigo Siendo El Rey"* würdigt den unverstandenen, einsamen und vermeintlich ungeliebten Mann, der sein Schicksal erfüllt und dessen Hinterbliebene nach seinem Tod für den Rest ihres Lebens um ihn trauern wird.

Sigo Siendo El Rey

Yo sé bien que estoy afuera, pero el día en que yo me muera,
sé que vas a llorar y llorar llorar y llorar.
Dirís que no me quisiste, pero vas a estar muy triste,
Y así te vas a quedar.

Con dinero o sin dinero, hago siempre lo que quiero,
Y mi palabra es la ley;
No tengo trono ni reina, ni nadie que me comprenda,
Pero sigo siendo el Rey.

Una piedra en el camino me enseño que mi destino,
Era rodar y rodar, rodar y rodar, rodar y rodar.
Luego me dijo un arriero, que no hay que llegar primero,
Sino hay que saber llegar.

Con dinero o sin dinero, hago siempre lo que quiero,
Y mi palabra es la ley;
No tengo trono ni reina, ni nadie que me comprenda,
Pero sigo siendo el Rey.

Ich bleibe der König

Ich weiß sehr wohl, dass ich außen vor bin, aber am Tag, an dem ich sterben werde, weiß ich, dass Du weinen und weinen und weinen wirst. Du wirst sagen, dass Du mich nicht liebtest, aber Du wirst sehr traurig sein und so wirst Du auch bleiben.

Mit Geld oder ohne Geld, ich tue immer das, was ich will. Und mein Wort ist Gesetz. Ich habe weder Thron noch Königin noch jemanden, der mich versteht, aber ich bleibe der König.

Ein Stein auf meinem Weg zeigt mir, dass es mein Schicksal war zu rollen und rollen und rollen. Mir erzählte einst ein Maultiertreiber, dass man nicht unbedingt als Erster ankommen muss, sondern dass man wissen muss, wie man ankommt.

Mit Geld oder ohne Geld, ich tue immer das, was ich will. Und mein Wort ist Gesetz. Ich habe weder Thron noch Königin noch jemanden, der mich versteht, aber ich bleibe der König.

Machismo gibt es nicht ausschließlich in Mexiko, sondern auch im übrigen Lateinamerika und vor allem in Spanien. Dieser übersteigerte Männlichkeitskult hat laut Geschichtswissenschaftlern seinen **Ursprung** in den vorderasiatischen Ländern, gelangte dann mit den Arabern (*los moros*; die Mauren) vor 1000 Jahren nach Spanien und kam mit den spanischen *conquistadores,* mit *Hernan Cortés* und *Francisco Pizarro* nach Mexiko

052mx Foto: kb

und Peru. *Machismo* geht in der Regel mit dem Patriarchat, der Männerherrschaft, einher.

Der gegenwärtige mexikanische *Machismo* ist eine Mischung aus vorwiegend spanischen, aber auch indianischen Kulturelementen. Die Rollenverteilung setzten die spanischen *conquistadores* während der **Kolonialzeit** mit massivem Druck durch; die römisch-katholische Kirche tat ihr Übriges dazu. Zudem fielen einzelne Elemente des spanischen *machismo* im indianischen Mexiko auch auf fruchtbaren Boden. Lesenswertes Beispiel in diesem Zusammenhang ist *Héctor Aguilar Camíns* Roman „Der Kazike“ (Sein Wort ist Gesetz, seine Unterschrift Befehl). Interessanterweise rüttelte die mexikanische Revolution keineswegs an *machismo* und *marianismo*. Ganz im Gegenteil: Die klassische Rollenverteilung wurde in diesen wirren Jahren unter den schwierigen Lebensbedingungen teilweise sogar noch verstärkt.

Einige mexikanische Anthropologen und Psychologen sehen die Grundlagen für die Ausbildung des spezifisch mexikanischen *machismo* in der Beziehung zwischen *Hernán Cortés* und seiner indianischen Geliebten und Übersetzerin *La Malinche*. Diese und viele andere Beziehungen zwischen spanischen Männern und indianischen Frauen waren durch Gewalt, oft durch Vergewaltigung erzwungen worden. Der Mann agierte dabei siegreich, stolz, brutal und entscheidungsfreudig, die Frau verführte den Mann vermeintlich, sie verriet dabei sogar ihre Familie und ihr Land. Gewalt, Verführung, Verrat und Misstrauen zwischen Spaniern und Indianerinnen zu Beginn des 16. Jh. prägten die Geschlechterbeziehung in Mexiko entscheidend, argumentiert auch der Schriftsteller *Octavio Paz* in seinem „Labyrinth der Einsamkeit“. Der spanische Mann und Vater der Kinder ließ Kinder und Frau zwar danach allein zurück, blieb aber das unumstrittene Familienoberhaupt. *Paz* zufolge agiert der mexikanische *macho* vor allem deshalb so zornig, trotzig und herrschsüchtig, weil er im übertragenen Sinne eine Waise sei. Tatsächlich wachsen heute über ein Drittel der Kinder Mexikos ohne Vater auf, eine unvorstellbar hohe Zahl.

Machismo begegnet man als Reisender im mexikanischen Alltag an den unterschiedlichsten Stellen. Um **Ausdrucksformen von Machismo** kann es sich handeln (muss es aber im Einzelfall nicht), wenn Bus- und Taxifahrer mit rücksichtsloser, halsbrecherischer und beinah todesmutiger Fahrweise ihre Passagiere und die anderen Verkehrsteilnehmer „beeindrucken" wollen oder wenn Fahrer sich auf spontane (aber lebensgefährliche) Autorennen im öffentlichen Straßenverkehr einlassen. Als *muy macho* gilt es, wenn Männer in der überfüllten Metro, in Bussen und vollen Zügen vorzugsweise Blondinen und *gringas* in den Po zwicken, wenn Männer zu Hause oder auf der Straße Frauen ignorieren, missachten oder misshandeln, wenn sie die Ehefrau wie eine Dienerin behandeln, mit Schreien kommandieren oder mit Schlägen bestrafen. Bei betrunkenen Männern, beim Stierkampf und Hahnenkampf und bei Schlägereien bricht ebenfalls oft der *macho* im Manne aus. Kurz: *Machismo* äußert sich immer dort, wo Männer ihren Stolz und ihre Ehrsucht auf kindische, ja neurotische Art und Weise ausdrücken. Wie auch in Italien oder Spanien geht dies in Mexiko nicht notwendigerweise mit betont männlicher Kleidung oder Tätowierungen (vorzugsweise nackten Mädchen) einher, mit tief ausgeschnittenen T-Shirts oder Hemden mit freier Sicht auf die behaarte, muskelbepackte Brust. Unter Männern ist *muy macho* allerdings in aller Regel ein Kompliment. Und gerade wer sich gesellschaftlich und sozial unterdrückt fühlt, hat die Tendenz, dies als *macho* zu kompensieren.

Marianismo

Marianismo könnte es ohne *machismo* in Mexiko in dieser Form nicht geben. Vorbild für diese klassische Rolle der Mexikanerin ist die **Muttergottes Maria,** die nicht ohne Grund in Mexiko in Form der *Virgen de Guadelupe* – von Mann und Frau gleichermaßen – als Nationalheilige verehrt wird. Ein *macho* erwartet von einer Frau kokettes, frauliches, puppenhaftes Auftreten. Körperlich mag sie schwach sein, aber langfristig gesehen gegen die Unbilden des Lebens resistenter. Auch seelisch sollte

Macho-Pose oder „Coolness"?

sie belastbarer und leidensfähiger, insgesamt passiver sein sowie empfindsamer und intuitiver handeln. Sie vertritt nach außen die Ehre der Familie und achtet darauf, dass die religiösen und kulturellen Traditionen bewahrt werden.

Grundsätzlich wohnt der Frau aber die **Schlechtigkeit Evas** inne, die Adam verführte. Heute spielt sie als Geliebte die Rolle der Hure. Andererseits symbolisiert sie mit ihrer **Jungfräulichkeit** die positive Seite der Weiblichkeit, *La Virgen Santissima,* die unbefleckte Empfängnis. Auch heute noch gilt in Mexiko der Verlust der Jungfräulichkeit als der entscheidende Bruch im Leben einer Frau; in diesem Augenblick schlüpft sie von der Rolle der Heiligen in die der „verdorbenen" Frau.

Auch die Idee des *marianismo* von der Reinheit, Schönheit und Zurückhaltung der Frau vertrug und verträgt sich ohne große Probleme mit dem Frauenbild vieler mexikanischer Indianerstämme. Noch 1981 gab – so die Ergebnisse einer anthropologischen Studie – eine Indianerin aus der Sierra de Puebla ihrer Tochter folgenden Rat mit auf den Lebensweg:

„Wenn Du die Welt ansiehst, dann denke Dir, dass alles Dich anschaut. Die Bäume schauen Dich an, ebenso wie die Steine auf der Straße. Die Augen der Sonne sind auf Dich gerichtet. Deshalb solltest Du sauber sein. Du solltest elegant dahinschreiten, Dein Schritt soll sanft sein, damit er der Erde nicht weh tut. Halte den Kopf hoch und achte darauf, dass Dein Haar geordnet ist. Wenn Männer Dich anblicken, senke die Augen, aber krümme nie den Rücken, nicht einmal, wenn Du alt bist. Wenn Du den Rücken krümmst, wirst Du schrumpfen und hässlich werden. Alles schaut Dich an. Deshalb muss Deine Erscheinung gut sein."

In der klassischen Rollenverteilung der mexikanischen Gesellschaft nimmt eine Frau gleich drei voneinander abgegrenzte, **unterschiedliche Rollen** ein: Madonna, Geliebte und Ehefrau/Mutter der gemeinsamen Kinder – all das soll die mexikanische Frau dem Manne sein – doch niemals in einer Person. Die Rolle der Madonna spielt in aller Regel die eigene Mutter. Die Geliebte ist eine entfernte Freundin des Hauses, eine jüngere Kollegin oder eine geschiedene Bekannte aus der Nachbarschaft. Ehefrau und Mutter der Kinder ist die Frau, die einem zugeteilt wurde, die man einst liebte. Bezeichnenderweise greifen die schwersten verbalen Beleidigungen, die man einem Mexikaner zufügen kann, auf diese Problematik zurück: *hijo de puta* (Hurensohn), oder *chinga tu madre,* („Beglücke" deine Mutter!). Seine eigene „heilige" Mutter als Hure beschimpft zu hören, löst unweigerlich eine aggressive Reaktion aus.

Formen des marianismo zeigt die Mexikanerin in der nach außen hin widerspruchslosen Erduldung von Schmerz, Unterdrückung, Gewalt und psychologischem Druck sowie in aufopfernder Arbeit in Haushalt, Familie, Ehe und Arbeit. Bei Männerbesuch zieht sich die Frau wortlos in die Küche zurück und ist auf Kommando zwecks Bedienung der Gäste und des Ehemanns zur Stelle. Eine Frau beteiligt sich nicht an Gesprächen in einer Gruppe mit mehreren Männern. Ihre Tugenden sind Treue, Zuvorkommenheit, Disziplin, Nachgiebigkeit und Frömmigkeit. Für den Ehemann ist sie vor allem die aufopfernde Mutter seiner Kinder und der verständnisvoll zu Hause auf die Rückkehr des Mannes wartende Schatz – zumindest nach außen hin.

Hinter den Kulissen mag es zuweilen anders aussehen: Manche Ehefrau rächt sich an ihrem untreuen und machistischen Ehemann, indem sie die gemeinsamen Kinder still und heimlich gegen ihren Vater aufwiegelt und so die Sympathie der „Stammhalter" für sich allein vereinnahmt. Andere Frauen trösten sich vorwiegend mit engen Freundschaften zu anderen Frauen, mit romantischen Geschichten aus Groschenromanen und versuchen damit, den Alkoholismus und die Untreue ihres Mannes zu vergessen.

Längst nicht überall verbünden sich Frauen jedoch gegen die Männer: Erfolgreiche mexikanische Karrierefrauen stoßen nicht selten auf den subtilen Widerstand ihrer Arbeitskolleginnen; wer so weit steigt auf der Erfolgsleiter, so wird dann gemunkelt (oder auch intrigiert), muss mit vielen wichtigen Männern ins Bett gegangen sein.

Klassische Rollen in Beruf und Haushalt

Berufstätigkeit war (und ist zum Teil heute immer noch) in Mexiko für eine Frau ein Tabu, ein klassischer *macho* aus der Mittel- oder Oberschicht muss seiner Frau eine Erwerbstätigkeit verbieten. Sie würde damit seine Autorität als Alleinernährer der Familie in Frage stellen. In der Unterschicht dagegen – wie bei *Señora Isabella Martinez de Garcia* – sind Mann und Frau oft aus ökonomischen Zwängen heraus gleichberechtigte Geldverdiener.

Das Berufsspektrum der mexikanischen Frau ist stark geschlechtsspezifisch strukturiert. Viele Berufe sind der Frau völlig verschlossen, andere (unbequeme, schlecht bezahlte) werden überwiegend von Frauen ausgeübt: Grundschullehrerin, Sekretärin, Verwaltungsangestellte, Mitarbeiterin in der Gesundheitsversorgung, Dienstmädchen und Tagesmutter in Haushalten der Mittel- und Oberschicht. Mexikanerinnen verdienen nur ca. 60-70 % des Lohnes ihrer männlichen Kollegen. Der Großteil der Frauen verlässt mit der Heirat oder mit der Geburt des ersten Kindes ihren Arbeitsplatz.

„Mujer que sabe latin, ni tiene marido tiene buen fin."
„Eine Frau, die Latein spricht/studiert hat, bekommt keinen Ehemann und findet auch kein gutes Ende."
(mexikanische „Volksweisheit")

Bei einer umfangreichen soziologischen Untersuchung von Einstellungen mittel- und hochrangiger Manager aus vielen verschiedenen Ländern der Erde zeigte sich, dass auch auf dem Gebiet der Arbeit, der Firmenstrukturen und der Karriereperspektiven Mexiko stark „maskulin" ausgerichtet ist. „Feminine" Werte wie der Wunsch nach einem guten Verhältnis zum direkten Vorgesetzten, nach einer guten Zusammenarbeit mit den Kollegen und nach einer dauerhaften und befriedigenden Anstellung beim Arbeitgeber treten demnach in Mexiko deutlich hinter „maskuline" Werte wie dem Wunsch nach möglichst hohem Verdienst, nach ausdrücklicher Anerkennung für gute Leistungen, nach Aufstiegsmöglichkeiten und nach geistiger Herausforderung am Arbeitsplatz zurück. Mexiko rangiert hier (mit Japan, Österreich, Venezuela und Italien) in der Spitzengruppe der maskulin geprägten Länder.

Ähnlich schneidet Mexiko im internationalen Vergleich für die Lebensbereiche **Haushalt und Familie** ab. Die mexikanische Frau lebt und handelt in einer stark ausgeprägten Mutterrolle, frei nach dem Vorbild der biblischen Muttergottes Maria. Die Mexikanerin ist de facto auch Chef im Haus; nach außen hin allerdings ordnet sie sich ihrem Ehemann unter und lässt ihn den Boss der Familie, den offiziellen Haushaltsvorstand spielen.

Die **Hausarbeit** ist in der Mittel- und Unterschicht eindeutig Frauensache, ein in der Küche und anderswo im Haushalt mitarbeitender Mann würde sein Gesicht verlieren. In der städtischen Oberschicht Mexikos, insbesondere in der gebildeten, bricht dieses Schema allerdings langsam auf. Eventuelle **Seitensprünge** des Mannes (in Mexiko mit einem Schuss Ironie *la casa chica*, „das kleine Heim", oder *el segundo frente*, „die zweite Front", genannt) toleriert die Ehefrau gezwungenermaßen, wenn sie ihren Mann nicht ganz verlieren und sich damit in die ökonomische und soziale Katastrophe stürzen will. Der Ehemann verheimlicht seine Liebschaft nach außen hin und würde seine Freundin niemals zu einem offiziellen Anlass oder gar nach Hause mitbringen. *Octavio Paz* erklärt den Hang vieler Mexikaner zu einer dauerhaften Geliebten damit, dass die meisten Männer in Mexiko bei ihrer Arbeit und in ihrer Familie nicht ausreichend Sicherheit, Autorität und persönliche Identität erfahren und dass sie diesen Mangel durch die Beziehung zu einer festen Freundin kompensieren wollen.

Emanzipation von Frauen

In die Frauen Mexikos – sie erhielten erst 1953 Wahlrecht – ist vor allem seit Mitte der 1980er-Jahre Bewegung gekommen. In Mexico City, Veracruz, Oaxaca und anderen Großstädten haben sich **Frauengruppen** gebildet, die die Interessen der mexikanischen Frauen öffentlich artikulieren. „Bislang wurden die Gesetze von Männern gemacht, ihre Einhaltung und die Rechtsprechung nahmen ebenfalls ausschließlich die Männer wahr. Damit muss jetzt Schluss sein!", forderten die Frauengruppen. In der gebildeten Mittel- und Oberschicht waren Mexikanerinnen aus der jahrhundertealten Rollenverteilung ausgebrochen, hatten *machismo* und *marianismo* in Frage gestellt und sich schrittweise emanzipiert.

Die **moderne mexikanische Frau** gibt es meist in städtischen Lebensräumen. Denn hier hat es der *macho* schwerer als auf dem Land. Die ritualisierte Darstellung seiner männlichen Stärke kann der klassische *macho* in einer Stadt nur noch stellen- und zeitweise realisieren (im Verkehr, beim Stierkampf, in Männerbars). Auch seine Rolle als allgegenwärtiger Beschützer der Frau ist hier weniger gefragt. Ständig kommt er mit Frauen in unterschiedlichsten Positionen (Kolleginnen, Vorgesetzte, Politessen, Verwaltungsangestellte, Verkäuferinnen, Serviererinnen) in Kontakt, bei denen seine klassische Rolle nicht greift, nicht ankommen würde, ja sogar lächerlich wirken könnte. In der Stadt ist zudem der Einfluss des „modernen" Nachbarn USA mit gesetzlicher Emanzipation und Verbreitung der Antibabypille wesentlich stärker als auf dem Land. Anschauliches Beispiel am Rande: In Mexiko City gibt es zum Beispiel eine Damenfußball-Liga ...

Im Zuge der unaufhörlichen Landflucht ziehen jedes Jahr zahlreiche junge Frauen in die Stadt, weil sie sich nur auf diesem Weg von der väterlichen Willkür und Autorität sowie von ihrer eigenen unterwürfigen Rolle befreien können. Hier in der Stadt engagieren sie sich in Politik und Kunst, genießen die auf dem Lande seltene Möglichkeit, abends auch einmal ohne männlichen Aufpasser ausgehen zu können, in eigener Regie Erfahrungen in Sachen Liebe und Sexualität zu sammeln sowie den Mann fürs Leben selbst auszusuchen. Voreheliche Sex lässt sich für jugendliche Mexikaner und Mexikanerinnen dennoch weiterhin nur gegen das ausdrückliche Verbot der Eltern verwirklichen: in dunklen Parks, im Auto des Vaters, in der Wohnung eines allein lebenden Freundes oder im Aufzug ...

Übrigens: Das Vorurteil, **Mexikaner seien prüde,** hat spätestens seit der aufsehenerregenden Aktion des amerikanischen Fotografen *Spencer Tunick* 2007 ein anschauliches Gegenbeispiel erhalten. Er schaffte es im

Zuge eines Weltrekordversuchs, an einem Sonntag auf dem *zócalo* der Hauptstadt 18.000 nackte Mexikaner aller Altersklassen und Gesellschaftsschichten zu versammeln und abzulichten. Nach fünf Jahren des Ringens mit einheimischen Behörden war es ihm gelungen zu zeigen, „wie ein Land frei sein könne und wie es gelingen könne, den menschlichen Körper mit Freude und nicht als Pornografie oder Verbrechen zu betrachten". Die mexikanischen Behörden hatten *Tunick* zur Auflage gemacht, weder Kathedrale noch mexikanische Nationalflagge dürften auf den Aufnahmen zu sehen sein.

Längst nicht alle Frauen treten auch für die Interessen ihrer Geschlechtsgenossinnen ein. **Machistas** nennen mexikanische Feministinnen die Frauen aus der Mittel- und Oberschicht, die in Politik und Wirtschaft eine einflussreiche Rolle spielen, sich aber nicht für die Rechte der Frauen einsetzen. Der Begriff *machista* bildet das Pendant zur deutschen „Alibifrau". Die mexikanische Frau hat, so die These der Feministinnen, in der Kultur des *machismo* nur die Wahl zwischen einer Rolle als Mutter und Heilige oder als Verkörperung der Sexualität und des Schlechten. Und dies gilt es aufzubrechen.

Mehrere **Frauen** haben in Mexiko **von sich reden gemacht**: *Juana Inés de la Cruz*, eine der bedeutendsten spanischsprachigen Dichterinnen des 17. Jh., später von Neurosen geplagte Nonne, deren Abbild die mexikanische Ein-Peso-Geldmünze zierte. Oder *Frida Kahlo*, weltbekannte Malerin und geduldige Ehefrau des für seine zahlreichen Seitensprünge bekannten Muralisten (Wandmaler) *Diego Rivera*. *Rosario Ibarra de Piedra*, die mit anderen Müttern gemeinsam nach „verschollenen" Kindern forscht, sorgte mit ihrem Hungerstreik und ihren politischen Aktionen in ganz Mexiko für großes Aufsehen. Populär ist auch *Sylvia Lopez-Medina*, die in ihrem Roman „Cantora. Das Lied der Mestizin" den harten Alltag einer aus der Ehe zwischen einem Spanier und einer Indianerin hervorgegangenen Mexikanerin beschreibt.

Die klassische Rollenverteilung der machistischen Gesellschaft durcheinandergebracht haben auch die Theaterregisseurin und Schauspielerin *Jesusa Rodriguez*, die landesweit bekannte mexikanische Rocksängerin *Cecilia Toussaint* sowie die erste Staatsanwältin Mexikos in den 1980er-Jahren und mehrere sehr engagierte Journalistinnen mexikanischer Magazine und Tageszeitungen. *Elena Poniatowska*, eine gebürtige Pariserin, lebt seit vielen Jahren in Mexiko und gilt dort als eine herausragende Vertreterin des *jornalismo nuevo* und solidarisiert sich mit den Unterdrückten, z. B. der mexikanischen Frau, und kämpft gegen die allgegenwärtige Ungerechtigkeit an. Besonders lesenswert sind ihre Bücher „Stark ist das Schweigen – vier Reportagen aus Mexiko" und *„La Noche* *de Tlaltelolco"*, das die blutige Niederschlagung der Studentendemonstrationen 1968 in Mexico City beschreibt. Die Ethnologin *Maya Nadig* hat sich in ihrer Studie „Die verborgene Kultur der Frau. Ethnopsychoanalytische Gespräche mit Bäuerinnen in Mexiko" nicht mit der modernen Mexikanerin in der Stadt, sondern mit der durchschnittlichen Bäuerin beschäftigt. Darin wird deutlich, wie sehr sich die mexikanischen Frauen auf dem Lande durch ihre Arbeit definieren. Ihre Arbeit auf dem Feld bestimmt ihre Identität und ihr Selbstwertgefühl in allererster Linie, auch wenn Außenstehende diese oftmals als gering bewerten.

Von sich reden gemacht haben auch die Frauen aus der mexikanischen Stadt Ciudad Juárez an der Grenze zu den USA – leider im sehr tragischen Sinne. Seit 1993 sind dort **ca. 500 Frauen getötet** (und in der Wüste verscharrt) worden, mehr als 120 von ihnen waren zuvor sexuell missbraucht worden. Menschenrechtsgruppen haben den Ermittlungsbehörden mehrfach vehement vorgeworfen, diese Morde bis heute nicht richtig aufgeklärt zu haben. Die aktuellen Erklärungsversuche reichen von Serienkillern über Täter aus den Drogenkartellen bis zu hin zu kriminellen Organbeschaffern, bewiesen ist bis heute jedoch noch keine der Theorien. 2007 reiste eine Delegation des Deutschen Bundestages nach Ciudad Juáraz, um sich über die Hintergründe und den Stand der Nachforschungen zu informieren. Kurz zuvor hatte Präsident *Calderón* die Sonderkommission zur Untersuchng der Frauenmorde aufgelöst. Nun, etwa 14 Jahre nach dem Beginn der Mordserie, verjähren bereits die ersten Taten nach mexikanischem Recht.

Auf überaus sympathische und humorvolle Art hat die Mexikanerin *Angeles Mastretta* in ihrem 1986 erschienen Roman „Mexikanischer Tango" das Eheleben mit einem *macho* und das Verhalten der Ehefrau beschrieben: Die Mexikanerin *Catalina Guzmán* heiratet im Alter von 15 Jahren den Revolutionsgeneral *Andrés Ascencio,* der Gouverneur von Puebla, später sogar enger Berater des Staatspräsidenten wird. Der General verkörpert den *macho* schlechthin: Autoritär und politisch skrupellos, unterhält er mehrere langfristige Affären mit anderen Frauen, von denen er auch Kinder hat. Ein amüsanter Roman über die gegensätzlichen Welten von Mann und Frau im Mexiko der 1920er- bis 1950er-Jahre, über Politik und Korruption.

Empfängnisverhütung und Abtreibung, Ehebruch und Scheidung

Während Verlobungszeit, Brautwerbung, Hochzeit und die Geburt der ersten Kinder als die romantischsten Phasen einer Ehe gelten, gestalten sich in Mexiko sowohl die Regelung der Empfängnisverhütung als auch eine Trennung der Ehepartner als überaus problematisch. Was früher unter dem Deckmantel des Familienidylls noch weitgehend versteckt werden konnte, tritt heute im Zuge des vielfältigen Einflusses moderner internationaler Entwicklungen immer mehr zutage. Auch in Mexiko leben heute viele Tausende alleinerziehende Frauen, viele von ihnen waren nie verheiratet.

Die zuverlässigeren Techniken der modernen **Empfängnisverhütung** haben sich in Mexiko noch nicht überall durchgesetzt. Grund dafür ist der bislang weitgehend erfolgreiche Widerstand der vom Vatikan stark beeinflussten katholischen Kirche Mexikos, zum anderen die Tatsache, dass außerhalb der großen mexikanischen Städte moderne Verhütungsmittel wie Pille, Pessare und Kondome nicht ohne weiteres erhältlich sind. Die Nachteile dieser Situation tragen stets die Frauen. Wer als unverheiratete, junge Frau vom *novio* oder von einer kurzen leidenschaftlichen Verbindung ein Kind erwartet, läuft Gefahr, den Schutz und die Unterstützung der Familie und den Arbeitsplatz zu verlieren. Die mexikanische Regierung muss sich zurzeit noch auf die unspektakulären Formen der Aufklärung konzentrieren: So gab es laut offiziellen Angaben im Jahre 2007 in Mexiko insgesamt etwa 10.000 staatliche Büros zur Familienberatung, die ohne viel Aufhebens in den Dörfern und Städten ihre wichtige Arbeit leisten.

So stellt sich **Abtreibung** für sehr viele betroffenen Frauen als die einzig praktikable Lösung des Problems dar. Offiziell ist Abtreibung, abgesehen von schwerwiegenden medizinischen Indikationen, weiterhin tabu. Jedes Jahr werden in Mexiko schätzungsweise zwei Millionen (illegale) Abtreibungen vorgenommen. 80 Prozent dieser Eingriffe führen Kurpfuscher durch, weil reguläre Ärzte den meisten Betroffenen dafür zu teuer sind und weil kein praktizierender Arzt mit illegalen Schwangerschaftsabbrüchen den Verlust seiner Approbation riskieren will.

Doch anders als etwa im Nachbarland USA ist der Großteil der Abtreibungswilligen in Mexiko nicht jung und alleinstehend – im Gegenteil: Einer Studie zufolge sind zwei Drittel der Abtreibenden verheiratet und lebten zur Zeit des Abbruchs mit dem Mann zusammen, von dem sie das Kind erwarteten. Über 70 Prozent der Abtreibungswilligen hatten bereits ein oder mehrere Kinder.

Die Konsequenzen dieser Situation für die Frauen sind dramatisch: Tausende sterben jährlich an den Folgen unfachmännisch durchgeführter Abtreibungen, Zigtausende liegen nach einem solchen Eingriff wochenlang im Krankenhaus. Eine Änderung dieser Bedingungen ist nicht in Sicht. Ein Reformvorhaben der mexikanischen Regierung zur Legalisierung von Abtreibungen Anfang der 1980er-Jahre wurde sehr schnell nach seinem Bekanntwerden zurückgezogen. Der Widerstand militanter religiöser Gruppen und der katholischen Kirche, die sich dem Diktat des Vatikans beugte, war zu groß. Gegen diesen Widerstand anzukämpfen hätte wahrscheinlich einen großen Imageverlust in der Bevölkerung zur Folge gehabt.

So muss die mexikanische Gesellschaft weiterhin mit den dadurch hervorgerufenen Problemen fertig werden: Tausende ungewollter, ausgesetzter Kinder (oftmals Früchte wilder Ehen) leben in den Straßen der Großstädte, von denen nur die wenigsten einen Platz in einem Waisenhaus finden. Die zunehmende sexuelle Freiheit und das Aufbrechen überkommener, starrer Verhaltensmuster und gesellschaftlicher Zwänge kollidieren hier mit ökonomischen Problemen und dem Widerstand mächtiger Lobbies gegen nötige Reformen.

Die Ideale des *machismo* verlangen vom mexikanischen Mann die Bestätigung seiner Männlichkeit auch auf sexuellem Gebiet. Da ein klassischer *macho* nach der Heirat mit seiner Frau längst nicht immer ein ausgefülltes, befriedigendes Sexualleben führt (schließlich kann sie seiner Meinung nach nicht Mutter, Ehefrau und Geliebte gleichzeitig sein), muss er sich eine Mätresse „zulegen", mit der er die schönsten Stunden verbringt. Mit ihr führt er ein Doppelleben über Monate, Jahre, vielleicht sogar bis zu seinem Tod. Die starke Neigung zum ständigen **Seitensprung** erklären mexikanische Psychologen mit seiner permanenten Angst, selbst Hörner aufgesetzt zu bekommen, selbst von seiner Frau „betrogen" zu werden. *Angeles Mastretta* hat dies in ihrem Roman „Mexikanischer Tango" sehr kurzweilig und bildhaft beschrieben.

Nur in den wenigsten Fällen führt das Bekanntwerden einer solchen Beziehung zur **Scheidung.** Die Frau würde mit der Trennung vom Mann meist ihre wirtschaftliche Basis verlieren, das Ansehen der gesamten Familie würde leiden, die Erziehung der Kinder wäre dauerhaft gefährdet. Im Gegenzug nehmen sich immer mehr mexikanische Ehefrauen ihrerseits kurzfristige Geliebte und wahren nach außen hin den Schein einer glücklichen, intakten Familie. Scheidungen sind generell in Mexiko noch überaus selten. Mexiko hat mit wenig mehr als 10 Prozent eine sehr niedrige Scheidungsziffer gegenüber ca. 30 Prozent in Deutschland (2007). Geschiedene Frauen haben in Mexiko oftmals noch das Image der Verruchten und Aufsässigen. Zerstrittene Ehepartner wählen den Weg der Scheidung nur sehr selten, wenn die Kinder noch nicht erwachsen sind. Der Mann willigt ohnehin kaum in eine Scheidung ein, denn sein Image als alleinherrschende Autorität in der Familie wäre damit bei seinen Freunden dahin.

Verhaltenstipps für reisende Frauen und Männer

Wie verhält sich nun eine *gringa* bzw. ein *gringo* am besten unter *machos?* (Mit dem Begriff *gringo* bzw. *gringa* bezeichnen viele Mexikaner alle nichtlateinamerikanischen Ausländer.) Hier richtet man sich am besten nach den darin reichlich erfahrenen Mexikanerinnen!

Wichtig ist die erste Reaktion auf die vielfältigen Ausdrucksformen des *machismo.* Jede offensichtliche Reaktion auf eine provokante Äußerung, jedes Nicht-Ignorieren, jedes Antworten oder Eingehen auf **Provokationen** versteht ein *macho* als Aufforderung zum Weitermachen. Dann zückt er seine Zauberkiste voller Komplimente, Übertreibungen, etc. Jede ausgesprochene Zurückweisung (im Gegensatz zum Ignorieren) wird ein sensibler *macho* als Beleidigung verstehen, auch wenn er nach außen hin absolut cool wirken kann.

Im **Straßenverkehr** sollte man sich nicht provozieren lassen, niemanden nötigen, weder von sich aus wild hupen oder seinerseits auf aggressives Hupen reagieren. Überholende sollte man auf jeden Fall vorbeiziehen lassen, auch wenn sie dafür Ewigkeiten benötigen mögen. Das Beharren auf die eigene Vorfahrt kann lebensgefährlich werden: Entweder riskiert der andere Fahrer den Tod beider Konkurrenten, oder er hat vielleicht eine Waffe im Handschuhfach und hilft damit ein wenig nach ...

In Gesprächen erwarten *machos* **klare Antworten** – ja oder nein. Ausweichende, abwägende und offene Antworten schätzen sie entweder als unmännlich, feige ab, bei Frauen versteht er alles andere als ein klares „Nein!" als *Puede ser* – schön möglich, kann sein, schau'n wir mal ... Zurückhaltung empfiehlt sich in Bezug auf (auch gut gemeinte) Kommentare zur *novia* (Freundin, Verlobten) oder *esposa* (Ehefrau) eines Bekannten. Allzuleicht könnten solche Bemerkungen als eine beleidigende Andeutung verstanden werden. Diplomatischer und sicherer ist stets die Frage: „Wie geht es der Familie?"

Gringas und alleinstehende *mexicanas,* die sich nicht strikt an das Rollenklischee der Madonna halten, aufreizende Kleidung tragen, sich provokant lässig bewegen oder sich auf lockere, belanglose Gespräche mit Männern einlassen, sind in den Augen vieler *machos mala mujeres,* **„schlechte, verdorbene Frauen",** und lösen bei ihnen oft aggressive Gefühle, ja Angriffslust aus. Diese Frauen gelten als „Freiwild", frei zum „sexuellen Abschuss". Dem Einfallsreichtum junger und alter *machos* sind – in besonderem Maße bei Blondinen – hier keine Grenzen gesetzt.

Mexikanerinnen lassen sich vor allem auf der Straße selten auf einen **Augenkontakt mit Männern** ein. Sie umgeben sich dagegen gern mit zahlreichen Freundinnen, die einander Schutz vor *macho*-Attacken bieten.

Spricht man als reisender *gringo* – ohne böse Absichten – eine junge Mexikanerin an, so wird man oft bemerken, wie zurückhaltend, reserviert, kühl die **Angesprochene** zunächst reagieren wird; ihr Misstrauen gegenüber Männern ist allgegenwärtig. Andererseits ist sie jedoch gegenüber Ausländern so höflich (und oft auch neugierig), dass sie den sie Ansprechenden nicht wie einen Landsmann behandelt und ihn ignoriert, sondern auf seine Gesprächseröffnung meist freundlich reagiert.

Patriotismus

Mexico Lindo

Mexico lindo y querido, si muero lejos de ti,
que digan que estoy dormido y que me traigan aquí.
Que digan que estoy dormido y que me traigan aquí
Mexico lindo y querido, si muero lejos de ti.

Schönes Mexiko

Schönes und geliebtes Mexiko, wenn ich weit von Dir entfernt sterbe,
sollen sie sagen, ich sei eingeschlafen und dass sie mich hierher tragen.
Sie sollen sagen, ich sei eingeschlafen und dass sie mich hierher tragen,
schönes und geliebtes Mexiko, wenn ich weit entfernt von Dir sterbe.

Populäre Aussprüche wie „*Que viva Mexico!*" und gefühlvolle Bekenntnisse wie „*Mexico es mi amor*" sind Beispiele für die nach außen hin kritiklose Liebe der meisten Mexikaner zu ihrem Land. Doch der Grat zwischen „gesundem" Patriotismus und aggressivem Nationalismus ist schmal. Für einen ausländischen Besucher kann das im Klartext heißen: Ein **Patriot** kann einen Gast noch dazu einladen, den Glanz der Heimat zu erleben, sich an der Pracht des Landes ebenfalls zu erfreuen und das sich gerade bei Festen äußernde Gefühl der nationalen Identität zu bewundern. Ein **Nationalist** dagegen tendiert eher zur Fremdenfeindlichkeit oder zum Ausländerhass. In Mexiko kristallisieren sich derartige Gefühle beim Gedanken an den nördlichen Nachbarn, die USA, heraus.

Patriotismus und Politik

Im Einzelfall, in der Begegnung zwischen Mexikaner und US-Amerikaner, mag sich dies in dem Versuch des Einheimischen zeigen, das gerne als naiv eingeschätzte Bleichgesicht zu übervorteilen. Oder es äußert sich in den offenen oder versteckten Bezeichnungen wie *gringo*. An dem unausgesprochenen Streben vieler Mexikaner nach Wohlstand nach US-amerikanischem Vorbild und dem gleichzeitigen Abgrenzen von dieser in ihren Augen überaus materialistischen Kultur zeigt sich der **Hintergrund des mexikanischen Patriotismus:** Er baut nicht auf irgendeine Ideologie von der Überlegenheit der mexikanischen „Rasse", Kultur oder Gesellschaft auf, sondern basiert auf dem Überlebensinstikt der Nation.

In der Politik und in den Medien wird zwar immer wieder an die Verlockungen des Fortschritts erinnert und an die Hoffnung auf eine bessere Zukunft appelliert, doch Mexikaner neigen zu **Selbstzweifeln und Selbstkritik,** wenn sie mit Freunden im kleinen Kreis über die Entwicklung ihres Vaterlandes sprechen.

„Wir Mexikaner sind häufig geneigt, unsere eigenen Mängel zu unterstreichen. Vielleicht sind unsere unergründlichen indianischen Wurzeln daran schuld, dass wir uns gern selbst zerreißen, uns selbst opfern. Es ist ein Verhalten, das viele Mexikaner zu genießen scheinen: uns selbst herabzusetzen, uns in Stücke zu zerreißen, zuzugeben, dass wir über alle Mängel der Welt verfügen. Wir haben ein Recht darauf, denn wir haben viele Rechte. Aber wir haben auch ein Recht darauf, uns selbst zu bejahen, das Positive an uns hervorzuheben und zu sagen, dass uns etwas gut gelungen ist und uns sogar noch besser gelingen wird."
(López Portillo)

Der selbstbewusste und gleichzeitig kritische Blick nach vorn, in die Zukunft des Landes ist in Mexiko nicht sehr verbreitet. Man erinnert sich sehr viel lieber an politische, gesellschaftliche und militärische Leistungen der Vergangenheit und zeigt großen Stolz auf die reiche indianische Geschichte, auf Unabhängigkeit, Revolution und politische Stabilität. Manchmal scheint es, als sollten diese häufigen Erinnerungen die Wunden der Vergangenheit, die in der Geschichte durch Spanier, Franzosen und US-Amerikanern erlittenen Niederlagen vergessen machen. Statt diese Rückschläge dauerhaft zu überwinden, grübelt man endlos über ihre Ursachen nach und malt sich aus, wie es heute aussähe, wenn Mexiko den einen oder anderen Krieg gewonnen hätte.

Ein Beispiel für die **Vereinnahmung historischer Ereignisse zur patriotischen Mobilisierung** sind die *niños heroes:* die „Heldenkinder", eine

Die Helden der Unabhängigkeit werden gern in monumentalen Statuen verehrt

062mx Foto: kb

Gruppe junger Militärkadetten, die sich 1847 todesmutig den anrückenden US-Truppen in den Straßen Mexico Citys entgegenstellten und dabei ihr Leben ließen. Dieses Ereignis wird jährlich mit patriotischen Gedenkreden in der Hauptstadt öffentlich gewürdigt.

Des Weiteren gedenkt man auf dem *zócalo* Mexico Citys mit einer Armeeparade am 5. Mai der siegreichen Schlacht bei Puebla gegen französische Truppen. Selbstverständlich steht auch hierbei der patriotische Charakter des Feiertags im Vordergrund, wie auch am 12. Oktober, dem *día de la raza* („Tag der Rasse", Kolumbus' „Entdeckung" Amerikas), und am 20. November, dem Gedenktag der Revolution von 1910.

Selbst der Tag der Arbeit am 1. Mai wird genutzt, um in staatlich organisierten Straßenumzügen das Vaterland hochleben zu lassen und die enge, vermeintlich bestens funktionierende Verbindung zwischen der Regierungspartei PRI und den Gewerkschaften zu demonstrieren. Höhepunkt der Feierlichkeiten am 1. Mai ist die Übergabe der gewerkschaftlichen Forderungen an den Präsidenten auf dem Balkon des Nationalpalastes am *zócalo* der Hauptstadt Mexiko City.

Höhepunkt des staatlich forcierten und gelenkten Patriotismus ist unumstritten der **Tag der Unabhängigkeit** am 16. September jeden Jahres. Bereits am Abend zuvor stößt der Präsident symbolisch noch einmal den *grito de Dolores*, den „Schrei von Dolores" des *Padre Miguel Hidalgo* vom Balkon des Nationalpalastes aus. Die Zuschauer auf dem *zócalo* erwidern den Schrei mit mehrfachem *„Viva Mexico!"* und tanzen bis tief in die Nacht zu schwungvollen Rhythmen und patriotischen Parolen. Am eigentlichen Feiertag zeigt das erfreulicherweise zahlenmäßig kleine mexikanische Militär seine „Künste" in Straßenparaden.

In den vier Phasen der *fiesta* (s. Kapitel „Fiesta mexicana") beschimpft man auch das Vaterland und die Regierung, lässt sie später jedoch hochleben. Dieses Recht ist jedoch nur Einheimischen vorbehalten – Mexiko darf nur ein Einheimischer kritisieren. Kein Ausländer hat das Recht, im Gespräch mit einem Mexikaner oder in den Medien kritische Dinge über Mexiko zu äußern.

Patriotismus, Stolz auf das Heimatland, wird bereits in Kindergarten und **Schule** nachhaltig eingeübt. Patriotisch ausgerichteter Geschichtsunterricht, das paramilitärische Einüben von Disziplin, das Hissen der Nationalflagge und das Absingen der Nationalhymne an bestimmten Feiertagen sensibilisieren die Kinder und Jugendlichen Mexikos bereits früh für die in allen Schichten des Volkes verbreitete Vaterlandsliebe.

Präsident *Miguel de la Madrid* gab 1982 kurz nach seinem Amtsantritt die Anweisung an alle Rundfunkstationen und Fernsehsender, zu Beginn des neuen Tages bzw. am Ende des abendlichen Programms die mexikanische Nationalhymne zu spielen. Gleichzeitig sollte in den öffentlichen Verwaltungen die Staatsfahne wieder häufiger gehisst werden. Anders als etwa in Deutschland, kennt wohl jeder Mexikaner den Text seiner **Nationalhymne** in- und auswendig. Wie in den meisten Hymnen der Welt verbinden sich auch hier Pathos, kriegerische Entschlossenheit zur Verteidigung des Landes und die Hoffnung auf Gottes Segen. Der Refrain und die ersten beiden Strophen lauten wie folgt:

Mexikaner, zum Schrei des Krieges,
der Stahl gerüstet (blanke Waffe) und das feurige Ross
und erschüttert die Erde in ihrem Innersten,
der Klang brausen der Schlucht.

Zeige, oh Vaterland, deine einem Ölzweig gleichenden Schläfen
dem göttlichen Erzengel,
damit im Himmel dein ewiges Schicksal
durch den Finger Gottes geschrieben ward.

Mehr noch, wenn sich ein fremder Feind erdreistete
Zu schänden mit seiner Pflanze deine Erde,
Denke: Oh Geliebtes Vaterland!, dass der Himmel
Dir gebe, einen Soldaten in jedem Sohn.

Patriotismus und indianische Geschichte

Zur **Aufwertung des nationalen Selbstwertgefühls,** zur Stärkung der nationalen Identität ziehen mexikanische Künstler und Intellektuelle, Parteien und Gewerkschaften immer häufiger das präkolumbische Erbe des

Landes heran. In den Gedenkfeiern zum Todestag des letzten Aztekenfürsten *Cuauthemoc,* in fernsehgerecht inszenierten Neufeuerzeremonien in der Art der Maya und Tolteken und in einem die indianischen Wurzeln betonenden Geschichtsunterricht zeigen sich diese intensiven Bemühungen. Teil dieses Geschichtsunterrichts „für das gesamte Volk" sind die großen Wandmalereien im Nationalpalast, im Palast Bellas Artes, im Chapultepec-Schloss und in zahlreichen Regierungsgebäuden. Hier wird weiterhin, so wie von *Diego Rivera* und *Alfaro Siqueiros* intendiert, die indianische Vergangenheit Mexikos verherrlicht, ja fast schon verklärt. Gleichzeitig betonen diese Werke die Bedeutung der Großen Mexikanischen Revolution von 1910: Mit ihr endete ein Teil der Rassendiskriminierungen, mit ihr besann sich das Land nach der langen Kolonialherrschaft endlich wieder auf seine indianischen Wurzeln.

Die Besinnung auf diese Ära geht in Mexiko stets einher mit einer gewissen **patriotischen Verklärung.** Nicht kritische Aufarbeitung der Geschichte ist hier gefragt, sondern die Funktionalisierung der präkolumbischen Vergangenheit zu einem gewichtigen Pendant zur spanischen Kolonialherrschaft und ihren starken Einwirkungen auf die Mentalität und die Kultur der Mexikaner.

Die Nationalflagge als Inbegriff patriotischer Gefühle

Populärstes Symbol für das patriotische Empfinden der Mexikaner ist die Nationalfahne. Bereits die Kinder in der Vorschule lernen, in paramilitärischer Disziplin die Flagge ihres Vaterlandes **allmorgendlich** zu **hissen,** und diese Praxis hält bis in die Oberstufe der Gymnasien an. Vor öffentlichen Gebäuden und Kasernen zieht man ebenfalls täglich die Fahne auf. Um 18 Uhr wird sie z. B. vor dem Gouverneurspalast des Bundesstaates von einer Gruppe Soldaten mit Blasmusik und Stechschritt abgenommen, zusammengelegt und in den Palast getragen.

Die von der französischen Trikolore inspirierte Fahne zeigt auf den Farben einen Adler auf dem Kaktus, der eine Schlange im Schnabel hält. Dieses **Motiv** sollten die *Mexica* ihrer Legende nach auf dem Weg in den Süden Mexikos suchen, um dann dort ihre neue Hauptstadt zu gründen. Darüber ist der offizielle Name des Landes zu lesen: *Estados Unidos Mexicanos.* Die drei waagerecht angeordneten Farbstreifen versinnbildlichen stete Unabhängigkeit (grün), religiöse Reinheit (weiß) und die Hoffnung auf ewig währende nationale Einheit. Die Flagge war im Zuge des Unabhängigkeitskrieges zu Beginn des 19. Jahrhunderts populär geworden und wurde wenig später zur Nationalfahne erhoben. Sie ist in vielen Kirchen zu sehen, als Standarte in Miniaturform in vielen Wohnzimmern des Landes, als besonders große Ausgabe vor dem mexikanischen Nationalpalast in Mexico City, als Hintergrund politischer Propagandaslogans und an vielen, vielen anderen Stellen des täglichen Lebens.

Die Nationalflagge ist verständlicherweise auch Teil des populären Liedes *„Viva Mexico!"*, wie bereits die erste Strophe beweist:

Soy puro mexicano, nacido en este suelo,
en esta hermosa tierra, que es mi linda nación.
Mi Mexico querido, qué linda es mi bandera,
si alguno la mancilla, le parto el corazón.
Viva Mexico! Viva America!
Oh suelo bendito de Dios!
Viva Mexico! Viva America!
Mi sangre por ti daré yo.

Ich bin Mexikaner pur, geboren auf diesem Grund.
In dieser schönen Erde, die meine hübsche Nation ist.
Mein geliebtes Mexiko, wie hübsch ist meine Flagge,
wenn jemand sie befleckt, zerreiße ich ihm das Herz.
Es lebe Mexiko! Es lebe Amerika!
Oh Gottes gesegneter Boden.
Es lebe Mexiko! Es lebe Amerika!
Für Dich werde ich mein Blut geben.

Der große Nachbar USA

„Armes Mexiko – soweit von Gott entfernt
und den Vereinigten Staaten so nah!"
(Mexikanische Volksweisheit, nach einem Ausspruch des langjährigen mexikanischen Diktators *General Porfirio Díaz,* 1871-1911)

Die **Beziehungen zwischen Mexiko und den USA** sind für jeden Mexikaner immer wieder ein wichtiges Thema und werden besonders in Gesprächen mit Ausländern gerne angesprochen – in der Hoffnung, der Fremde äußert sich positiver über Mexiko als über die USA. Da ist es von Vorteil, über die Vorgeschichte dieser „besonderen Freundschaft" informiert zu sein. Jeder Mexikaner hat seine eigene Grenze mit den USA, ne-

Der Erlös der Eisverkäuferin reicht selten zum Überleben

005mx Foto: kb

ben der 2600 km langen geografischen Grenze, die vom Golfo de Mexico bis Ciudad Juarez (El Paso) dem Río Grande und dem Río Bravo folgt.

Gegenseitige Stereotypen

Die **Menschen Mexikos** fühlen sich von den USA häufig gedemütigt, und der Vergleich mit den Vereinigten Staaten reizt viele Mexikaner zu emotionsgeladenen patriotischen Äußerungen: Bei sportlichen Wettkämpfen gegen US-Sportler strengen sich Mexikaner besonders an und erhalten lautstarke Unterstützung des Publikums. Als Ausländer wird man manchmal despektierlich mit *gringo* angesprochen, doch wenn man diesen „Vorwurf" verneinen und sogar *„soy aleman"* („Ich bin Deutscher") entgegnen kann, erhält man meist eine sehr positive Reaktion.

Das Verhältnis vieler Mexikaner zu den USA ist jedoch sehr vielfältig, es ist vor allem äußerst ambivalent: Viele (nicht nur junge) Mexikaner verherrlichen die USA, vor allem ihre „Kulturleistungen" wie Hollywood-Filme, Soap Operas, Hamburger, Coca Cola, den Musikkanal MTV, den Kinokabelsender HBO und die 24-Stunden-News-Show von CNN – eben die Symbole der kulturellen Hegemonie der USA.

Das Mexikobild vieler US-Amerikaner ist geprägt von den Klischees in den USA produzierter Filme: Stellvertretend für die südlichen Nachbarn treten hierin auf der sicherlich sympathische, doch zuweilen hinterlistige *Speedy Gonzalez* und der schnauzbärtige, sombrerotragende kleine Ganove aus den Westernfilmen, der den edlen US-Helden zwar ständig über's Ohr hauen will, am Ende aber doch stirbt. Handelt es sich um neue Filme, so erscheint nicht selten ein Kellner, der den reichen Gast aus Oklahoma beim Bezahlen seiner Getränkerechnung um ein paar Pesos übervorteilen möchte. In den Nachrichtensendungen werden in schöner Regelmäßigkeit Bilder von den illegalen Grenzgängern (und von ihrer Verhaftung) gezeigt.

Der verlorene Krieg gegen die USA im 19. Jahrhundert

Noch immer schwer im Magen liegt vielen Mexikanern der verlorene Krieg gegen die USA Mitte des 19. Jahrhunderts. In diesen Jahren fügten die US-Truppen Mexiko Niederlagen und Verluste zu, die noch heute schmerzen. Was genau war geschehen?

Nach der Annexion von Texas durch die USA 1845 zu ihrem 28. Bundesstaat entzündete sich ein Jahr später daran erneut ein Krieg. General *Antonio López de Santa Anna* war der Oberbefehlshaber der mexikanischen Truppen, die jedoch nach erbitterten Kämpfen unterlagen. Ende September fiel Mexico City. Selbst die zu guter Letzt in die Schlacht geworfenen junge Kadetten von Schloss Chapultepec vermochten die **Niederlage** nicht abzuwenden. Die erfolglosen Kämpfer wurden von der mexikanische Staatsführung posthum zu *niños heroes* erklärt und fortan jährlich landesweit patriotisch gefeiert. *Santa Anna* trat nach der Kapitulation als Präsident zurück, sein Nachfolger *Herrera* unterzeichnete den Vertrag von Guadelupe Hidalgo: Mexiko verzichtete darin auf Texas und trat gleichzeitig Nordkalifornien, Arizona und New Mexico für 18 Mio. Dollar an die USA ab.

Mexiko verlor in diesen Jahren nicht nur insgesamt ein Drittel seines Staatsgebietes an die USA, sondern darüber hinaus auch viel von seinem patriotischen Stolz und Nationalbewusstsein. Der US-amerikanische Historiker *Otis A. Singletary* gibt ohne Wenn und Aber den Vereinigten Staaten von Amerika die Schuld an dem Krieg mit Mexiko. Die USA haben Mexiko ohne politische und moralische Rechtfertigung angegriffen, dem Land riesige Ländereien abgewonnen und anschließend mit schlechtem Gewissen 18 Millionen US-Dollar Entschädigung gezahlt. Während die Mexikaner dieser Krieg heute noch schmerzt, ist er in den USA kein Thema mehr: wie die fast vollständige Ausrottung der Indianer und die Diskriminierung der Afroamerikaner werden diese Vorgänge weitgehend verdrängt.

Unterschiedliche Kulturen

Mexiko und die USA haben nicht nur ein unterschiedliches Verhältnis zu Geschichte, Gegenwart und Zukunft (siehe auch Kapitel „Verhältnis zur Zeit"), sie gehen auch unterschiedlich mit ihrer Vergangenheit um.

„Die Vereinigten Staaten mit ihrer kurzen, nervösen, puritanischen, stets auf die Zukunft gerichteten Geschichte sind ungeduldig. Lateinamerika mit seiner langen, trägen indianischen, iberischen, amazonischen und mestizischen Geschichte ist geduldig." *(Carlos Fuentes)*

Die US-mexikanische Grenze trennt nicht nur die einzelnen Menschen, sie trennt auch zwei grundlegende unterschiedliche Kulturen voneinander – **die angloamerikanische und die lateinamerikanische Kultur.**

„Wir sind verschieden, wir sind anders – Nordamerikaner und Lateinamerikaner. Wir plagen uns immer noch, unsere Vergangenheit zu bewältigen. Die Nordamerikaner haben ihre Vergangenheit absorbiert und nur allzu oft einfach vergessen. Unsere dagegen ringt noch heute um unsere Seele." *(Carlos Fuentes)*

Zahlreiche Missverständnisse sind kulturell bedingt, und insbesondere die Politik der USA hat weltweit immer wieder gravierende Beispiele interkultureller Inkompetenz geliefert.

Während heute nur noch ein Bruchteil der Bevölkerung indianischen Ursprungs ist, während die letzten Nachfahren der nordamerikanischen Ureinwohner heute weitgehend in Reservaten leben oder als Obdachlose in den Großstädten ihr Dasein fristen, ist der Alltag, die ganze Kultur Mexikos sehr stark indianisch bzw. mestizisch geprägt. Dies wirkt sich verständlicherweise auch deutlich auf die Politik der beiden Länder aus.

Politische Meinungsverschiedenheiten

Die USA, die nicht nur auf dem amerikanischen Kontinent, sondern auch weltweit eine Führungsrolle für sich beanspruchen, „Number One" sein möchten, lassen dies Mexiko immer wieder spüren und drängen ihren südlichen Nachbarn mit wirtschaftlichen Repressionen zu politischen Maßnahmen im Sinne der USA. Allein die **aggressive Mittelamerikapolitik der USA** führt seit Jahrzehnten zu Verstimmungen zwischen Mexico City und Washington. Mexikanische Politiker verurteilen vehement jegliche Einmischung in innere Angelegenheiten und reklamieren das

Selbstbestimmungsrecht der zentralamerikanischen Länder, beispielsweise Nicaraguas und El Salvadors. Die USA verhalten sich hier oft sehr undiplomatisch, eben wie ein Elefant im Porzellanladen – aus mexikanischer Sicht vor allem deshalb, weil sie glauben, dies aufgrund ihrer Vormachtstellung nicht anders nötig zu haben.

In den achtziger Jahren des 20. Jahrhunderts wurden die Diplomaten Washingtons ihrem Ruf in Mexiko auf besonders drastische Weise gerecht: Als ein republikanischer Senator und persönlicher Freund des damaligen US-Präsidenten *Ronald Reagan, Jesse Helms,* in einem Interview anlässlich eines Staatsbesuchs der mexikanischen Regierung unverblümt Bestechlichkeit und Beteiligung am internationalen Drogenhandel vorwarf, gab es niemanden in der US-Regierung, der sich für diese grobe Unflätigkeit entschuldigt hätte.

Wirtschaftliche Beziehungen mit Zukunftscharakter

Zwar sind beide Länder mittlerweile wirtschaftlich eng verflochten, doch überwiegen auch hier die **Unterschiede** zwischen beiden Ländern. Sie geben den wirtschaftlichen Beziehungen ihren besonderen Charakter.

„Wir stehen für einen Überfluss an Armut. Sie für die Armut, die im Überfluss liegt. Die Vereinigten Staaten sind an Erfolg gewöhnt. Wir dagegen an das Scheitern. Sie gehen auf die Kargheit protestantischer Arbeitsethik zurück. Wir auf autokratische Lenkung und barocke Verschwendungssucht. Sie sparen. Wir geben mit vollen Händen aus." *(Carlos Fuentes)*

Die einstigen Verschwendungsorgien der katholischen Kirche sind zwar wegen Geldmangels und durch die Folgen der Revolution vorbei, das Verprassen von privaten Geldern dagegen hält vor allem in Form von *fiestas* weiterhin an.

Import/Export

Die Grenze zwischen den USA und Mexiko ist die einzige direkte Staatsgrenze auf der Erde zwischen der industrialisierten und der Dritten Welt. Und sie ist eine sehr geschäftige: Zwei Drittel aller nach Mexiko importierten Waren stammen aus den USA, davon große Mengen an Öl und – illegal, aber ökonomisch sehr bedeutend – Drogen. Der **NAFTA-Vertrag** (ein 1994 in Kraft getretenes Freihandelsabkommen zwischen den USA, Mexiko und Kanada) soll den bislang streng überwachten und beschränkten Handel zwischen den ungleichen Ländern fördern. Zwar nahmen Wirtschaftsvertreter aus den drei beteiligten Staaten den Vertrag mit einiger Skepsis auf, doch ist vielerorts, vor allem im mexikanischen Mittelstand, auch Hoffnung zu spüren.

Skeptiker dagegen befürchten, dass nur die USA und Kanada die Nutznießer dieses Vertrages sind. Die Zwischenbilanz nach acht Jahren fiel zunächst ernüchternd aus: Es wurden weniger Arbeitsplätze als geplant durch NAFTA geschaffen, die Mexikaner zogen den Import von Billigwaren aus Asien der Einfuhr von Produkten aus den USA vor. Auch die im NAFTA-Abkommen abgesprochenen Umweltschutzmaßnahmen für die *maquiladores* (US-Firmen auf mexikanischem Boden entlang der Grenze) konnten bislang nur bruchstückhaft umgesetzt werden. Und viele mexikanische Kleinbauern – ca. 25 Prozent der Mexikaner (etwa zehnmal so viele wie in Deutschland) leben heute von der Landwirtschaft – fühlten sich durch NAFTA in ihrer Existenz bedroht. Inzwischen trägt das Abkommen jedoch auch in Mexiko Früchte.

Der **Wirtschaftsaustausch mit den USA** hat sich zwischen 1994 und 2007 um mehr als 200 Prozent erhöht und hat Mexiko mit zu den 15 größten Wirtschaftsnationen und den 10 größten Exporteuren der Welt erhoben. Die Abhängigkeit von Amerika hat sich damit allerdings drastisch verstärkt. Konjunkturschwächen in den USA spürt Mexiko in potenzierter Form. Die im Land ausgeführten Arbeiten sind vielfach noch zu einfach (löten, kleben, nähen u. Ä.): Mexiko muss weiter massiv in Wissenschaft und Forschung sowie Berufsausbildung investieren, um auf sichereren Beinen stehen zu können.

Arbeitsmigration

Wer Mexico City kennt, kennt auch die langen Schlangen wartender Mexikaner vor der hoch umzäunten und streng bewachten US-Botschaft. Millionen von **legalen mexikanischen Grenzgängern** reisen zu Besuchsreisen, zum Studium oder befristeten Arbeitsverhältnissen jährlich in die USA.

Darüber hinaus überqueren pro Jahr sage und schreibe ca. 2 Mio. Mexikaner **illegal** die lange Grenze ins gelobte Land, trotz der aufwendigen US-Grenzwache, die nachts schwerbewaffnet mit Hubschraubern, Nachtsichtgeräten, Hunden und Geländefahrzeugen den langen Zaun absucht. Viele von ihnen werden durch professionelle, an der Not der Armen verdienende Schlepper und Fluchthelfer in die USA geschleust, andere schwimmen nachts durch den schlammigen Rio Grande. Nicht nur sie, sondern alle illegalen mexikanischen Einwanderer werden in den USA mit dem Ausdruck *wet backs* (Nassrücken, nach dem Durchschwimmen des Flusses) gehänselt oder verhöhnt. Doch damit können die erfolgreichen Eindringlinge leben, ihnen bleibt kaum eine andere Wahl als die Flucht nach vorn: „Lieber nach einer Weile in den USA wieder geschnappt werden, als zu Hause in Mexiko zu verhungern!" 2007 bezahlten ca. 500 Mexikaner diesen Versuch mit ihrem Leben, viele von ihnen waren nach der erfolgreichen Grenzüberquerung in den Wüsten Arizonas an Hitzschlag gestorben. Die Flüchtlinge wählen wegen der starken Bewachung auf US-Seite immer gefährlichere Wege.

Und dabei ist die US-Wirtschaft sogar auf einen großen Teil der derzeit ca. 12 Millionen „US-Mexikaner", insbesondere die niedrig bezahlten Saisonkräfte angewiesen, v.a. in Kalifornien, Oregon und Washington ist die Erntezeit für Gemüse und Früchte ohne die Zigtausenden illegalen Saisonarbeiter aus Mexiko nicht mehr vorstellbar. Einheimische Kräfte wären viel zu teuer für die Farmer, die Landwirtschaft könnte gegen Anbieter aus dem Ausland nicht konkurrieren.

Die in Kalifornien als **chicanos** (eine Kurzform von *mexicanos)* bekannten mexikanischen Arbeitsimmigranten leben meist sehr eng und armselig in kleinen Häusern, Hütten und Baracken. In Los Angeles stellen sie bereits 25 bis 30 Prozent der Einwohner, in San Antonio über die Hälfte, davon hält sich ein beträchtlicher Teil illegal dort auf. Diese *chicanos* leben in permanenter Angst vor Polizeikontrollen, beharren jedoch auf ihren kulturellen Traditionen und passen sich nicht sonderlich an US-amerikanische Lebensformen an. Aus diesem Grund sind sie bislang auch kaum in den oberen Schichten der US-Gesellschaft zu finden. Andere *chicanos* leben als Pendler nahe der Grenze preisgünstig auf mexikanischem Boden und fahren jeden Tag in die USA zur Arbeit. Das Geld, das mexikanische Arbeitsmigranten aus den Staaten an ihre Verwandten senden, ist nach Öl und Tourismus die wichtigste Einnahmequelle des Landes geworden.

Geldfluss

Mexiko, bei ausländischen Banken mit über 150 Milliarden Dollar (2007) **verschuldet,** hat sich einen beträchtlichen Teil dieser Kredite, die in den Jahren der vorgetäuschten Ölkrise ursprünglich zur Intensivierung der Ölförderung konzipiert waren, beim ungeliebten nördlichen Nachbarn anschreiben lassen müssen. Damit ist das Land noch ein Stück abhängiger von der Politik und den Machtinteressen Washingtons geworden.

Zur hohen Auslandsverschuldung gesellt sich noch ein anderes Phänomen: Durch erfolgreiche Geschäfte, Erbschaften, Korruption oder Drogenhandel **steinreich gewordene Mexikaner** legen den Großteil ihres Geldes in den USA an, zurzeit schätzungsweise ebenfalls mehr als 100

Milliarden US-Dollar. Verständlich, dass die Interessen dieser Millionäre oftmals mit der Vorstellung einer gerechten Sozialpolitik der mexikanischen Regierung kollidieren. Zusätzliche Verflechtungen ergeben sich daraus, dass Reiche ihre Kinder in den USA zur High School, zum College und zur Universität gehen lassen, bevor sie in Mexiko hochrangige Posten übernehmen.

Technische Zusammenarbeit

Zahlreiche Länder der industrialisierten Welt unterhalten langjährige Beziehungen zu Mexiko auf dem Feld der **Entwicklungszusammenarbeit,** darunter natürlich auch die USA. Mit in Mexiko arbeitenden US-Fachkräften und mit projektbezogenen Sonderkrediten wächst verständlicherweise auch die wirtschaftliche Abhängigkeit des Landes zu seinem Nachbarn und der Einfluss der USA in Mexiko.

Bedeutung der Beziehungen Mexiko – USA

Die politische Atmosphäre zwischen den Regierungen *José Lopez Portillo* und *Jimmy Carter,* vor allem jedoch die zwischen *Miguel de la Madrid* und dem ehemaligen Hollywood-Schauspieler *Ronald Reagan* war wenig förderlich für eine Verbesserung der Beziehungen Mexiko – USA. Während der Regierungszeit von *Carlos Salinas de Gortari* und *George Bush* hatte sich das Verhältnis beider Regierungen zueinander dann wieder ein wenig gebessert, die Präsidenten *Vicente Fox, Felipe Calderon* und *George W. Bush* hatten kaum Probleme miteinander. Doch wird dies auch für die zukünftigen Präsidenten gelten? Sicher ist, dass die Bedeutung der Beziehungen dieser beiden Länder zueinander kaum abnehmen wird.

Für *Carlos Fuentes* spielt Mexiko „in der Beziehung zwischen USA und Lateinamerika eine alles entscheidende Rolle. Wir sind von den Vereinigten Staaten am meisten betroffen: Sie können die Grenze schließen, Saisonarbeiter wie Kriminelle behandeln, Menschenrechte verletzen." *Fuentes* zufolge **profitieren jedoch beide Staaten von dieser besonderen Grenze:** Die Nachbarschaft mit den USA habe, so der Schriftsteller, es „Mexiko auch gestattet, seine nationale Eigenheit zu behaupten. Die Vereinigten Staaten dagegen können sich bei Mexiko bedanken, weil es an ihrer Südgrenze das Image des Andersseins bereitstellt. Denn wir können uns selbst nur verstehen, wenn wir verstehen, was sich von uns unterscheidet. Und einzigartig sind wir nur insoweit, als wir anderen ähnlich sind." So gesehen hat auch eine spannungsgeladene Beziehung ihre Reize und Vorteile ...

Das Verhältnis zur Zeit

„Machen wir uns auf den Weg. Denn hier geschieht nichts. Die Zeit ist amtlich." (*Alejandro Aura,* mexikanischer Lyriker, geboren 1944)

Mexiko – Land des mañana?

Über Mexiko kursiert das Gerücht, in diesem Land fahre kaum ein Zug oder Bus pünktlich ab, kaum jemand komme pünktlich zu einer Verabredung, Probleme würden auf morgen verschoben. An diesem Gerücht ist etwas Wahres dran. Mexikaner haben eine andere Vorstellung von der Zeit, ein anderes Zeitgefühl als die meisten Menschen westlicher Industrienationen.

„Mañana!" als Antwort auf eine Frage wird man in Mexiko **als Reisender** sehr oft zu hören bekommen. Wann wird das Büro wieder geöffnet sein, wann fährt der nächste Bus nach Tehuantepec, wann kann ich meine Dollars in Pesos umtauschen, wann gibt es wieder dies oder jenes zu kaufen? *Mañana*! Dabei ist mit *mañana* nicht unbedingt der morgige Tag gemeint, sondern oftmals nur die Zukunft. Die gestellte Frage kann im Moment nicht genau beantwortet, das Problem im Augenblick nicht gelöst werden. *Mañana* heißt dann: „Bitte haben Sie noch ein wenig Geduld, es kann noch einen, zwei oder viele Tage dauern!" Die Länder Lateinamerikas sind für ihr „Mañana-Syndrom" weltbekannt, insbesondere jedoch Mexiko.

Das eher **lockere Verhältnis zur Zeit,** zur Pünktlichkeit hat natürlich auch Vorteile: weniger Stress, weniger Hektik, nicht die Uhr, sondern das gegenwärtige Gefühl steht im Vordergrund. Die Mexikaner haben sich bislang noch nicht vollständig vom westlichen Zeitgefühl, von der Hektik und dem ständigen Zeitdruck der Industrieländer vereinnahmen lassen. Nicht nur intellektuelle Mexikaner argumentieren, dass Kulturen, in denen die Geburt der Beginn des Lebens und der Tod das abrupte Ende des Lebens seien, keinen wirklichen Begriff von einer lebendigen, präsenten Vergangenheit haben können. In Mexiko unterbricht weder die Geburt noch der Tod die Kontinuität des Lebens, den Lauf der Zeit. Kein Wunder, dass beide nicht besonders ehrfürchtig behandelt werden (vgl. auch das Kapitel „Das Verhältnis zum Tod").

Wenn selbst für einen Mexikaner die Zeit knapp wird, greift er zum Fast Food: einem gegrillten „elote" (Maiskolben)

075mx Foto: kb

Die Zeit in den präkolumbischen Kulturen

Das Verständnis von Zeit in Mexiko hat sowohl kulturhistorische als auch gegenwärtige gesellschaftliche Ursprünge. Der Umgang der Mexikaner mit der Zeit ist in der Vergangenheit stark von den präkolumbischen Kulturen geprägt worden, weniger stark dagegen von den Spaniern.

Aller Wahrscheinlichkeit nach haben bereits die Olmeken vor drei- bis viertausend Jahren die Grundlage zu dem **mesoamerikanischen Kalender** gelegt, der über Jahrtausende die Vorstellung der mexikanischen Kulturen von der Zeit prägte. Demnach bestand ein Jahr aus 18 Monaten mit je 20 Tagen plus fünf bis sechs „Unglückstagen". Daneben gab es noch einen rituellen Kalender, der 260 Tage umfasste. Nach Ablauf von 52 Jahren stimmten die Anfangstage beider Kalender wieder miteinander überein. Dies war gleichzeitig der Zeitpunkt, an dem die Plejaden am Sternenhimmel „vorüberzogen", wie die erstaunlich exakt arbeitenden Astronomen der Maya errechnet hatten.

Die Vollendung eines **52-Jahres-Zyklus** war für die mesoamerikanischen Kulturen jedoch kein Grund zum Feiern. Im Gegenteil: Man löschte alle Feuer in den Tempeln der Sonne und des Mondes und bereitete sich auf den **Untergang der Welt** vor. Von den Aufbauten der Tempel oder von natürlichen Hügeln aus beobachtete man nun das Vorbeiziehen der Plejaden und stellte sich auf das Ende allen Seins ein. Trat der Weltuntergang nicht ein, so kehrte man in die Dörfer und Städte zurück und erhöhte die Tempel zum Dank an die Götter.

Die Genauigkeit des Kalenders war in erster Linie wichtig für die Landwirtschaft. Schon für die Olmeken war es von entscheidender Bedeutung, den Beginn der Regenzeit zu kennen, damit die Bauern auf Anweisung der Priesterastronomen rechtzeitig die Felder vorbereiten und den Mais pflanzen konnten. Diese Einteilung der Zeit übernahmen die über fast 1000 Jahre kulturell dominierenden Maya und die mit ihnen verwandten bzw. von ihnen beeinflussten Nachbarkulturen.

Bei den Azteken galt diese zyklische Perspektive bis 1521 unverändert. Man ging davon aus, dass nach Vollendung des 52-Jahre-Zyklus die Welt untergeht, wieso also groß darüber hinaus planen? Wenn sie nicht untergeht, auch gut! Von dieser Einstellung zur Zeit ist heute insbesondere bei indianisch geprägten Mexikanern noch viel zu spüren.

Verhältnis zur Vergangenheit

Die überaus facettenreiche, mit merkwürdigen Zufällen und surrealistisch anmutenden Episoden gespickte Geschichte Mexikos ist in der mexikanischen Seele immer präsent. Die **intensive Beschäftigung der Mexikaner mit ihrer Geschichte** beginnt schon im Kindergarten mit den umfangreichen Vorbereitungen (in Form paramilitärisch wirkender Paraden vor der Landesflagge) auf mexikanische Nationalfeiertage, und in der Schule wird dem Geschichtsunterricht ein hoher Stellenwert beigemessen. Allerdings werden dabei – bereits von den von staatlichen Stellen konzipierten Geschichtsbüchern – die zahlreichen Niederlagen in der mexikanischen Geschichte seit der spanischen Conquista weit weniger ausführlich behandelt als die (oftmals historisch unbedeutenden) heldenhaften Momente.

Während des Studiums wird in fast allen Disziplinen immer wieder auch die mexikanische Geschichte reflektiert, und im Arbeitsleben profitiert man von den zahlreichen Nationalfeiertagen, Gedenktagen und Heldenfeiern. An diesen Tagen versammeln sich Politiker aller Parteien einträchtig am Reiterstandbild eines aztekischen Fürsten oder eines Revolutionärs und halten flammende Reden auf die gute alte Zeit. Jeder mexikanische Präsident nennt spätestens bei Amtsantritt sein historisches Vorbild, meist einen verstorbenen ehemaligen Präsidenten des Landes oder gar einen Aztekenkaiser, dessen glanzvolles Image er selbstverständlich damit übernimmt. Als der ehemalige deutsche Bundeskanzler *Helmut Kohl* sich in den 1980er-Jahren mehrfach als „Enkel" *Konrad Adenauers* erklärte, wurde er von vielen Seiten dafür belächelt, ja verspottet - ein in Mexiko undenkbarer Vorgang.

Verhältnis zu Gegenwart und Zukunft

Anders als in den meisten Ländern Asiens entwickeln mexikanische Kaufleute ihre Geschäftsbeziehungen nicht vor dem Hintergrund kontinuierlichen, langfristigen Handels mit beiderseitigem dauerhaften Nutzen; in Mexiko heißt die Devise: **schnelle Gewinne machen und schnell ausgeben,** bevor die nächste Superinflation kommt - in den vergangenen Jahren keine große Gefahr: hier lag die Inflationsrate bei 2-4 % –, bevor man schwerkrank wird, bei einem Busunglück stirbt oder Opfer eines Eifersuchtsdramas wird.

In diesem Zusammenhang erscheint es um so verständlicher, dass Mexikaner bei einer großen *fiesta* ihre **Ersparnisse verprassen.** Lieber heute das Geld verjubeln als morgen! Hier zeigt sich eine interessante Parallele zu den verschwenderischen Potlatch-Festen nordamerikanischer Indianerstämme: Die *potlatchs* sollten nicht nur den im Laufe eines Jahres angehäuften Reichtum erfolgreicher Stammesmitglieder auf das gesamte Dorf verteilen, sondern sie trotzten auch der Vergänglichkeit des Lebens. Angesichts einer unsicheren Zukunft stellten sie sicher, dass man - sollte man den langen Winter nicht überleben - ein rauschendes Fest im Herbst gefeiert hatte.

Vor diesem Hintergrund sind auch **Unglücksfälle und große Katastrophen** kein Grund zu tagelanger oder jahrelanger Trauer. Weil diese sowieso eintreffen, kann man sie im Vorfeld kaum verhindern, höchstens abschwächen oder verschieben. Da hält man sich besser an die Geschichte, die Vergangenheit des Landes, des Dorfes, der Familie. Eine gängige mexikanische Volksweisheit drückt diese Zeitphilosophie sehr prägnant aus:

„Ist die Vergangenheit erst einmal gesichert, kann man in der Gegenwart improvisieren, Phantasien nachhängen und die ferne Zukunft ruhig sich selbst überlassen."

Die verstrichene Zeit, die Vergangenheit, ist in Mexiko nicht tot. Die Gegenwart ist eben so, wie sie ist, daran kann man wenig ändern. Und auf die Zukunft hat man schon gleich gar keinen Einfluss. Wieso sollte man denn groß sparen, sich zurückhalten, an morgen denken, für die Zukunft planen?

Die Zeit im Arbeitsleben

Zwar erzeugt die moderne Gesellschaft zeitliche Zwänge wie geregelte Arbeitszeiten, verbindliche Meilensteine in Projekten, vereinbarte Abgabetermine von Arbeitspaketen, schriftlich fixierte Busfahrpläne, abgestimmte Öffnungszeiten und Ähnliches, doch kann man gegen diese in vieler Hinsicht rebellieren.

Häufiger noch als in Europa erscheinen viele Arbeiter am Wochenbeginn nicht an ihrem Arbeitsplatz, in Mexiko heißt dies **San Lunes** („Heiliger Montag"), und ist gesellschaftlich (wenn auch weniger von Unternehmerseite) weithin akzeptiert. Vielleicht ist die *fiesta* noch nicht zu Ende, vielleicht möchte man sich vom anstrengenden Wochenende mit Familienfeier, Picknick und Stierkampf ausruhen. Was ändert das schon, wenn man mal einen Tag nicht zur Arbeit kommt? Was im Augenblick wichtig, besonders interessant oder angenehm ist, sollte man wegen solcher Nebensächlichkeiten nicht unterbrechen. Pünktlichkeit an sich kann doch keine Tugend sein! Und außerdem: Morgen *(mañana)* ist auch noch ein Tag.

Die Zeit bei Einladungen

Wird man in Mexiko als Mitteleuropäer zum Essen eingeladen, kann man seine Gastgeber in Erstaunen versetzen, ja fast in Entsetzen, wenn man **pünktlich** zur angegebenen Uhrzeit vor der Tür steht. Mit dem pünktlichen Erscheinen des Gastes wird kaum jemand gerechnet haben. Verspätungen von einer halben, ja einer ganzen Stunde sind gang und gäbe – pünktliches Eintreffen gilt in weiten Kreisen sogar als unhöflich dem Gastgeber gegenüber.

Die Zeit in der Sprache

Das besondere mexikanische Zeitgefühl, der bewusst lockere Umgang der Mexikaner mit der Zeit zeigt sich auch in der Sprache: Neben dem vertröstenden *mañana* („morgen"), *al siguiente* („sofort!", im Sinne von „kommt sofort!") und *un momentito* („einen kleinen Moment, bitte!")

hört man Mexikaner gerade gegenüber ausländischen Besuchern die Empfehlung *despacio!* („nur langsam, nur ruhig!") aussprechen. Interessant ist in dem Zusammenhang auch, dass das deutsche „zu spät" im mexikanischen Spanisch mit *tarde* („spät") ausgedrückt wird. Wer später als verabredet oder erwartet erscheint, kommt somit zunächst einmal nur *tarde*, jedoch noch nicht unbedingt zu spät, denn das wäre in Mexiko *demasiado tarde*.

Ein im Zusammenhang mit dem mexikanischen Zeitgefühl ebenfalls zentraler Begriff ist *paciencia*, die **Geduld.** Um *paciencia* wird man oft gebeten, man benötigt sie in vielen Situationen auch dringend, wenn man auf etwas länger warten muss als gedacht. Insbesondere Mexikaner, die ein öffentliches Amt bekleiden, wissen mit diesem Begriff umzugehen. Wem immer sie ihre Macht demonstrieren möchten, den lassen sie warten, eben *paciencia* üben.

Soziale Unterschiede im Umgang mit der Zeit

Natürlich haben nicht alle Mexikaner ein identisches Zeitgefühl; wie in jeder Kultur existieren auch in Mexiko individuelle und gruppenspezifische Unterschiede. Der eine kann sich einen ungezwungenen Umgang mit Terminen leisten, der andere ist aufgrund **ökonomischer Abhängigkeiten** zum pünktlichen Einhalten von Terminen gezwungen. Auch beugen sich Mexikaner in den Großstädten des Landes eher dem Diktat der Zeit, während auf dem Land die Zeit manchmal geradezu still zu stehen scheint.

Der Umgang mit der Zeit ist in Mexiko auch vom **gesellschaftlichen Rang** abhängig. Insbesondere die gebildete Mittelschicht tendiert dazu, die turbulente und nur zeitweise glorreiche Vergangenheit des Landes nostalgisch oder wissenschaftlich zu betrachten, sie aber im Alltag weitgehend zu vergessen. Für sie zählt dagegen oftmals die Gegenwart der nordamerikanischen Lebensart, die sehr viel mehr auf die Zukunft gerichtet ist.

Wenn einen als Mexikoreisenden auch manchmal die lockere Art der Mexikaner, mit der Zeit umzugehen, schier zum Wahnsinn treiben kann, so bemerkt man, dass dieses Zeitgefühl oft mit innerer Ausgeglichenheit einhergeht. So manch einer wünscht sich dann, zu Hause die Zeitregeln, die vermeintlichen Zwänge der Zeit weniger verkrampft einhalten zu müssen. In Mexiko geht eben häufig das Vergnügen, das Sich-Wohlfühlen, der Augenblick, ja der Mensch vor – in westlichen Industriestaaten dominiert dagegen meist das pure Zeitkorsett, das Funktionieren-Müssen.

Bildung und politische Kultur

Bildungswesen und Erziehung

Mexikos Bildungswesen offenbart in einigen Bereichen für Entwicklungsländer typische Probleme; auf anderen Gebieten hat es den Stand der Industrieländer erreicht. Wie in den USA erlaubt die schulische Laufbahn den Kindern und Jugendlichen eine frühzeitige Spezialisierung auf Lieblingsfächer oder Erfolg versprechende (gute Berufsaussichten) Fachrichtungen.

Der Anteil der **Analphabeten** an der Gesamtbevölkerung wird offiziell mit unter 10 Prozent (1955 noch 40%) angegeben (in Deutschland derzeit ca. 4%), ist somit geringer als in den benachbarten USA (14%). Zieht man die Unterentwicklung mancher ländlicher Gebiete in Betracht und die ökonomische Notwendigkeit von Kinderarbeit in Stadt und Land, so erscheint die Analphatenquote Mexikos im internationalen Vergleich recht niedrig. Mexiko kann hier jedoch auf einen entscheidenden Vorteil im Vergleich zu anderen Ländern, z.B. zu den USA, verweisen: seine sprachliche und ethnisch-kulturelle Homogenität. Wenn auch neben dem Spanischen die aztekische Sprache *nahuatl* und 25 verschiedene Maya-Dialekte existieren (und von vielen Kindern als Muttersprache auch noch gesprochen werden), verfügt fast jedes mexikanische Kleinkind bei seiner Einschulung über ausreichende Spanisch-Kenntnisse und einen seinen Mitschülern ähnlichen kulturellen Hintergrund.

Millionen Kinder besuchen in Mexiko die in der Regel drei Jahre dauernde Vorschule. Zwischen dem 6. und 12. Lebensjahr besteht für jedes mexikanische Kind die Pflicht zum Besuch einer **Grundschule,** was allerdings insbesondere in armen Schichten nicht lückenlos realisiert werden kann. Die Mädchen verlassen die Schule durchschnittlich ein Jahr früher als die Jungen: noch immer sind zahlreiche Mexikaner der Ansicht, den Mädchen genügten Kenntnisse im Haushalt für das spätere Leben. Auf dem Land liegt dieser Wert noch niedriger, da dort viele Kinder bereits mit 10 Jahren voll in der Landwirtschaft oder im Handel mitarbeiten. Mexikanische Grundschulen sind staatlich und kostenlos. In vielen Schulen gilt Uniformpflicht – auch wenn manche Kinder dem Unterricht fernbleiben, weil die Anschaffung der Uniform zu teuer für die Familie ist.

Nach der Grundschule kann ein Schüler drei Jahre lang die Unterstufe und für zwei Jahre die Oberstufe der **Vorbereitungsschule** besuchen.

Mexikanische Schülerinnen

079mx Foto: kb

Mit deren erfolgreichem Abschluss *(escuela preparatoria)* erwirbt man die Hochschulreife. Alternativ steht den Jugendlichen eine der 5000 **Berufsschulen** *(media terminal)* offen, die Ausbildung auf einer dreijährigen **Fachschule** (vor allem im technischen Bereich) oder der ebenfalls drei Jahre währende Besuch einer **Lehrerbildungsanstalt** des Landes. Wer eine dieser Anstalten absolviert hat, darf sich fortan *profesor* nennen, was die Schüler und andere Berufstätige gerne (der insgesamt drei Monate währenden Schulferien wegen) zu *flojesor* (*flojo* = „faul") umbilden.

An den gebührenfreien Grundschulen unterrichten die **Lehrer** *(profesores)* zu bescheidenen Gehältern; ihr Lohn beträgt zwar das Doppelte des Mindestverdienstes (der *salario minimo* liegt bei umgerechnet etwa 70 Euro pro Monat), aber das reicht nicht, um eine Familie zu ernähren. So müssen viele Pädagogen sich nebenher noch ein Zubrot verdienen: etwa als Verkäufer, Übersetzer, Handwerker und mit Nachhilfeunterricht. Die Schüler-Lehrer-Relation in den Grundschulen erreicht mit 29:1 einen mit Industriestaaten vergleichbaren Wert.

Der Einfluss des staatlichen Erziehungsprogrammes auf die **Kinder auf dem Land** hält sich in Grenzen. Das Familienleben und die Mitarbeit im Haushalt und auf dem Hof prägen die Kinder oftmals stärker als die Schule. Neben Grundkenntnissen in Lesen und Schreiben, in Geografie und Geschichte stehen hier die patriotische Sensibilisierung sowie das Erlernen von Disziplin (Schuluniform, paramilitärische Fahnenappelle, Singen der Nationalhymne u. Ä.) im Vordergrund. Im Vergleich zum Unterricht an bundesdeutschen Schulen fällt auch das vielfache gemeinsame Nachsprechen der Klasse und das häufige Auswendig-Lernen auf. In Mexiko werden Eigeninitiativen der Schüler und die Diskussionsbereitschaft der Kinder im Unterricht weniger gefördert als in Mitteleuropa.

Anders ist die Situation **in den mexikanischen Städten,** insbesondere in der Mittel- und Oberschicht: Hier greifen die genannten Unterrichtsinhalte und der längere Schulbesuch stärker in den Alltag und das Denken der Jugendlichen ein. Zudem erfahren viele Kinder der Oberschicht bereits im Vorschulalter eine starke Prägung durch ihr Kindermädchen, und die nicht-elterliche Beeinflussung setzt sich in der Zeit des Fachschul- oder Universitätsbesuchs fort. Die Jugendlichen erwerben somit eine wesentlich größere Unabhängigkeit von den Vorstellungen der Eltern und haben als Erwachsene auch weniger Schwierigkeiten, sich von der elterlichen Normenwelt zu lösen.

Hunderte staatliche und private Universitäten bieten die Möglichkeit des Hochschulstudiums. Allein an der *UNAM (Universidad Nacional Autonoma de Mexico)* studieren etwa 500.000 Menschen, doch fast die Hälfte der Studenten bricht das Studium ab: Entweder geht ihnen das nötige Geld aus, oder sie nutzen eine Chance, einen guten Job zu bekommen; eine solche Gelegenheit muss man als Jugendlicher in Mexiko unbedingt am Schopfe packen. Wer die finanziellen Möglichkeiten besitzt und später Karriere machen möchte, besucht zunächst ein privates Gymnasium (in Mexiko City z. B. das sehr angesehene deutsche Alexander-von-Humboldt-Gymnasium) und studiert danach an einer renommierten Universität in den USA. Die *UNAM* wird dessen unbenommen immer wieder als die beste Universität in der spanisch- und portugiesischsprachigen Welt bezeichnet.

Staat und Verwaltung

Die Farben der mexikanischen Staatsfahne appellieren an hohe Werte, die das Land seit der Loslösung von den spanischen Kolonialherren auch weitgehend hat einhalten können: Grün symbolisiert die 1810 faktisch errungene Unabhängigkeit vom Mutterland, Weiß verweist auf die Reinheit der Religion, und Rot steht für die nationale Einheit. Hierbei hat man sich offensichtlich von der französischen Trikolore inspirieren lassen. Schwieriger dagegen ist der Anspruch, die demokratischen Prinzipien der postrevolutionären Verfassung in die Praxis umzusetzen.

Die Position des mexikanischen **Staatspräsidenten** wurde von *Octavio Paz* mit der der aztekischen *tlaotani* (so nannte man im Aztekenreich die politischen Führer) verglichen: „Der *tlaotani* verkörpert die nicht an eine Person gebundene Fortdauer einer Herrschaft. Eine Kaste von Priestern und Bonzen übt kraft einer augenblicklichen Inkarnation Macht aus. Der *Señor Presidente* ist die Partei selbst."

Der Staatspräsident **fungiert gleichzeitig als Regierungschef** und wählt aus dem Kreis seiner politischen Freunde und Gönner den Parteivorsitzenden, die Gouverneure der Bundesstaaten, die PRI-Abgeordneten des Parlaments, ja selbst die Senatoren (von 1929 bis 1988 gab es nur PRI-Vertreter im Senat) und andere Funktionäre aus. Sein Vorschlag ist gewissermaßen Befehl. Seit Jahrzehnten wartet gegen Ende der Amtszeit eines Präsidenten das ganze Volk auf den berühmten *dezado*, den Fingerzeig des Amtsinhabers, der damit den Kandidaten der *PRI* für seine Nachfolge bekannt gibt. Da die *PRI* seit ihrer Gründung 1929 jahrzehntelang die Präsidentenwahlen in Mexiko gewann, wurde der von ihr vorgeschlagene Kandidat auch zum Präsidenten gewählt.

Der mexikanische Präsident kann nach seiner sechsjährigen Amtszeit nicht wiedergewählt werden. Mit dieser Klausel möchte die Verfassung eine zu lange Bindung der politischen Zielvorgaben an eine Person verhindern. Interessant ist auch die Tatsache, dass die Verfassung die strikte Trennung von Kirche und Staat vorschreibt – und dies im „katholischsten Land" ganz Amerikas! Offiziell darf der mexikanische Präsident während seiner Amtszeit noch nicht einmal die Kirche besuchen. So fühlte sich Präsident *Miguel de la Madrid* dann auch Anfang der 1980er-Jahre regelrecht erwischt, als man ihn nach der Trauung seiner Tochter aus einem Seitenausgang der Kirche verschwinden sah. Auch darf sich der Staatspräsident aufgrund dieser Trennung nicht mit dem Papst sehen lassen; er darf diesen höchstens in dessen Funktion als Oberhaupt des Staates Vatikan empfangen – wie etwa bei einem Papstbesuch in Mexiko City 1985 geschehen.

Parteien

Die demokratische Verfassung von 1917 erlaubt die Existenz verschiedener Parteien in Mexiko. Mitgliederstärkste (etwa 10 Millionen) und einflussreichste Partei ist die **PRI,** *die Partido de Revolucionario Institucional.*

Unter dem klangvollen, aber wenig zutreffenden Namen „Partei der institutionalisierten Revolution" vereinigen sich Bauern und Arbeiter, Angestellte und Staatsbedienstete jeder Herkunft und jeden Alters. Die wichtigen **Gewerkschaften** Mexikos sind an die PRI-Linie gebunden; mächtige Gewerkschaftsfunktionäre erinnern spätestens vor den Wahlen daran, welche Partei (wieder)gewählt werden soll. Die *PRI* hat in ihrer knapp 70-jährigen Geschichte ein sehr dichtes und gut funktionierendes Netz von Parteifunktionären in allen Gemeinden Mexikos. Machtwillkür, zu offensichtliche Bestechung und einige zu augenfällige Wahlfälschungen hatten immer wieder zu kleineren Protestaktionen der Benachteiligten geführt. Silvester 1993 jedoch führten die Missstände in Chiapas zu einem größeren **Indianeraufstand** unter der Führung des *Subcommandante Marcos,* der mit seinen exzellent geplanten und durchgeführten Überraschungsaktionen Militär und Polizei ganz Mexikos für Monate in Atem hielt. Seine Forderungen konnte und kann die regierende *PRI* nicht so einfach ignorieren.

Doch schon früher hatte die unumstrittene Dominanz der *PRI* zu bröckeln begonnen. 1988 trat ein **Linksbündnis** unter Führung des ehemaligen PRI-Mitglieds *Lázaro Cárdenas* gegen die PRI an – jedoch ohne nennenswerten Erfolg. Im Frühsommer 1997 kam es bei den Kommunalwahlen allerdings zu erdrutschartigen Verlusten der *PRI;* später verlor sie sogar das Amt der mexikanischen Präsidenten.

Neben der *PRI* haben sich **fünf weitere nennenswerte Parteien** etabliert: die katholisch-konservative Partei der Nationalen Aktion *(PAN),* die rechtsgerichtete Demokratische Partei *(PDM),* die ebenfalls rechtsorientierte Authentische Partei der Mexikanischen Revolution *(PARM),* die Sozialistische Partei *(PMS)* und die trotzkistische Revolutionäre Arbeiterpartei *(PRT),* ein Relikt aus der Zeit, als *Leo Trotzki* vor den Stalinschen Mörderbanden nach Coyoacan in Mexiko City geflüchtet war.

Diese Parteien bilden seit Jahrzehnten zwar die mehr oder weniger hörbare Opposition im Staat, haben jedoch nur wenig Einfluss auf die Politik der Regierung. Die Zersplitterung der Parteienlandschaft erleichtert es der *PRI,* die anderen politischen Fraktionen gegeneinander auszuspielen und auch so an der Macht zu bleiben. Die sogenannte „revolutionäre" Partei *PRI* muss sich heute von dem einheimischen Schriftsteller *Carlos Mousivais* vorwerfen lassen, sie stelle mit ihrem Namen und ihrer Politik die im Jahre 1911 von *Emiliano Zapata* und *Pancho Villa* geforderten Ideale völlig auf den Kopf: „Die Klasse, die heute im Namen der Revolution regiert, ist die Klasse, gegen die damals die Revolution losbrach!"

Zusammenfassend lässt sich sagen, dass die Demokratie in Mexiko aufgrund der langjährigen Dominanz der *PRI* und der parteipolitischen Verfilzung zwar noch weniger als in vielen Industrieländern verwirklicht ist, andererseits jedoch das politische Verständnis der allermeisten Mexikaner die Machtübernahme einer Militärjunta oder eines Diktator nicht gutheißen könnte. Ein von einem zur Macht geputschten General regiertes Mexiko ist – anders als in vielen anderen Ländern Lateinamerikas – etwas Unvorstellbares.

Für die Sensibilisierung der Menschen für demokratische Grundregeln sorgen seit Jahrzehnten Intellektuelle und Künstler; sie alle sehen sich in der Tradition *Emiliano Zapatas, Pancho Villas, Diego Riveras* und *Alfaro Siqueiros'*. Kaum ein Dichter, Philosoph, Maler oder Musiker Mexikos ist nicht in irgendeiner Weise politisch aktiv und so beschäftigt sich ein Großteil der künstlerischen Werke des modernen Mexikos mit zeitgenössischen gesellschaftlichen, kulturellen und politischen Problemen.

Alltag in der Stadt und auf dem Land

Das Alltagsleben in einer mexikanischen Metropole

Die Fahrt nach der Landung auf dem internationalen Flughafen in die Innenstadt von **Mexiko City** dürfte bei den meisten Besuchern des Landes einen ersten Kulturschock verursachen: baufällige Hütten, zahllose Schlaglöcher in der Straßendecke, endloser Stau, verpestete Luft. Für viele wirkt die Hauptstadt zunächst abstoßend, und mancher fragt sich, wie und warum Menschen hier nur freiwillig leben möchten. Doch die Entwicklung der *Ciudad de Mexico* zur heutigen Metropolis – und die Entstehung unzähliger Slums in anderen Großstädten des Landes – lässt sich historisch und kulturell erklären. Auch die Kunst des Zusammenlebens der Menschen in den überquellenden mexikanischen Städten lässt sich so besser verstehen oder nachvollziehen.

Insbesondere Mexiko City ist zum Inbegriff der Verstädterung in Entwicklungsländern geworden, zum Symbol für das Aufeinanderprallen von Überentwicklung (hier: Bevölkerungsexplosion) und Unterentwicklung (Armut, Arbeitslosigkeit). Ca. 25 Millionen Menschen leben heute im Tal von Mexiko auf einer Fläche von ca. 1500 Quadratkilometern. Mexiko City ist damit mit seinen 16 *delegaciones* (Stadtbezirken) neben Tokio das **größte städtische Zentrum der Welt.**

Die 2250 m über dem Meeresspiegel gelegene, von Bergen und Vulkanen umringte Stadt sinkt seit Jahrhunderten jährlich um mehrere Zentimeter tiefer in den Grund eines riesigen Sumpfes. Doch damit endet die Aufzählung der Probleme dieser Stadt noch keineswegs: Die ehemalige

Aztekenkapitale liegt, wie zuletzt am 19. September 1985 eindrücklich bewiesen, in einer **Erdbebenzone.**

Die ökologischen Probleme beginnen mit dem **Straßenverkehr:** In der Hauptstadt zirkulieren (auf einem Tausendstel der gesamten Landesfläche!) 60 % aller mexikanischen Verkehrs- und Transportmittel. Zwar entlastet das 204 km lange U-Bahn-Netz den Straßenverkehr mittlerweile beträchtlich, doch fehlen nach Einschätzung von Experten noch einmal ebenso viele unterirdischen Verkehrswege. Noch immer sind die ca. 4 Mio. im Tal betriebenen Fahrzeuge (davon 80.000 Taxis und 40.000 Microbusse) für drei Viertel der **Luftverschmutzung** von Mexico City verantwortlich. Die häufige Inversionswetterlage lässt die warme, verbrauchte, ja verpestete Luft oftmals mehrere Tage oder gar Wochen lang nicht nach oben steigen und fortwehen. Darüber hinaus hat der Mensch dafür gesorgt, dass die Grünflächen der Stadt nachts immer weniger Sauerstoff produzieren. In den nur zwanzig Jahren zwischen 1950 und 1970 verlor die Stadt 50 % der bislang landwirtschaftlich genutzten Fläche und 20 % der Waldfläche. Felder und Wiesen werden zu Bauland, Wälder werden abgeholzt, um Baumaterial und neue Wohnflächen zu gewinnen.

Eine weitere, bislang ungelöste Schwierigkeit ergibt sich – neben der Versorgung mit Frischwasser und der Entsorgung des Abwassers – aus den ungeheuren Mengen **Müll;** die Bewohner der Hauptstadt produzieren täglich Zigtausende Tonnen Abfall, der unsortiert auf sieben offene Müllhalden transportiert wird, wo zahllose *pepenadores* (Müllfledderer) zwischen Horden von Ratten nach brauchbaren Materialien stöbern. Ein Teil des täglichen Abfalls findet sich leider auch in den Straßen der Städte und erweckt in manchem Besucher einen negativen Eindruck. Gleichzeitig wird er jedoch feststellen, dass fast alle Mexikaner hohe Ansprüche an die eigene Hygiene stellen, z. B. sichtbar in der Kleidung – ein in vielen lateinamerikanischen Ländern vorkommendes Phänomen. Oft entzünden sich auf den Müllhalden langwierige Schwelbrände, die einen weiteren Beitrag zur immensen Luftverschmutzung liefern.

Die Konzentration von Kohlenmonoxyd und Blei übertrifft die WHO-Richtlinien bei weitem. Neben dem Straßenverkehr und den Heizungsabgasen blasen unzählige **Fabriken** täglich Tausende Tonnen Chemikalien und Metallstaub in die Luft; fast die Hälfte aller mexikanischen Industriebetriebe hat sich in der *Ciudad de Mexico* niedergelassen.

Die Bewohner der **Elendsquartiere** leisten – wie anfangs erwähnt – einen weiteren Beitrag: Zahlreiche Einwohner defäkieren täglich in Straßengräben, Parks und sonstwo unter freiem Himmel, was die über die Atemwege übertragenen Krankheiten noch weiter steigen lässt. Nicht nur einmal ist in den letzten Jahrzehnten in den Armenviertel mexikanischer Millionenstädte die Cholera und ähnliches ausgebrochen.

Laut einer etwas anderen „Volkszählung" der mexikanischen Zeitung *Reforma* Mitte der 1990er-Jahre gibt es in diesem Zusammenhang noch **weitere beeindruckende Zahlen** zu vermelden. Demnach arbeiteten in Mexiko City 200.000 ambulante Händler. 8000 weibliche Prostituierte gingen ihrem nächtlichen Gewerbe nach, zum Teil an denselben Orten wie ihre 7000 männlichen Kollegen. Anderthalb Millionen Staatsbedienstete sorgten für eine extrem aufgeblähte Bürokratie. Eine halbe Million Obdachlose und Bettler *(mendigos)* schliefen unter Brücken, in Kirchen, im Freien, in Vorgärten sowie in öffentlichen Gebäuden und schlugen sich tagsüber mithilfe von Bettelei und Gelegenheitsarbeiten durch. Derweil streunten etwa 800.000 herrenlose Hunde und Katzen auf der Suche nach fressbarem Abfall durch die Straßen der Stadt und auch Millionen von Ratten lebten größtenteils von dem, was die Menschen übrig gelassen haben.

Da mit dem **städtischen Etat** diese Probleme seit Beginn der Bevölkerungsexplosion im Tal von Mexiko immer weniger in den Griff zu bekommen sind, ist die mexikanische Bundesregierung gezwungen, einen großen Teil des hauptstädtischen Budgets aufzubringen. Mexiko City hat zudem Auslandsschulden in Höhe von mehr als 3 Milliarden Dollar. Angesichts der brennenden sozialen und infrastrukturellen Probleme erscheint es nur allzu verständlich, dass die Großstädte Mexikos seit Jahren nur noch einen Bruchteil ihres Haushaltsetats für kulturelle Breitenarbeit verwenden können. Bibliotheken, Volkshochschulen, Schwimmbäder, Altenheime, Obdachlosenhilfe und Ähnliches sind zu einem „Luxus" geworden, den sich die Metropolen nur noch ansatzweise leisten können.

Ein Blick auf die **Bevölkerungsentwicklung im Tal von Mexiko** zeigt die rasante Verschlimmerung der Situation: Lebten 1519, zu Beginn der spanischen *conquista,* etwa 60.000 Einwohner auf den Inseln Tlaltelolco und Tenochtitlan bzw. anderthalb Millionen im gesamten Tal von Mexiko, so nahm diese Zahl mit den Eroberungskriegen und durch die von den Spaniern eingeschleppten Zivilisationskrankheiten drastisch ab, bis zu gerade mal 70.000 Menschen Mitte des 16. Jahrhunderts. Noch 1910 zählte Mexiko City erst 500.000 Einwohner, 1930 bereits 1 Million, 1968 (zur Olympiade) 8 Millionen und 1980 stattliche 14 Einwohner. Im Jahre 1997 war dann die 25-Millionen-Grenze überschritten.

Damit lebt heute fast ein Viertel der Bevölkerung des Landes auf 0,1 Prozent des mexikanischen Territoriums. Bleibt das Bevölkerungswachstum durch Fortpflanzung und Zuzug weiterhin bei jährlich über 10 Prozent, dürfte Mexiko City in einigen Jahren die 30-Millionen-Marke erreichen.

Landflucht

Ursache für den ungebremsten Zuzug ist – wie in fast allen Entwicklungs- und Schwellenländern – die Landflucht. Und daran haben auch vielfältige Versuche der Behörden wie etwa die gewaltsame Räumung gerade entstandener Slums wenig ändern können.

Bereits zur Zeit des Aztekenreichs „erfreute" sich das Valle de Mexico einer ungeheuren Anziehungskraft. *Motecuzoma* war dies recht, denn so wuchs seine auf zwei kleinen Inseln verteilte Hauptstadt zu einer der schönsten Städte der Welt (wie spanische Chronisten bemerkten).

Die Bevölkerungsexplosion ist jedoch wesentlich jünger, sie hatte ihren Ausgangspunkt vorwiegend in der **schnellen Industrialisierung** Mexikos in den 1940er- und 1950er-Jahren, die auf Warenengpässe im 2. Weltkrieg zurückzuführen war. Die Fabriken der Stadt benötigten Arbeitskräfte, die Regierung förderte daraufhin den Zuzug vom Land und löste damit eine unaufhaltsame Lawine aus. Im Zuge der „Familienzusammenführung" kam die Verwandtschaft der Pioniere nach.

Ein weiterer Grund für die Landflucht ist das **System der Erbteilung:** Oft kann ein Bauernhof die im Zuge der Bevölkerungsexplosion stark wachsende Zahl der Familienmitglieder nicht mehr ernähren. Viele Landarbeiter *(peones)* finden heute nicht mehr ausreichend Beschäftigung. In diesem Zusammenhang gibt es eine beeindruckende Zahl: Zwar arbeiten über 30 % der mexikanischen Erwerbstätigen in der Landwirtschaft, doch erwirtschaften die weniger als ein Zehntel des Bruttoinlandprodukts.

Die heute noch deutlich schlechtere, unterentwickelte **ländliche Infrastruktur,** die Knappheit an ausreichend bezahlter Arbeit sowie festgefahrene politische und gesellschaftliche Strukturen bilden weiterhin die Hauptgründe für die anhaltende Landflucht. Drei Zahlen verdeutlichen die Misere: In den Bundesstaaten Oaxaca und Chiapas sterben noch heute ca. 10 von 100 Neugeborenen in den ersten Lebensmonaten. Ein Drittel der Landbevölkerung kann weder ordentlich lesen noch schreiben, und 30 % der Häuser haben kein fließend Wasser und keinen Strom. Hier arbeiten die Frauen oftmals täglich 12 bis 15 Stunden, um das Überleben ihrer Familie zu sichern. Von dem dem Mann ausgezahlten Mindestlohn *(salario minimo),* der von einer Kommission aus Arbeitgebern, Gewerkschaften und Regierung halbjährlich festgesetzt wird, kann eine Familie nicht leben: Er liegt derzeit bei ca. 5 Dollar täglich.

Auf den ersten Blick paradox wirkt es, dass viele Großstädter sich nach dem „beschaulichen Leben" in einer Kleinstadt sehnen. Zahllose Telenovelas im mexikanischen Fernsehen geben dafür bildhafte Beispiele.

Bevölkerungswachstum

Wie seit Jahrtausenden ersetzt auch heute in den ärmeren mexikanischen Bundesstaaten eine **zahlreiche Nachkommenschaft** die Rentenversorgung.

Doch selbst wer sich auf ein, zwei Kinder beschränken möchte, wird vom Staat weitgehend allein gelassen, denn die zuverlässigeren Techniken der modernen **Empfängnisverhütung** werden noch nicht in allen Schichten genutzt. Grund dafür ist einerseits der bislang weitgehend erfolgreiche Widerstand der vom Vatikan stark beeinflussten katholischen Kirche Mexikos, zum anderen die Tatsache, dass außerhalb der großen mexikanischen Städte Verhütungsmittel wie Antibabypille und Präservative kaum erhältlich sind.

Hinzu kommt ein weiteres Problem: Da Schwangerschaftsabbrüche offiziell verboten sind und von der Kirche massiv verteufelt werden, werden Jahr für Jahr Tausende **ungewollter Kinder** in den Straßen der Großstädte ausgesetzt. Oftmals Früchte wilder Ehen, finden nur die wenigsten elternlosen Kinder einen Platz in einem Waisenhaus, schlagen sich daher mit meist illegalem Handel und Gelegenheitsarbeiten durch oder schließen sich einer der zahlreichen Straßenbanden an.

Das Leben in den Armenvierteln mexikanischer Großstädte

Das Leben der Menschen in den zahllosen provisorischen Hütten aus Matten und Blech ist eine Welt für sich. Die ausgedehnten Elendsviertel umziehen die Hauptstadt, aber auch Teile von Guadalajara, Veracruz und Oaxaca wie ein breiter Gürtel. Täglich wächst die Zahl dieser Hütten **am Stadtrand,** ein Ende ist nicht abzusehen. Die flachen, grauen Hütten aus Stroh, Holz, Karton und Wellblech dehnen sich heute bereits weit über die ursprünglichen Stadtgrenzen aus. Oft wohnt hier eine Familie mit 10 und mehr Mitgliedern in einem einzigen, 20 Quadratmeter großen Raum. Kanalisation, eine gesicherte Wasserversorgung, Straßenbeleuchtung, Müllentsorgung, Elektrizität und feste Straßen gibt es bislang nur in den älteren Slums. Krankenhäuser, Schulen und Lebensmittelgeschäfte sind insbesondere in den neueren Elendsquartieren eine Seltenheit.

Die Anfahrt aus den *ciudades perdidas* („verlorene Städte") bzw. auch *colonías populares* („Volkskolonien") genannten Armenvierteln zu den Industriebetrieben dauert per Bus oftmals mehrere Stunden und belastet den ohnehin meist stockenden Verkehr nur noch mehr. Wer in diesen

Jahren mittellos vom Land nach Mexiko City zieht, besetzt meist Parks, Schulhöfe oder ungenutzte Industrieflächen **innerhalb des Stadtgebiets,** statt sich am Stadtrand niederzulassen; die Anfahrt zur Arbeit wäre zu lang. In den 1990er-Jahren zogen täglich mehrere Tausend neue Landflüchtlinge in das Hochtal von Mexiko und erkämpften sich als *paracaidistas* (illegale Landbesetzer; wörtlich: „Fallschirmspringer") ein Fleckchen Boden für ihre Hütte.

In der Regel verlässt zunächst der Familienvater oder ein älterer Sohn das Dorf, sucht sich in den *pueblos jóvenes* eine Schlafstelle und beginnt Baumaterialien wie Bastmatten, Kunststoffolien, Kartonpappe, Holzkisten und Bretter zu sammeln. Der Rest der Familie, oft auch der Großfamilie im Heimatdorf, zieht innerhalb der nächsten Monate mit dem wenigen Hab und Gut nach. Alle Familienmitglieder, auch die Kinder, suchen nun intensiv nach Arbeit: in den Fabriken, als Hausmädchen, als Verkäuferin, als Straßenhändler oder Losverkäufer. Das Geld, das nicht direkt zum Lebensunterhalt benötigt wird, investiert man sogleich in den Kauf von (meist gebrauchten) Steinen, Holzbalken und Ziegeln abgerissener Häuser. So entsteht im Lauf der Zeit langsam, aber sicher ein festes Wohnhaus mit Betonpfeilern und gemauerten Wänden. Dieses Haus ist stets ausbaufähig – auch Jahre später kann man noch ein weiteres Stockwerk hinzufügen. Aus diesem Grund stehen bei sehr vielen Häusern in den ärmeren Wohnvierteln die rostigen Armierungseisen aus den wegen der Erdbebengefahr notwendigen Betonpfeilern heraus.

Nach wenigen Jahren bilden sich meist auch politische **Strukturen innerhalb einer Armensiedlung,** ein Bürgermeister wird gewählt. Wichtig ist es auch hier, sich die richtigen Verbindungsleute auszusuchen: Politiker der regierenden *PRI,* Gewerkschaftsführer, Parlamentsabgeordnete oder einflussreiche Unternehmer, für die man sich einspannen lässt und denen man ebenfalls eine Gunst schuldig ist. Des weiteren wird eine Grundschule ins Leben gerufen, Busverbindungen werden aufgebaut und provisorische Lösungen zur Abfallbeseitigung und Kanalisation gefunden. In der mittlerweile über 4 Millionen Einwohner großen Slumstadt Nezahualcóyotl innerhalb Mexiko Citys fließen die Abwässer noch heute ungeklärt in den salzhaltigen Rest des Texcoco-Sees.

Manchmal ziehen, wie es sich immer wieder an den Hängen von Oaxaca beobachten lässt, **ganze indianische Dörfer** aus Notstandsgebieten an den Stadtrand. Vertrieben von jahrelangen Dürren, Bandenkriegen der Drogenmafia, von Überschwemmungen oder Erdbeben, suchen sie

Diese Frau hat nicht einmal ein Dach über dem Kopf

089mx Foto: kb

Zuflucht in einer für sie völlig anderen und neuen Welt. Diese Gruppe von Menschen bildet ein bereits eingespieltes Team und wenn sie sich gegen Polizei und Landbesitzer durchsetzen können, legen sie mit ihrer Landbesetzung den Grundstein für die Entstehung eines neuen Stadtteils. Die Zahl derer, die jedoch dauerhaft an den Regeln des städtischen Lebens, an der Großstadtkultur verzweifeln oder zugrunde gehen, ist unbekannt.

Ein Ende dieser Entwicklung ist keineswegs abzusehen. Verständlicherweise können die mexikanischen Städte längst nicht jedem Zuzügler Arbeit bieten und so wandern viele junge Männer und Frauen weiter nach Norden. Die **USA** fungieren dabei als **eine Art Ventil,** doch auch hier sind die „Quoten" niedrig und von den Vereinigten Staaten willkürlich (je nach Bedarf an Erntearbeitern) bestimmt. Bislang haben die sozialen Probleme am Stadtrand der mexikanischen Zentren noch keine nennenswerten politischen Probleme oder sozialen Aufstände verursacht. Sicher ist dies zu einem Teil mit der kulturell bedingten großen Geduld der Menschen zu erklären, doch lässt sich schwer absehen, wie lange Bevölkerungsexplosion und Landflucht die gesellschaftliche und politische Stabilität Mexikos nicht gefährden.

Natürlich bietet das Leben in mexikanischen Städten neben diesen kritischen Aspekten auch zahlreiche **reizvolle Seiten** – insbesondere aus der Perspektive der Einheimischen, die in Vielem auch (oder vor allem) die positiveren Seiten erkennen können. Wie im Kapitel „Fiestas" beschrieben, finden sich in den mexikanischen Millionenstädten, aber auch in den kleineren und mittleren Städten, im Jahresverlauf zahlreiche Gelegenheiten, sich im Familien-, Freundes- und Kollegenkreis außerhalb der vier Wände zu vergnügen. Die Stadtverwaltungen großer Städte wie Guadalajara, Monterrey, Villahermosa, Oaxaca, Acapulco u. a. haben trotz schmaler Haushaltsbudgets oft intelligente Wege entdeckt, die historischen Gebäude und öffentlichen Plätze ihren Bewohnern in attraktiver Weise zur Freizeitnutzung zur Verfügung zu stellen.

Neben Klassikern wie Kino (in Konkurrenz zu den zahllosen Fernsehkanälen mit ihren endlosen Spielfilmen, Shows und Seifenopern), Sportveranstaltungen, Picknicktreffen, Museums- und Konzertbesuchen nutzen insbesondere (aufwendig gestylte) Jugendliche und junge Erwachsene die Möglichkeiten, abends tanzen zu gehen – in Diskotheken, städtischen Gemeinschaftshäusern, bei Jubiläen und anderen Anlässen. Stundenlang mit Freunden in den Cafés öffentlicher Plätze und Parkanlagen „abzuhängen", zu quatschen, mit dem Handy zu telefonieren und SMS zu versenden gehört selbstverständlich zum Vorprogramm, vor allem an Samstagen, Sonntagen und Feiertagen. Mexiko ist schon allein wegen des dafür günstigen (meist gemäßigten) Wetters und der vorteilhaften Topografie für **Open-Air-Aktivitäten** jeglicher Art geradezu prädestiniert.

Verhältnis zum Tod

„Der Tod ist immer bei uns, auf unseren fiestas, beim Glücksspiel, in unserem Liebesleben, in unserem Denken. Tod und Töten sind Gedanken, die uns selten verlassen. (...) Für einen Pariser, New Yorker oder Londoner ist der Tod ein Wort, das man vermeidet, weil es die Lippen verbrennt. Der Mexikaner dagegen sucht, streichelt, foppt, feiert ihn, schläft mit ihm. Er ist sein Lieblingsspielzeug und seine treueste Geliebte."
(*Octavio Paz,* mexikanischer Schriftsteller)

Die intensive Beschäftigung mit dem Sterben und mit dem Leben nach dem Tod hat in Mexiko eine lange Tradition. Auch aus diesem Grund ist er im heutigen Alltag der Mexikaner so präsent. Das Verhältnis einer Kultur zum Tod sagt auch einiges aus über ihre Sicht des Lebens.

Der Tod bei Olmeken, Maya und Azteken

Für die **Olmeken,** die Träger der Mutterkultur Mexikos, gehörten Leben und Tod eng zusammen. Sie stellten Tonfiguren her, die zur Hälfte einen lebenden Menschen, zur Hälfte ein Skelett symbolisierten. In ihrer Vorstellung hatte nicht nur das Leben eines jeden Menschen ein Ende, sondern auch die Existenz der Menschheit. Spätere mexikanische Kulturen (Maya, Tolteken, Azteken u. a.) erwarteten jeweils nach Ablauf von 52 Jahren den Weltuntergang, das Ende allen Seins.

Zwar gibt es für die Einstellung der Menschen zum Tod in der klassischen Periode der **Maya** (250–900 n. Chr.) keine genauen, umfangreichen Belege, doch weiß man, dass die Priester und Astronomen sich intensiv mit dem Tod beschäftigten und dass der Gedanke an den Tod im Alltag sehr verbreitet gewesen sein muss. Bislang sind bei den Maya keine Opfertode wissenschaftlich belegt, doch kann man davon ausgehen, dass es für Maya eine Ehre war zu sterben, etwa als Krieger. Auf vielen Tempeln war der Tod in Reliefs oder mit roter Farbe symbolisch dargestellt.

095mx Foto: kb

Eine sehr ausgeprägte Vorstellung vom Tod hatten auch die **Azteken.** Nach seinem Tod verbrachte ein gewöhnlicher Azteke vier volle Jahre mit der Reise in das Totenreich *Mictlan,* das man sich als eine Mischung zwischen dem Paradies und dem Fegefeuer in der christlichen Religion vorstellen muss. Viele andere hatten es noch besser: Im Aztekenreich gab es zahlreiche Menschen und mehrere gesellschaftliche Gruppen, die der Sonnengott gleich nach ihrem Tod zu sich rief. Dazu gehörten die Soldaten, die Kriegsgefangenen, die auserwählten

Sonnenjungfrauen und die Menschen, die bei der Geburt (die die Azteken als Schlacht verstanden) oder kurz darauf verstorben waren.

Andere nahm der Regengott *Tlaloc* in sein himmlisches Reich auf: Menschen, die bereits jung an Krankheiten verstorben oder bestimmten Unfällen, wie etwa dem Tod durch Ertrinken, zum Opfer gefallen waren. Das Paradies des *Tlaloc,* das im Anthropolgischen Museum von Mexiko City als Wandgemälde in faszinierender Weise dargestellt ist, machte seinem Namen alle Ehre: Dort wurde den lieben langen Tag gegessen, getrunken, gespielt und gebadet.

Der Tod war zur Zeit *Montezumas* allgegenwärtig. Täglich wurden Hunderte, zeitweise gar Tausende Menschen in den Tempeln der Hauptstadt Tenochtitlan geopfert, indem ihnen ein Priester die Brust aufschnitt, das Herz herausnahm und dem Sonnengott darbot. Für die Azteken waren all diese Menschenopfer notwendig, um das Leben auf der Erde zu erhalten. Die Sonne verlangte täglich viel Blut, um aufzugehen und Menschen wie Pflanzen Licht, Wärme und Kraft zu spenden. Mehrmals jährlich mussten rituelle *xochiyaoiotl* („Blumenkriege") vorzugsweise mit anderen Stämmen geführt werden, um Gefangene für das Blutopfer zu machen.

Der Gott des Schicksals, *Tezcatlipoca,* zeigte den Menschen täglich, wie vergänglich Glück, Reichtum, ja das ganze Leben war. Die Zeit, die die Menschen auf der Erde verbrachten, war voller Leiden und Weinen. Das Leben nach dem Tod, bei *Tlaloc* oder im Reich des Sonnengottes, war allemal besser. Irdisches Leben und Traum gingen ineinander über. „Wir sind nur gekommen, ein Traumbild zu sehen, wir sind nur gekommen zu träumen. Nicht wirklich, nicht wirklich sind wir gekommen, auf der Erde zu leben." (der aztekische Dichter *Tochihuitzin Coyolchiuhqui* um 1420)

Der Tod im präkolumbischen Mexiko war **kein Schreckensgespenst.** Als Mensch starb man (idealerweise) nicht jammernd, sondern frohen Herzens. Das Sterben bedeutete Hinübergleiten in das raum- und zeitlose Universum. In einer anderen Metapher ausgedrückt: Das Leben ist wie eine Blume, die sich öffnet und wieder schließt. So wird das irdische Dasein in mehreren aztekischen Gedichten beschrieben. Was bleibt, ist die *ánima,* die Seele. Sehr viel von der aztekischen Vorstellung vom Tod ist auch **heute in Mexiko** präsent: Jeder kann mit der Seele eines Verstorbenen hin und wieder Kontakt aufnehmen. Speziell ausgebildete indianische Priester tun dies heute noch auf Wunsch (und gegen Bezahlung). Der Kontakt zu den Toten bricht nie dauerhaft ab: Man spricht oft mit den Toten (im Tempel), später auch in der Kirche, bittet sie um Rat, erzählt ihnen die neuesten Ereignisse.

Den besonderen Umgang der **Tzotzil-Indianer** mit dem Tod beschreibt *B. Traven* in den 1920er-Jahren in seinem Reisebericht „Mexiko – Land des Frühlings“; danach spricht man im Alltag und an Festtagen nicht von den Verstorbenen.

„Manch guter alter Freund scheint ins Jenseits abgewandert zu sein, denn er ist nicht erschienen. Über Tote wird nicht gesprochen, ihre Namen werden nicht genannt von denen, die wissen, dass sie gestorben sind. Wird nach jemand gefragt, so wird geantwortet, er sei fortgegangen und wird nicht mehr heimkehren. Damit ist alles gesagt; der Fragende weiß nun, dass der Freund tot ist und erwähnt ihn nicht mehr. Es wird kein Kult mit den Toten getrieben. Wer tot ist, der ist eben tot und hat hier auf Erden nichts mehr zu suchen. Man will nicht einmal durch eine Erinnerung an ihn belästigt sein. Er gehört einer anderen Welt an, und man will nichts mehr mit ihm zu schaffen haben. Man hat mit den Lebenden reichlich genug zu tun.“

Der Tag der Toten: fiesta auf dem Friedhof

Am 1. November, am *día de los muertos* („Tag der Toten“), äußert sich die Einstellung der Mexikaner zum Tod in jahrhundertealten Ritualen. Anthropologen vermuten, dass die **Tradition** des Totentages bereits im 9. Jh. in Europa aufkam. Spanische Eroberer brachten diese Tradition mit nach Mexiko, wo sie bei den Nachfahren der Azteken und Maya auf fruchtbaren Boden fiel, übernommen und im Laufe der Zeit in einigen Elementen verändert wurde.

Das für viele Ungewöhnliche am Tag der Toten ist die Tatsache, dass die Mexikaner auf dem Friedhof eine *fiesta* abhalten, an den Gräbern feiern. Der Tag der Toten ist in Mexiko kein trauriger, kein besinnlicher oder melancholischer Tag – nein: An diesem Tag ist man fröhlich, man feiert mit den Toten. Gerade an diesem Tag fürchtet man den Tod nicht, sondern man lacht über ihn, man lacht ihn aus und hänselt ihn. Zur Beschäftigung mit dem Tod bleibt bei einem Todesfall in Mexiko wenig Zeit: Die Erd- oder Feuerbestattung des Verstorbenen muss spätestens 24 Stunden nach Eintritt des Todes durchgeführt sein.

Bereits Mitte Oktober **hält der Sensenmann Einzug in die mexikanische Öffentlichkeit,** in den Alltag der Menschen. In den Zeitungen erscheinen *calaveras* („Skelette“), Artikel, die mit vielen Symbolen und Karikaturen Personen des öffentlichen Lebens humorvoll beschreiben. In den Bäckereien liegt in der Form von Skeletten gebackenes süßes Brot aus, in Souvenirläden und Papiergeschäften Totenschädel aus Papier, Seidenpapier und Ton, Schlüsselanhänger und Kerzenständer, Anstecknadeln. In anderen Geschäften liegen kleine, mit Namen beschriftete Totenköpfe, Puppengerippe, Truhen, Urnen, Särge als Aschenbecher, Totenspielzeug u. Ä. aus. Selbst an manchen Hauseingängen hängen grinsende Totenschädel und lustig zugerichtete Skelette, die am Tag der Toten wie von Geisterhand geführt durch die Straßen tanzen. Jeder Mexikaner ist in diesen Tagen Kunde eines solchen Geschäfts: Da Großmutter Luisa vor zwei Monaten an einem Herzschlag gestorben ist, kauft ihre Tochter Silvia einen Luisa-Totenkopf und dazu einen Miniatur-Kuchen, den sie so gerne aß und legt beides bis Anfang November auf den Familienaltar, der in vielen Gegenden Mexikos von Oktober bis November im Wohnzimmer oder der Küche aufgebaut wird.

An Allerheiligen gehen die Familien nach Einbruch der Dunkelheit, warm eingekleidet und mit Essen und Trinken bepackt, gemeinsam auf den **Friedhof (cementerio, panteón),** säubern die Gräber ihrer Angehörigen, schmücken die Grabmale mit frischen Blumen oder mit einem neuen Kreuz und verbringen dort die ganze Nacht, oft auch den nächsten Tag. Auf jedem Friedhof sind nun Hunderte von Menschen versammelt.

Die Anwesenden sitzen in kleinen Gruppen an den Gräbern und **bewirten die Toten (ofrenda).** Im Laufe der Nacht isst man mit ihnen symbolisch *tamales* (in Mais- oder Bananenblätter eingewickelten, gewürzten Maisbrei) und *pan de los muertos* (süßes Totenbrot), kleine Totenschädel aus Schokolade oder Marzipan, Truthahn mit der schwarzbraunen mole-Sauce, *pozole* (ein traditionelles indianisches Gericht) und *tacos.* Man trinkt *tequila, pulque* (alkoholhaltigen Agavensaft) oder süßen Likör, zündet viele Kerzen an, unterhält sich miteinander oder hört Musik. In dieser Nacht erinnert man sich besonders klar an die *difuntos,* die Verstorbenen, spricht über ihre Besonderheiten, ihre Vorlieben, ihre kleinen menschlichen Schwächen, über die Art, wie sie starben und erinnert sich an ihre nächsten Freunde. Erst wenn man sich am frühen Morgen von den Toten (die dann ins Totenreich zurückkehren müssen) verabschieden muss, kann auch ein wenig Traurigkeit aufkommen. Ansonsten sind die ersten beiden Tage im November überwiegend Tage der Freude.

Kleine Gruppen von Musikern spielen am 1. November auf den Friedhöfen traurige und fröhliche Lieder gegen Geld für die anwesenden Familien; die **Kinder** der Trauernden tollen derweil auf den Wiesen herum, kehren hin und wieder zum Grab zurück, werden aber bereits eingeweiht in die Art, wie ihre Eltern mit dem Tod umgehen. Dem Glauben der meisten Mexikaner nach steigen am 1. November zunächst die See-

Im Oktober und November wimmelt es in den Straßen von Calaveras (Skeletten)

092mx Foto: kb

len verstorbener Kinder (die meist wie Engel hergerichtet in einem hellblauen Sarg bestattet wurden) auf die Erde nieder, um die vielen eigens für sie gebackenen Leckereien zu naschen. Am 2. November dann kehren die Seelen der verstorbenen Erwachsenen für einen Tag zu ihrer früheren Wirkungsstätte zurück.

So ist es auch verständlich, dass die Kinder voll in das Geschehen mit einbezogen werden: Die kleineren Kinder spielen mit bohnengroßen Tellerchen, Besteck und Möbel aus Holz und Karton werden vom Familienaltar mitgenommen und von den Kindern am Grab der bereits in den ersten Lebensjahren verstorbenen Geschwister aufgestellt. Von dem Miniaturbesteck essen die Kinder die Süßigkeiten. Die etwas älteren Kinder spielen eines der vielen Totentag-Spiele, mit winzigen Würfeln, kleinen Steinchen oder bemalten Holzfigürchen. Vor manchem Friedhof steht ein Kinderkarusell, das den Kindern ebenfalls die Zeit vertreiben hilft.

In einem ethnisch so heterogenen Land wie Mexiko gibt es natürlich auch bezüglich der mit dem Tod zusammenhangenden Kulturtraditionen regionale Unterschiede. **Am Lago Pátzcuaro** etwa, wenige Autostunden nördlich Mexiko Citys, feiern die Menschen den *día de los muertos* auf besondere Art. Frühmorgens an Allerheiligen fahren die *pescadores* („Fischer") am See von Pátzcuaro nicht mit ihren Booten hinaus auf den großen See, um zu fischen. Heute dürfen sie nicht fischen, denn in ihren schmetterlingsförmigen, malerischen Fischernetzen, für die sie in aller Welt bekannt sind, könnten sich an diesem Tag die zurückkehrenden, einstmals im See Ertrunkenen verfangen. Die Fischer schleichen sich in ihren Einbäumen lautlos an die sumpfigen Seeufer, durch Schilf hindurch und schleudern, sobald die Sonne aufgegangen ist, geschickt ihre selbstgeschnitzten Harpunen auf die dort schwimmenden Enten. Aufgeschreckte Vögel werden im Flug getroffen, und nach einer Stunde liegen in jedem Einbaum eine ganze Reihe fetter Enten.

Am Abend bereiten die Ehefrauen der Fischer die erlegten Enten zu, legen sie in kleine Tonschalen, bedecken sie mit einem bestickten Tüchlein und tragen sie auf den Friedhof. Warm eingehüllt in ihre schönsten Kleider (langer Faltenrock und bunt bestickte Bluse) und begleitet von ihren Kindern, halten sie nun die ganze Nacht Totenwache. Die Ehemänner hingegen bleiben zu Hause und feiern mit Freunden auf ihre Weise Allerseelen: mit *tequila* und reichlichem Essen. Die Frauen legen die Totenblumen (meist goldgelbe Tagetes), die zu dieser Jahreszeit zu Millionen an den Straßenrändern und auf den Wiesen wachsen, sowie Orangen, Bananen und andere Früchte auf die Gräber ihrer Angehörigen und sprechen lautlos mit den Verstorbenen. Eine Stunde nach Mitternacht, genau beim Glockenschlag der nahen Dorfkirche, zünden die Frauen und Kinder Hunderte von Kerzen an, packen das mitgebrachte Essen aus und stellen die Lieblingsgetränke der Toten dazu. So sitzen sie noch fast fünf Stunden wortlos auf den Gräbern, beten im Stillen, erinnern sich an das Leben der hier Begrabenen. Erst wenn schließlich die Sonne aufgeht und mit ihren Strahlen die kalte Luft allmählich erwärmt, erheben sich die ausgekühlten Frauen und Kinder und gehen leise miteinander sprechend nach Hause.

In diesen Tagen spielen die mexikanischen Radiostationen häufig das populäre Lied vom „Leben, das nichts wert ist“:

No Vale Nada La Vida

No vale nada la vida, la vida no vale nada.
Commienza siempre llorando y así lorrando se acaba.
Por eso es que en este mundo, la vida no vale nada.

Bonito León, Guanajuato, su feria con sus jugadas,
allí se apuesta la vida, y se respeta al que gana.
Allí en mi León, Guanajuato, la vida no vale nada.
No vale nada la vida, la vida no vale nada.
Commienza siempre llorando y así lorrando se acaba.
Por eso es que en este mundo, la vida no vale nada.

Camino de Santa Rosa, que pasa por tanto pueblo,
no pases por Salamanca, que allí me hiere el recuerdo.
Vete rodeando veredas, no pases porque me muero.

No vale nada la vida, la vida no vale nada.
Commienza siempre llorando y así lorrando se acaba.
Por eso es que en este mundo, la vida no vale nada.

El Christo de la Montaña, del Cerro del Cubilete
consuelo de los que sufren y adoración de las gentes.
El Christo de la Montaña, del Cerro del Cubilete

No vale nada la vida, la vida no vale nada.
Commienza siempre llorando y así lorrando se acaba.
Por eso es que en este mundo, la vida no vale nada.

Das Leben ist nichts wert

Das Leben ist nichts wert, das Leben hat keinen Wert.
Es beginnt immer mit Weinen, und so weinend endet es.
Darum ist es so, dass in dieser Welt das Leben nichts wert ist.

Schönes León, Gunajuato, sein Jahrmarkt mit seinen Spielen,
dort verwettet man sein Leben, und der Gewinner wird respektiert.
Dort in meinem León, Gunajuato, ist das Leben nichts wert.
Das Leben ist nichts wert, das Leben hat keinen Wert.
Es beginnt immer mit Weinen, und so weinend endet es.
Darum ist es so, dass in dieser Welt das Leben nichts wert ist.

Weg von Santa Rosa, der durch so viele Dörfer führt,
geh' nicht durch Salamanca, weil dort die Erinnerung mich schmerzt.
Geh' andere Pfade, geh' nicht hindurch, weil ich sterbe.

Das Leben ist nichts wert, das Leben hat keinen Wert.
Es beginnt immer mit Weinen, und so weinend endet es.
Darum ist es so, dass in dieser Welt das Leben nichts wert ist.
Der Christus vom Berge, vom Hügel von Cubilete,
Trost derjenigen, die leiden, und von den Menschen verehrt.
Der Christus vom Berge, vom Hügel von Cubilete.

Das Leben ist nichts wert, das Leben hat keinen Wert.
Es beginnt immer mit Weinen, und so weinend endet es.
Darum ist es so, dass in dieser Welt das Leben nichts wert ist.

Umgang mit dem Tod im Alltag

Im präkolumbischen Mexiko gehörten Leben und Sterben so eng zusammen wie das Einatmen und das Ausatmen. Das eine funktioniert nicht ohne das andere. Dieses Verständnis erleichtert die Vorbereitung auf den Tod immens. Auch die Einstellung, das Leben sei nichts wert (allein schon deshalb, weil es mit Weinen beginne und mit Weinen ende) lässt die Mexikaner den Tod leichter ertragen.
„In Mexiko ist das Sterben leicht. Besonders dann, wenn noch viel indianisches Blut in den Adern fließt. Je kreolischer, je spanischer wir sind, desto stärker ängstigen wir uns vor dem Tod. Denn das versucht man uns schließlich beizubringen!" (*Xavier Villaurrutia,* mexikanischer Philosoph und Schriftsteller, um 1940)

Der zuweilen spielerische Umgang mit dem Leben und die **geringe Angst vor dem Tod** äußern sich in Mexiko allerdings längst nicht nur Anfang November. Sie zeigen sich auch in riskanten Überholmanövern und Wettrennen im Straßenverkehr, in oft absolut lascher Handhabung von Sicherheitsvorschriften im Betrieb und auf der Straße, in Beleidigungen und Drohungen, die bis zum tödlichen Duell führen können. Sie äußern sich in der Vorliebe vieler Mexikaner für den tödlich endenden Stierkampf und für den Hahnenkampf sowie im stoischen Ertragen von Katastrophen oder tödlichen Schicksalsschlägen im Freundes- und Verwandtenkreis.

Für viele Kulturen wirkt ein solch unverkrampfter und humorvoller Umgang mit dem Tod selbst und den Toten, die auf den Friedhöfen ja eigentlich zur letzten Ruhe gebettet sein sollten, befremdend. Und doch zeigen die Mexikaner, dass sie auf diese Art sehr viel befreiter, geradezu selbstverständlich mit dem Tod und mit der Angst vor dem Tod umgehen können. Der Tod ist im mexikanischen Alltag immer präsent und lässt so die jedem Menschen innewohnende Angst vor ihm nicht über ein verträgliches Maß wachsen. Denn das weiß man nicht erst seit gestern: Das Tabu fördert die Angst. Gerade der Kontakt mit dem großen, kulturell aber so anders geprägten Nachbarn USA führt dies immer wieder vor Augen. Auch stehen die Hinterbliebenen – wie in westlichen Industriestaaten – nicht allein. In Mexiko trauert man gemeinsam, nicht nur jedes Jahr im November, auch vor dem Familienaltar und beim Besuch der Kirche.

So hilft der intensive, gesellschaftlich und kulturell enttabuisierte Umgang mit dem Tod auch den Lebenden. Sterben bedeutet nicht den endgültigen Abschied von der Welt der Lebenden – schließlich besucht man sie als Toter jedes Jahr. Als Mexikaner kann man somit wesentlich gelassener in die Zukunft schauen.

Arbeitswelt Mexiko

In diesem Kapitel stehen Daten und Fakten zur mexikanischen Arbeitswelt, zur Zusammenarbeit von Chef, Kollegen und Mitarbeitern sowie zu einer erfolgreichen Verständigung am Arbeitsplatz im Mittelpunkt. Auch die leidigen Themen Korruption und Vetternwirtschaft in der mexikanischen Wirtschaft (und Politik) werden behandelt.

Arbeitsbedingungen

Eine jüngst durchgeführte Studie des mexikanischen Arbeitsministeriums ergab, dass in Mexiko 850.000 Arbeitgebern etwa **20 Millionen Angestellte** *(empleados)* und Arbeiter *(obreros)* gegenüberstehen. Die Untersuchung geht von fast 3 Millionen Tagelöhnern *(jornaleros)* aus, von über 7 Millionen Selbstständigen sowie 2-3 Millionen in Familien und ähnlichen Kontexten oft ohne offiziellen Lohnbezug Beschäftigten. Zu über 10 Millionen im weitesten Sinne „Werktätigen" gibt es keine näheren Angaben. Diese hohe Zahl könnte mit der Schattenwirtschaft zusammenhängen, die immer noch ca. ein Drittel der gesamten wirtschaftlichen Leistung Mexikos ausmacht. Schätzungsweise ein Drittel aller Beschäftigten sind Frauen. Stattliche 9 Millionen Mexikaner werden in der Statistik als Studenten geführt.

Die **offiziellen Regelarbeitszeiten** in Mexiko verschleiern, dass sehr viele Mexikaner mit großem Fleiß hart und lange arbeiten und hierbei körperlich wie psychisch oft sehr belastungsfähig sind. Insbesondere gilt dies für Menschen, die von den Statistiken nicht oder nur am Rande erfasst werden: Mütter, Selbstständige, Mitarbeiter in Familienbetrieben, Tagelöhner. Die staatlich vorgeschriebene Regelarbeitszeit liegt bei acht Stunden pro Tag, in vielen Fällen schließt dies den Samstag(-vormittag) mit ein. Industriebetriebe operieren oft im 3 Schichtbetrieb (drei mal acht Stunden), in *maquiladoras* (das sind klassische Low-Cost-Fabriken, die meist angelernte Kräfte oder Hilfsarbeiter beschäftigen) etwa entlang der US-Grenze ist dies die Regel. In Großbetrieben findet sich dann oft folgende Aufteilung: Die Frühschicht arbeitet von 6 Uhr bis 15 Uhr, die Spätschicht von 15 Uhr bis 23.30 Uhr und die Nachtschicht von 23.30 Uhr bis 6 Uhr. Die Normalschicht wiederum (z. B. für Büroangestellte und Service-Einheiten) operiert von 8-17.30 Uhr, Beschäftigte im Wachdienste u. ä. arbeiten oft zwei Tage lang von 6-18 Uhr oder 18-6 Uhr und haben dann zwei ganze Tage frei.

Bezahlter **Urlaub** steht mexikanischen Arbeitnehmern nach dem *„Ley Federal de Trabajo"* im ersten Jahr gar nicht zu, im zweiten Jahr gibt es 6

221mx Foto: de.fotolia.com

Tage, im dritten Jahr 8, dann 10 und im fünften Jahr ist mit 12 Tagen das Maximum erreicht.

Der von der Regierung 2006 festgelegte Mindestlohn beträgt 45-48 Pesos pro Tag, für Facharbeiter liegt er bei 60-75 Pesos (das entspricht etwa 4-5 Euro). Jeder Arbeitnehmer ist verpflichtet, die **Einkommenssteuer** (*impuesto sobre la renta: ISR*) an den Staat zu entrichten. Es überrascht jedoch nicht, dass in einem (Schwellen-)Land wie Mexiko dies längst nicht alle tun (können). Der Höchststeuersatz liegt bei 35 %.

Ebenfalls offiziell verbindlich ist die **Sozialversicherung** *IMSS.* Sie schließt eine Krankenversicherung – das Recht auf den Besuch eines IMSS-Arztes – mit ein. Der Arbeitnehmeranteil an den Sozialversicherungsbeiträgen beträgt 4,5 %. Die erbrachten Leistungen sind jedoch keinesfalls mit denen in Deutschland, Österreich und der Schweiz vergleichbar.

Wer viel arbeitet, muss auch etwas essen: Das **Mittagessen** nehmen Büroangestellte meist zwischen 13 und 15 Uhr ein – und dies kann durchaus einmal eine Stunde oder länger dauern.

Beim beruflichen **Dresscode** gibt es viele Gemeinsamkeiten mit europäischen Ländern. Im Büro kleidet man sich meist formal (und nicht selten noch einen Tick formeller als in Deutschland): Männer mit Hemd, Krawatte, Anzug oder Kombination, Frauen in Kostüm oder mit Bluse und Rock. Ein *no-go* sind dagegen kurzärmlige Hemden – auch nicht mit Krawatte, wie es in Mitteleuropa im Sommer verbreitet zu sehen ist. In öffentlichen Organisationen und in den Fertigungsbereichen von Unternehmen werden häufig Uniformen oder uniformähnliche Kleidung getragen. Den *Casual Friday* gibt es in Mexiko ebenfalls in einigen, nicht selten internationalen Unternehmen. Dort sind freitags lässige Jeans und T-Shirt erlaubt.

Familienangelegenheiten wie Erziehung und Bildung der Kinder, Krankheiten und Sterbefälle in der Großfamilie, Verwandtenbesuche etc. können durchaus Thema am Arbeitsplatz sein, mehr als in Deutschland. Diese Themen gehören nicht automatisch nur zur geschützten **Privatsphäre**. Generell werden Privatsphäre und Beruf in den Städten an vielen Stellen verknüpft, die Übergänge sind fließend. Hier gilt dann nicht „Dienst ist Dienst und Schnaps ist Schnaps".

Gerade in den letzten Jahren haben viele Europäer versucht, nach Mexiko **auszuwandern** bzw. zumindest für einige Jahre dort einen Arbeitsplatz zu finden. Diese Versuche sind eher selten von Erfolg gekrönt: Es ist weiterhin schwer, als Ausländer eine Arbeitserlaubnis (und damit oft auch eine Daueraufenthaltsgenehmigung) zu erhalten – angesichts hoher (und verdeckter) Arbeitslosigkeit und hohem Bevölkerungswachstum auch verständlich. Mexiko versteht sich auch weiterhin nicht als Einwanderungsland.

Mit dem Erhalt einer **Arbeitsgenehmigung** („FM3-Visum") bekommt man gleichzeitig den Status eines Nichteinwanderers *(no inmigrante)* und ist damit berechtigt, sich ein Jahr lang in Mexiko aufzuhalten. Diese Genehmigung muss jährlich erneuert werden, nach fünf Jahren kann dann der nächste Immigrationsstatus beantragt werden.

Will man sich selbstständig machen und den Status *inmigrantes inversionistas* erlangen, muss man ein beträchtliches Vermögen nachweisen.

Führung, Hierarchie, Management

Insbesondere in rein mexikanischen, klassisch organisierten Unternehmen finden sich im hierarchischen System Einflüsse aus lokalen Indianer-

Mexiko City bietet Millionen von Menschen Arbeitsplätze

kulturen (zentrale Rolle und große Bedeutung des *cacique,* des indianischen Häuptlings) und aus spanischen Quellen *(patron, jefe).* Daneben werden jedoch auch zahlreiche Ansätze des modernen Managements offensichtlich, die aus Vorgaben internationaler Kooperationspartner und Kunden (sehr häufig aus Europa und den USA) resultieren. Insbesondere höhere Führungskräfte wie Direktoren *(directores)* und Abteilungsleiter *(gerentes)* haben dann oft einen deutlichen Wissensvorsprung vor den nachgeordneten Ebenen. Sie beeinflussen die Entwicklung des Unternehmens fast im Alleingang, greifen bis auf die unteren Ebenen durch und sind es oft nicht gewohnt, von ihren Mitarbeitern ein „Nein Chef, das sehe ich anders." oder „Nein Chef, geht nicht!" zu hören.

Die sogenannte Machtdistanz zwischen Chef und Mitarbeitern ist in den meisten Fällen größer als in Ländern wie Deutschland oder den USA: Im klassischen Sinne handelnde mexikanische Chefs demonstrieren gern ihre Machtposition, sie räumen den Mitarbeitern wenig Mitsprache bei Entscheidungen ein und binden sie nicht oder kaum in die Unternehmensstrategie ein – in vieler Hinsicht leben sie einen **patriarchalischen Führungsstil,** der allerdings auch die Sorge um das langfristige Wohl der „Untergebenen" mit einschließt.

Nebeneffekt dieser Führungskultur: Die Mitarbeiter halten sich zwar oft strikt an die Anweisungen des Chefs, fühlen sich aber in vielen Fällen nicht verantwortlich für Vorgänge, auf deren Verlauf sie keinen oder wenig Einfluss haben.

Dennoch gibt es in mexikanischen Firmen auch Beispiele für eine deutliche Konsensorientierung: Das Top-Management stellt strategische Entscheidungen gern auf eine breite Basis, indem es zunächst mehrere involvierte Parteien wie zentrale Führungskräfte, Kunden, Zulieferer, Banken und Politiker konsultiert – nicht jedoch unbedingt auch die Mitarbeiter.

Auch andere moderne, meist westliche oder japanische **Managementmethoden** haben in Mexiko Einzug gehalten, etwa das *management by objectives* und Aspekte des Toyota Production Systems. In Entwicklung und Fertigung operieren insbesondere international orientierte mexikanische Firmen häufig mit Techniken wie *Kaizem* oder *CIP* (kontinuierliche Verbesserungsprozesse), *naze naze* (Ursachenanalyse nach dem Prinzip des mehrfachen „Warum?"-Fragens), *Yokoten* (ein System der Informationsweitergabe) und noch anderen mehr. Sie stehen also europäischen Unternehmen in nichts nach und sind auf dem Weltmarkt bestens wettbewerbsfähig. Die erreichten Qualitätsstandards sind hier – einhergehend mit dem Einsatz modernster Produktionssysteme und -materialien – oftmals sogar höher als im Nachbarland USA. Mexikanische Firmen haben in den vergangenen Jahren zahlreiche international renommierte Qualitätspreise gewonnen. Dies erklärt sich nicht zuletzt mit der Einführung neuester Berufsausbildungsgänge in diesen Unternehmen und moderner Studienfächer an den Universitäten bzw. Fachhochschulen und Berufsakademien des Landes.

Mit der international zunehmend verbreiteten **Matrixorganisation** haben viele mexikanische Unternehmen allerdings noch weniger Erfahrung oder einfach ihre Schwierigkeiten. Für viele Mitarbeiter und Führungskräfte ist ein Arbeiten in der Matrix (mit zahlreichen nur virtuellen Kontakten und komplexen Arbeitsprozessen über große Distanzen) vor allem deshalb problemtisch, weil zum einen die persönliche Vertrauensbeziehung zum Kollegen oder Kunden fehlt und zum anderen weil es aus der Erfahrung einer patriarchalischen Führungskultur heraus ungewohnt ist, zwei Chefs zu „bedienen".

Zusammenarbeit im Team

In der täglichen Zusammenarbeit werden Mexikaner von vielen Ausländern als sehr angenehme Zeitgenossen wahrgenommen. Sie sind sehr **hilfsbereit,** interessieren sich für die Kollegen (mit erfrischender Neugier und zahlreichen Hilfsangeboten), sind kooperativ und aufgeschlossen. Dies kann man oft schon beim Beziehungsaufbau spüren: Mexikaner zeigen sich sehr offen und gesprächig, viele erwarten beim ersten Kennenlernen bzw. bei der morgendlichen **Begrüßung** einen körperlichen Kontakt wie etwa zwischen Mann und Frau einen Kuss auf die Wange oder unter Männern ein Händeschütteln oder den klassischen *abrazo*, die mexikanische Form der Umarmung. Der Körperabstand bei der Begrüßung oder im Gespräch ist oft geringer als in Mitteleuropa und ein reflexhaftes Zurückweichen des Ausländers kann hier leicht falsch verstanden werden. In der mexikanischen Arbeitswelt wird sich meist geduzt – allerdings nicht unbedingt in der Kommunikation mit dem Chef.

Im mexikanischen Arbeitsalltag ist – im Unterschied insbesondere zu Deutschland und anderen mitteleuropäischen Ländern – im Zweifelsfall eher mal die Person (Chef, Kunde, Kollege, Mitarbeiter, Zulieferer) und nicht die Sache (Produkt, Prozess, Vorschriften, Zahlen) ausschlaggebend. Dies heißt auch: Die meisten Beschäftigen wollen ihre Leistung auf der **Grundlage von Harmonie und vertrauensvollem Umgang** miteinander erbringen, nicht in einer Atmosphäre von Wettbewerb und Konfrontation.

Versprechungen und Vereinbarungen sind im mexikanischen Alltag nicht in Stein gemeißelt. (Siehe hierzu auch das Kapitel zum Umgang mit der Zeit.) Wichtiger sind vielen Mitarbeitern Flexibilität, Manövrierfähigkeit und der Erhalt von Handlungsoptionen.

Komplimente, Späße, **Humor** in Form der beliebten *charritas* (kurze Witze, Mini-Anekdoten, Wortspiele) lockern den Arbeitsalltag auf, auch wenn sich darunter Einiges befindet, das im nördlichen Nachbarland als nicht *political correct* klassifiziert würde ...

Die Achtung des **Ehrgefühls** (bzw. der persönlichen Würde) spielt eine zentrale Rolle auch im Berufsleben. Dazu gehört, Kollegen und Mitarbeiter nicht bloßzustellen, sie in Gegenwart anderer nicht lächerlich zu machen oder sie vor anderen unangenehm zu überraschen. Geschieht dies, können Mexikaner ungeahnte Emotionen zeigen. Die Schwelle für die Wahrnehmung einer öffentlichen Beleidigung liegt im Land der Azteken oft spürbar niedriger als in westlichen Kulturen. Was zählt, ist der respektvolle Umgang miteinander.

In der individuellen **Selbstorganisation** ihrer Arbeit schlägt bei vielen mexikanischen Arbeitnehmern die kulturelle Prägung aus dem Alltag durch: Harmonieorientierung und hohe Flexibilität im Umgang mit Zeit und Terminen – gern gepaart mit erstaunlichem Improvisationstalent – führen zum Vertagen kritischer Dinge und oftmals auch zum Aussitzen offener bzw. sensibler Sachverhalte.

Wenig verwunderlich ist, dass die Genießer guten und ausreichenden Essens Geschäftsmahlzeiten eher selten zu einer Besprechung von Arbeitsthemen (schon gar nicht mit Unterlagen) nutzen.

Standardisierte Arbeitsprozesse, konsequentes Arbeiten mit und Einhalten einer verbindlichen Tagesordnung (Sprünge und spontane Themenwechsel sind in Meetings keine Seltenheit), das Führen und Abarbeiten von To-Do-Listen stoßen in Mexiko mehr noch als in Mitteleuropa bei vielen Arbeitnehmern auf Widerstand: Mexikaner sind in der Gestaltung ihrer täglichen Arbeitsprozesse mitunter sehr kreativ und wollen sich nicht einengen lassen. Ein Zur-Ordnung-zwingen geht oft schief, eher führt hier eine Vorbildhaltung zum Erfolg.

Kommunikation am Arbeitsplatz

Kommunikationsfilter zwischen Menschen sind natürlich auch in Mexiko wirksam. Allein schon das Wissen um diese Filter kann helfen, eine **effektive Verständigung mit mexikanischen Partnern** zu gestalten. Auf dem

220mx Foto: bh

Weg vom „Sender" zum „Empfänger" kann eine Nachricht viel von ihrem ursprünglichen Gehalt verlieren. Formulierungsprobleme, fehlende Vokabeln, akustische Störungen, Verständnisschwierigkeiten, unterschiedliche (kulturell und persönlich bedingte) Interpretationen, Missverständnisse bei der Vorwegnahme von Erwartungen u. Ä. beeinträchtigen oft schon in Gesprächen mit Bekannten aus dem gleichen Kulturkreis die Verständigung. Noch stärker geschieht dies in der Kommunikation mit mexikanischen Kollegen, wenn Lebenswelt, Alter, Arbeitskontext, Sprache, Ausbildungshintergrund, Interessen und Ziele von „Sender" und „Empfänger" einer Botschaft, Nachricht, eines Anliegens oder eines Auftrags grundverschieden sind. Diese Filter können abgeschwächt werden, wenn ich meine Sätze möglichst klar, in einfachen, unmissverständlichen Worten, ohne Slang, Jargon und aus dem Deutschen stammenden Metaphern formuliere, wenn ich langsam spreche, Blickkontakt zum Zuhörer suche, die Hauptinformation eventuell wiederhole und in besonders wichtigen Fällen meinem Gesprächspartner die Möglichkeit gebe, sein Verständnis meiner Aussage darzulegen.

Wichtig ist dies im mexikanischen Geschäftskontext auch deshalb, weil längst nicht alles ausgesprochen wird, was man denkt und fühlt – meist noch weniger als in den deutschsprachigen Kulturen. Hier ist es oft vorteilhaft, Hemmschwellen zu reduzieren und dem mexikanischen Kollegen Brücken zu bauen, die es ihm ermöglichen, sensible Dinge anzusprechen.

Die Kommunikationsfilter schlagen in besonderem Maße auch beim **Einsatz elektronischer Medien** zu: E-Mail, elektronische Terminorganisation, Fax, Telefon, Telefonkonferenzen, Netmeetings, Chats u. Ä. werden in Mexiko teilweise anders genutzt als wir es gewohnt sind und bieten viel Raum für Missverständnisse. Der kombinierte Einsatz mehrerer Medien kann hier die Schwächen einzelner reduzieren, das Rückversichern zentraler Punkte ist oft ein weiterer Erfolgsfaktor.

Eine gewissenhafte Vorbereitung auf die Kommunikation mit mexikanischen Geschäftspartnern lohnt sich und macht sich immer bezahlt, denn der Preis für kommunikative Missverständnisse kann hoch sein: Verunsicherung, Irritation, Frustration, in späteren Phasen dann vielleicht sogar die mentale Abwertung des Anderen, im schlimmsten Falle der Beziehungsabbruch. Und dies alles in den meisten Fällen ohne jegliche Absicht. Und manchmal ist es leider nicht möglich, den Reset-Knopf zu drücken wie beim PC ...

Faktoren für eine erfolgreiche Kooperation

Eine gute Vorbereitung schadet selten, ebenso wie das Vorhalten eines „Plan B“. In Mexiko lohnt es sich meist, auf eine langfristige Entwicklung der Geschäftsbeziehung zu setzen, Zeit und Kreativität in **Beziehungsarbeit** zu investieren. Ebenfalls hilfreich ist es, ein Netzwerk aufzubauen, einschließlich dauerhafter Investments in Form von Zeit und Engagement, regelmäßiger Besuche und Kontakte.

Auf der Basis einer Vertrauensatmosphäre funktionieren die meisten Geschäfte mit Mexikanern recht gut. Es ist von beträchtlichem Vorteil, wenn dem Kollegen oder Mitarbeiter das Gefühl vermittelt werden kann: Ich werde nicht nur als Arbeitskraft, sondern auch als Mensch wahrgenommen und respektiert, der Chef oder Kollege interessiert sich für mich auch als Person.

Sämtliche **Verträge** oder Vereinbarungen im weitesten Sinne (inklusive Protokolle, *Meeting Minutes*) sollten möglichst schriftlich vereinbart werden, damit bekommen die Besprechungsergebnisse eine höhere Verbindlichkeit.

Bestimmte **Persönlichkeitsmerkmale** haben sich im Kontakt mit Mexikanern als hilfreich erwiesen: Empathie, Respekt, nervliche Belastbarkeit,

Ausgeglichenheit und Geduld, Flexibilität und Pragmatismus (und damit einhergehend ein Schuss Improvisationstalent) sowie Offenheit und Aufgeschlossenheit anderen Menschen, Werten und Regeln gegenüber. Wenn es dann noch gelingt, der Mehrdeutigkeit in Verhalten und Aussagen seiner mexikanischen Geschäftspartner standzuhalten, der schafft sich eine sehr günstige Ausgangsposition für eine erfolgreiche Kooperation. Theorien und Werte hinterfragen, Interpretationsmöglichkeiten prüfen und auch nach Wochen, Monaten und Jahren noch offen für überraschende Erklärungen sein – das wäre das Sahnehäubchen ...

Korruption und Vetternwirtschaft

„Die Politik ist immer das Treibhaus der Korruption gewesen. Bevor sich die neue Politik (der Revolution; Anmerkung des Autors) herausbildet, muss die Umgebung desinfiziert werden, müssen Politiker ihre Eignung durch moralische Vernunft, politische Tüchtigkeit und wirksame Interessenvertretung beweisen." (*Manuel Gamio,* Anthropologe, 1916, zu den Grundsätzen der mexikanischen Revolution)

Gesellschaftliche Bedeutung

Corrupción („Korruption") und *compadrazgo* („Vetternwirtschaft") in den oberen Etagen von Politik und Wirtschaft sind in Mexiko wie in zahlreichen asiatischen und afrikanischen Staaten fast täglich Thema der Medien. Und nicht nur das: Fast in jeder Regierungserklärung eines neu gewählten mexikanischen Staatspräsidenten taucht das Versprechen auf, den Sumpf der *corrupción* trocken legen zu wollen. Doch so einfach gestaltet sich dieser Anspruch nicht: Korruption ist **Teil der gesellschaftlichen Machtverteilung,** sie ist ein integraler Bestandteil des mexikanischen Loyalitätsgefüges. Anders gesagt: Korruption und Vetternwirtschaft in Mexiko sind keine moralischen Probleme, sondern soziale und kulturelle. Sie haben zahlreiche Gesichter, und auch ihre Hintergründe (von Selbstbereicherung bis Loyalitätsfestigung) und ihre Auswirkungen (vom Nebenverdienst bis zur Lähmung von Wirtschaft und Verwaltung) sind vielfältig.

Es hängt von der Perspektive ab, ob bestimmte Strukturen bereits zu Korruption und Vetternwirtschaft gehören oder einfach die Hierarchie stärken und die Zusammenarbeit festigen. Für viele **Mexikaner** begeht der ein Verbrechen, der Menschen verletzt oder religiöse Gebote nicht einhält. Wirtschaftsvergehen gehören demnach nicht zu den Straftaten,

115mx Foto: kb

sie sind Teil des Wettbewerbs. Für den einzelnen bedeutet dies, dass derjenige, der Bestechungsgelder an Staatsdiener, Gewerkschaftsbosse oder Polizisten zahlt, sich als ein Opfer der Korruption ansieht, nicht als Täter. Letztendlich schuld an der ganzen Misere ist in den Augen vieler Mexikaner die Regierung, auch wenn jeder fleißig an diesen Regeln partizipiert.

Mit **Gesetzen** allein ist der Vetternwirtschaft in der öffentlichen Verwaltung ohnehin nicht beizukommen. 1983 erließ Staatspräsident *Miguel de la Madrid* ein Gesetz, das den mexikanischen Staatsdienern – im Volksmund *bola de rateros* („Diebesbande") genannt – die Unterbringung ihrer Verwandten in der eigenen Behörde verbietet. Nach außen hin sicherlich ein lobenswerter Schachzug, nur eben für mexikanische Verhältnisse viel zu blauäugig. Folge des neuen Gesetzes war eine anders koordinierte Zusammenarbeit unter den Staatsdienern: Von nun an brachte man den Bruder, Sohn, Vetter oder Schwager eben in der Behörde eines guten Freundes unter und der durfte seine Spezis nun im Amt seines Gönners einschleusen. Weiterhin muss man bei Amtsantritt eine Art „Eintrittsgeld" an den Vorgesetzten bzw. den persönlichen Gönner zahlen, und während des Beschäftigungsverhältnisses gilt es, dem Chef einen Teil des Gehalts zukommen zu lassen.

Auch heute noch beschleunigt eine kleine, dem Antrag beigefügte *mordida* („Biss") die Bearbeitung von Eingaben in der öffentlichen Verwaltung Mexikos beträchtlich. Korruption und Vetternwirtschaft zementieren, ja verstärken sogar die bestehenden **Herrschafts- und Einkommensverhältnisse** in Mexiko: Die im Rahmen korrupter Vorgänge geleisteten Sonderzahlungen schaden meist den Armen und bedeuten zusätzlichen Profit für die Reichen des Landes. In Katastrophenfällen – wie beim Erdbeben von 1985 – versickern große Teile der internationalen Hilfsgelder in den Privatkassen von bestechlichen Verwaltungsbeamten.

Historischer Hintergrund

Noch streiten sich die Experten, wo die Korruption in Mexiko ihre historischen Wurzeln hat. War sie bereits **im Aztekenreich** gang und gäbe? *Montezuma* habe *Cortés* mit Gold bestechen wollen, sagen die Befürworter dieser Theorie. Zudem war die Herrschaft der Azteken über ihre Nachbarvölker vorwiegend auf deren erzwungener Tributpflichtigkeit gegründet; die Unterworfenen konnten nur dann mit Frieden rechnen, wenn sie den Azteken regelmäßig die geforderten Mengen an Getreide, Federn, Baumwolle oder Gold lieferten. Zugleich genossen sie dadurch den Schutz Tenochtitlans – gewissermaßen eine alte Form der heute so populären Schutzgelderpressung.

Andere argumentieren, diese „Krankheit" hätten die Mexikaner von den Spaniern übernommen, die die einträglichen Posten in Mexiko am spanischen Hof meistbietend verhökerten. Sicher ist: Spätestens die Praktiken während der **spanischen Kolonialherrschaft** verwischten die Grenzen zwischen Ehrlichkeit und Unehrlichkeit in Mexiko: Wer loyal war, wurde mit Ämtern, Geld, Pfründen und Schutz belohnt. Auch *Alexander von Humboldt* lernte die Käuflichkeit der Ämter auf seiner Mexikoreise um 1803 kennen und berichtete in seinen Chroniken darüber. Ein mexikanisches Sprichwort nimmt auf diese historische Entwicklung Bezug: „Jede reiche Familie muss einen Dieb unter ihren Vorfahren gehabt haben!" Das Schmiermittel Korruption nannten die Spanier damals „mexikanische Salbe" – als sei diese in Mexiko und nicht in Spanien erfunden worden. Diese verschleiernde Namengebung erinnert an Termini wie die „englische Krankheit" für Syphilis und Ähnliches.

Spektakuläre Beispiele

Internationales Aufsehen erregende Fälle, die den Mexikanern wie Ausländern den Umfang der Korruption in Mexiko drastisch vor Augen führten und das Ansehen Mexikos in der Welt beschädigten, lieferten die 1980er Jahre. **Díaz Serrano,** Chef der staatlichen Ölgesellschaft *Pemex,* konnte in seiner mehrjährigen Amtszeit schlappe 34 Mio. Dollar auf die hohe Kante legen. Erdöl im Wert von über 3 Mrd. Dollar war zwar gefördert, aber nirgends offiziell verkauft worden. Die Polizei verhaftete *Serra-*

no 1983, weil er seine Nebengeschäfte übertrieben hatte und politisch nicht mehr tragbar war. Vielleicht hatte er jedoch die falschen Leute bestochen oder die richtigen zu gering entlohnt? Das Gericht verurteilte ihn 1987 zu zehn Jahren Gefängnis und 54 Mio. Dollar Geldstrafe.

Als glänzendes Vorbild der Gesellschaft präsentierte sich auch der Polizeipräsident von Mexiko City, **Arturo Durazo Moreno,** der in den 1980er-Jahren wegen Drogenhandels und Schutzgelderpressung verhaftet wurde. Als Jugendfreund des Präsidenten hatte der wegen seines zweiten Familiennamens *„El Negro"* genannte *Moreno* zahlreiche Schubladen der Korruption gezogen. Die Nachforschungen über seine Nebentätigkeiten förderten mobile und immobile Werte in Höhe von 3,5 Mrd. Dollar ans Tageslicht. Dies war den Behörden dann doch des Guten zu viel.

Es ist ohnehin ein offenes Geheimnis, dass von den geschätzten 100 Milliarden Kapital reicher Mexikaner auf ausländischen Bankkonten ein beträchtlicher Teil durch Bestechung, Vetternwirtschaft und Ähnliches angehäuft werden konnte. Nebenbei bemerkt: Mit diesem Auslandsvermögen könnte man auf einen Schlag fast die gesamten Auslandsschulden Mexikos tilgen! Die Aufdeckung des Skandals machte übrigens einen seiner früheren Mitarbeiter, *José Gonzalez* zu einem reichen Mann: Seine Dokumentation *„Lo Negro del Negro Durazo"* (ein Wortspiel im Sinne von „Das Schwarze in der Seele des Schwarzen Durazo") entwickelte sich zum größten Bestseller der mexikanischen Literaturgeschichte – ein Zeichen für das große Interesse der Mexikaner an dieser sie alle betreffenden Thematik.

Öffentliche Kampagnen

Die wiederholten staatlichen Kampagnen gegen Korruption sollen offiziell zwar diese abschaffen, tatsächlich aber nur **auf ein erträgliches Maß reduzieren.** Die Korruption sollte eben die anderen Mitbewerber nicht zu stark benachteiligen, sie sollte in geregelten, in einem für alle Seiten akzeptablen Rahmen ablaufen. Daran ändert auch die Deftigkeit der Parolen nichts: Ein Justizminister erklärte vor Jahren bezüglich seiner Untersuchungen zur Korruption in Politik und Wirtschaft, überall, wohin man den Finger lege, komme Eiter heraus.

Der damalige Präsident *López Portillo* beschrieb 1976 die Korruption als ein „Krebsgeschwür, das unsere Gesellschaft verzehrt" und kündigte an, jeden Amtsträger, „der stiehlt oder betrügt", hart zu bestrafen. Kenner der Szene verstanden diese Drohungen als einen Appell an alle, darauf zu achten, sich während der Amtszeit des Präsidenten nicht stärker

119mx Foto: kb

zu bereichern als *Portillo* selbst. *López Portillo* allerdings setzte die Messlatte dann doch sehr hoch (bzw. aus Sicht seiner angesprochenen Mitarbeiter sehr niedrig) an: Er errichtete auf Staatskosten auf zehn Hektar Fläche in bester Wohnlage nahe Mexiko City eine märchenhafte Privatresidenz. Sein Nachfolger, *Miguel de la Madrid,* versuchte die Bestechungsmarge wieder auf die bislang üblichen 10 bis 15 Prozent zu drücken und versprach daher bei Amtsantritt eine moralische Erneuerung Mexikos durch die Ausrottung der Korruption.

Doch all diese kraftmeierischen Ankündigungen haben bisher wenig am System der Korruption und der mit ihr verbundenen Loyalität, Diskretion und Disziplin ändern können. Nach wie vor haben die markigen Tipps von *Cosio Villegas* Gültigkeit, der in den 1970er-Jahren folgende „Ratschläge für werdende Politiker" veröffentlichte, die ein bissiges Porträt von der Korruption und Vetternwirtschaft in Mexiko geben:

„Erwirb eine universitäre Ausbildung, vorzugsweise an der *UNAM* – ein Ort, an dem sich die ersten fruchtbaren Kontakte herstellen lassen. Werde nun Mitglied der *PRI,* es gibt ohnehin praktisch keine andere

Wahl. Erwische so früh wie möglich einen politischen Posten oder gar einen in der Regierung. Aber verlasse so früh wie möglich Stadtverwaltungen, Gewerkschaften oder die mittleren Ebenen der Partei, weil sonst deine politische Karriere im Abgeordnetenhaus *(cámara de diputados)* enden wird. Von Anfang an musst du dich auf Konkurrenz einstellen, ansonsten wäre dein Aufstieg nicht möglich. Mache dir so viele Freunde wie du kannst, besonders bei deinen Vorgesetzten. Heirate eine Frau, die zu einer politisch (einflussreichen) Familie gehört, aber lasse Vorsicht walten: Verliert die Familie die Gunst der Mächtigen, befindest du dich in einer sehr peinlichen Lage. Denk nur daran, wie schwer es sein kann, eine Ehe zu lösen. Wähle dir mit Sorgfalt eine Gruppe, weil dein eigenes Schicksal eng verbunden ist mit dem des Gruppenchefs. Mach dir keine Feinde. (...) Nutze ohne Zögern jede sich dir bietende Chance. (...) Sei nachgiebig gegenüber deinen Untergebenen. Erinnere dich daran, dass die Privatindustrie für ausgeschiedene Politiker wenige Möglichkeiten bietet. Darum denke besser (an die Gründung) einer eigenen Firma (...), deren Erfolg oder gar Existenz von deinen früheren Untergebenen abhängen kann."

Bis heute hat sich an der von *Cosio Villegas* beschriebenen Situation nichts Gravierendes geändert.

Perspektiven

Korruption beschränkt sich beileibe nicht auf die „besseren Kreise" bzw. auf die oberen Schichten der Gesellschaft. Auch in den **ärmeren sozialen Klassen** ist sie allgegenwärtig, in der Landwirtschaft wie in der Industrie. Nach Untersuchungen des Justizministeriums geben viele Firmen weit mehr als ein Zehntel ihres Investitionsbudgets für Bestechung aus, um an Aufträge oder an staatliche Sonderbestimmungen zu gelangen. „Wer gut schmiert, der gut fährt", wissen die Privatunternehmer und bauen sich an den entscheidenden Stellen der öffentlichen Verwaltungen „kooperative" Verbindungsleute auf, die gegen Bestechungsgelder die Interessen der Firma gegenüber den politischen Entscheidungsträgern erfolgreich vertreten.

Solange nicht das faktische Gesetz regiert, sondern die persönliche Gunst von Mächtigen, solange wirtschaftliche Not und Geldgier fast zur Annahme von Bestechungsgeldern zwingen, werden wohl die meisten Verkehrspolizisten einem Verkehrssünder eine Geldstrafe zugunsten einer persönlichen Spende erlassen. Das mickrige Gehalt lässt sich so eben am einfachsten aufstocken. So werden auch weiterhin Führerscheine, Baugenehmigungen und Handelsrechte „erkauft" werden können.

Wohlhabende Mexikaner haben sich auf die Korruptionsanfälligkeit der Polizei längst eingestellt und beschäftigen besserbezahltes privates Wachpersonal.

Auch die **Gewerkschaft** spielt fleißig mit, allen voran die Ölarbeitergewerkschaft. Die Bosse schanzen dem Höchstbietenden einen Arbeitsplatz zu oder sprechen mit dem Firmenchef auch schon einmal Streiks oder Tarifabschlüsse unter vier Augen ab.

Genauso lassen sich auch zahlreiche **Journalisten** dafür bezahlen, bestimmte Informationen in die Medien zu lancieren oder die Regierungsmeinung populistisch zu vertreten. Es gibt zahlreiche Belege für diese Praktiken.

Betrachtet man die gesamte Problematik in einem größeren Zusammenhang, so kommt man zu der Einsicht, dass die jahrhundertealte, kulturell verankerte Tradition von Korruption und Vetternwirtschaft sich **nicht kurzfristig auflösen lässt.** Die Korruption abzuschaffen bedeutet in den Augen von Kennern, ein Bein des wirtschaftlichen und politischen Systems abzusägen. Auf einem Bein steht man jedoch bekanntlich schlecht. Die Praxis der Korruption schaffe Vertrauen, Berechenbarkeit und Loyalität, argumentieren diese Insider, und eine Zerschlagung dieses bislang halbwegs funktionierenden Systems könne nur eine sehr nachteilige Verunsicherung aller Beteiligten nach sich ziehen. Und Beteiligte sind offensichtlich fast alle.

Ein deutscher Lehrer hat in den 1980er-Jahren seine Erfahrungen mit der Korruption und gesellschaftlichen Intrigen in dem Buch „Mein Herz blieb in Mexiko" dokumentiert. Unter dem Pseudonym *Augustin Sturm* berichtet er von dem „Abenteuer eines Lebens im Land der Unglaublichkeiten". Mit Klavier, Frau und Kindern nach Mexiko gezogen, um dort Deutsch und Musik zu unterrichten, fasziniert ihn das neue Leben zunächst überaus. Bald jedoch fühlt er sich in „eine Welt der Unmöglichkeiten" versetzt. Letztendlich kapituliert er vor Intrigen und Korruption und wandert nach Kanada aus. Diese Möglichkeit haben die derzeit 110 Millionen Mexikaner jedoch nicht alle.

217mx Foto: bh

KUNST UND KULTUR

*„Wir sind die Söhne starrer ekklesiastischer Gesellschaften.
Dies ist die Bürde Lateinamerikas: Wir sind von der einen
zu der anderen Kirche übergewechselt - vom Katholizismus
zum Marxismus mit all seinen Dogmen und Ritualen."*

(*Carlos Fuentes*, mexikanischer Schriftsteller,
zur Weltanschauung der Künstler in Mexiko und
zum intellektuellen Hintergrund der mexikanischen Kunst)

Kunst und Alltagskultur

Kunst und künstlerisches Schaffen fristen in Mexiko nicht - wie in manchen anderen Ländern der Welt - ein Schattendasein in Museen, Verwaltungspalästen und den Villen reicher Geschäftsleute. Künstlerisches Schaffen verstehen die Mexikaner als einen Bereich, der sehr wohl in die **Öffentlichkeit** gehört, und sie sind stolz auf ihre Künstler, egal ob Musiker, Maler, Dichter, Architekten oder Schauspieler.

Eine herausragende Rolle spielt hierbei die **Wandmalerei,** die gemäß der Aussage von *José Clemente Orozco* „die höchste, folgerichtigste, reinste und stärkste Form der Malerei" ist. Sie sei „auch die uneigennützigste, weil sie nicht zum Gegenstand persönlichen Nutzens verwandelt noch zum Vorrecht einiger weniger versteckt werden kann. Sie ist für das Volk." Die Wandmalerei, die auf eine mindestens zweitausendjährige Tradition zurückblicken kann, ist wohl neben der Musik (vgl. Kapitel „Folklore") und einzelnen literarischen Werken die in der Welt bekannteste mexikanische Kunstform. Und sie hat in Mexiko wie in kaum einem anderen Land der Welt die Alltagskultur geprägt. Jedes mexikanische Kind

108mx Foto: kb

wird sehr bald mit den Werken der großen drei Muralisten des Landes bekannt gemacht. Bereits im Schulunterricht legen die Pädagogen viel Wert auf die Heranführung der Kinder an die Tradition, die Methoden und die inhaltlichen Aussagen der mexikanischen Wandmalerei. In den Nationalpalast Mexiko Citys strömen täglich zahllose Schulklassen aus Elementar- und Sekundärschulen, die sich von den Lehrern die Landesgeschichte anhand der Bilder von *Diego Rivera* erklären lassen.

Auch im Anthropologischen Museum und in größeren Provinzmuseen dienen zahlreiche moderne Wandgemälde dazu, die archäologischen Exponate zu illustrieren, das Leben der damaligen Zeit besser darzustellen, die Vergangenheit lebendig werden zu lassen. Und schließlich finden sich auch **in den Straßen aller größeren mexikanischen Städte** zahlreiche *murales,* mit agitatorischem, politischem oder künstlerischem Inhalt. Im weitesten Sinne haben sich auch die Parteien des Landes die Tradition und die Vorzüge der Wandmalerei zu eigen gemacht, indem sie ihre Parolen, ihre Ziele und offiziellen Erfolge im Stile *Riveras* propagandistisch publizieren.

Auch in den Vereinigten Staaten von Amerika gehören die zahlreichen, von Mexikanern bzw. immigrierten *chicanos* gemalten *murales* zum Alltag; man findet sie in den Straßenzügen der ärmeren Wohnviertel, in modernen Museen und öffentlichen Gebäuden der an Mexiko grenzenden US-Bundesstaaten Kalifornien, Arizona, New Mexiko und Texas.

Doch nicht nur der mexikanische *muralismo* ist im Alltag allgegenwärtig: Auch die Einflüsse der **Dichter und Denker** (man denke nur an die immens stimulierende Wirkung von *Octavio Paz'* „Labyrinth der Einsamkeit" und die die politische Diskussion anheizenden Romane von *Carlos Fuentes*) sowie der **Architekten** (im Stadtbild, im kulturellen Selbstbewusstsein wie etwa beim Anthropologischen Museum) sind beachtlich. Dahingegen scheint die Breitenwirkung des mexikanischen Films und des Theaters in den vergangenen Jahren – in erster Linie aufgrund finanzieller Zwänge – zu stagnieren oder sogar an Bedeutung zu verlieren.

Der folgende kurze Überblick über die einzelnen Kunststile Mexikos erhebt keinen Anspruch auf Vollständigkeit, sondern soll in erster Linie das künstlerische Schaffen in Mexiko in den gesamten kulturellen Zusammenhang des Landes stellen. Es ist durchaus empfehlenswert, sich vor und während eines Mexikoaufenthaltes mit der enormen Vielfalt der mexikanischen Kunst zu beschäftigen. Diese Empfehlung bezieht sich nicht

Diego Riveras Wandgemälde „Markt von Tlalteloco",
im Vordergrund seine Frau Frida Kahlo als Konkubine

nur auf die „große", bekannte Kunst, sondern auch auf die „Kleinkunst" im weitesten Sinne: Malerei, Baukunst, Skulptur, Literatur, Handwerkskunst in weniger beachteten Kontexten.

Malerei

Die nur wenigen erhalten gebliebenen Zeugnisse **präkolumbischer Wandmalerei** zählen zweifelsfrei zu den beachtlichsten Kulturleistungen des alten Mexiko. Die Bewohner der Stadt Teotihuacan bemalten bereits um die Zeitenwende den Großteil der Innen- und Außenwände ihrer Wohnbauten, ganze Straßenzüge, die heiligen Tempel sowie die Paläste ihrer Priester und Könige. Auch in Tula, der Hauptstadt der Tolteken, wurden die Versammlungshallen der Kriegerorden zumindest innen in bunten Farben ausgemalt, oftmals auf dem Relief. Auch das nach dem Niedergang Teotihuacans gegründete Cacaxtla (im heutigen Bundesstaat Tlaxcala) wurde durch heute noch zu besichtigende Darstellungen von *Quetzalcóatl* und *Tlaloc* berühmt.

Auch die präkolumbische Großstadt Cholula, deren Bewohner die größte Pyramide Amerikas schufen, verfügte über zahlreiche Wandgemälde. Viele hundert Kilometer südlich, in den Heiligtümern Bonampak und Yaxchilan im Dschungel des Bundesstaats Chiapas im Süden Mexikos, finden sich heute die beeindruckendsten Beispiele der Wandmalkunst der Maya. Wandmalerei war lange Zeit vor Ankunft der Spanier eine im gesamten Mesoamerika bekannte und geschätzte Kunst. Auch die Künstler selbst müssen einen hohen Status in den präkolumbischen Gesellschaften gehabt haben: Wie jüngste Erfolge bei der Entzifferung der Mayaschrift belegen, signierten einzelne Künstler ihre Werke handschriftlich.

Nach der Eroberung Mexikos durch die Spanier galt zunächst einmal alle indianische Kunst als verdammenswert, oft gar als teuflisch (weil heidnisch) oder zumindest als irrelevant. Es sollte nun noch mehrere Jahrhunderte dauern, bis man sich in Mexiko der alten indianischen Tradition erinnerte und sie in das künstlerische Schaffen integrierte. In der Phase der **kolonialen Malerei** konzentrierten sich die mexikanischen Maler weitgehend darauf, in der von Franziskanern gegründeten Malschule europäische Vorlagen mehr oder weniger zu kopieren. Zu dieser Zeit orientierte man sich noch ausschließlich an dem Schaffen in Europa, ignorierte dagegen die indianischen Traditionen Mexikos völlig. So ist es kein Wunder, dass zumindest in dieser Phase die Gemälde, die heute die großen Kolonialpaläste der Städte um Mexiko City schmücken, keine großen Namen tragen.

Zwar lässt die anschließende Phase des **mexikanischen Barock** Ende des 17. Jahrhunderts erste indianische Einflüsse erkennen, doch sind diese sehr zaghaft und nur mit Kennerblick ausfindig zu machen – ganz anders als etwa in der ungefähr zeitgleichen Cuzco-Schule von Peru. Erst im 19. Jahrhundert entstehen erkennbar mexikanische Stile. Neben volkstümlicher Malerei in mexikanischen Dorfkapellen ist hier vor allem der Landschaftsmaler *José Maria Velasco* zu nennen, der später als Lehrer des aufmüpfigen *Diego Rivera* von sich reden machte.

Mit *Diego Rivera* war dann auch bald – zu Beginn des 20. Jahrhunderts – der **mexikanische muralismo** geboren. Diese als „Ausdrucksform für gesellschaftlich unterdrückte Gefühle und Tabus" bezeichnete Kunstform geht auf Initiativen und Arbeiten des Metallstechers und Karikaturisten *José Guadalupe Posada* (bekannt geworden vor allem durch seine Calavera-Darstellungen), *Gerardo Murillo* (Künstlername: *Dr. Atl*) und des damaligen mexikanischen Erziehungsministers *José Vasconcelos* zurück. *Vasconcelos* hatte kurz nach der Revolution die einheimischen Künstler ermuntert, die Wände von Verwaltungsgebäuden und Schulen zu bemalen. Nun begann die Zeit der „Großen Drei" des mexikanischen *muralismo: Rivera, Orozco* und *Siqueiros*.

Der 1886 in Guanajuato geborene **Diego Rivera** machte in der Folgezeit mit seinen Gemälden und seinem auffälligen Lebensstil den mexikanischen *muralismo* weltbekannt. Beeinflusst von seinen Erfahrungen in Paris, Madrid und Rom, von Kubismus und italienischer Renaissance, von der Malerei der klassischen Maya und der Azteken, stellte er die wechselhafte Geschichte seines Landes und die indianischen Traditionen in den Vordergrund seiner Arbeit. Als langjähriges Mitglied der *Kommunistischen Partei* thematisierte er zudem die vielfältige Knechtung des mexikanischen Volkes und stellte nicht selten die historischen Ereignisse stark vereinfachend dar.

Rivera wollte, dass seine Bilder „das soziale Leben Mexikos widerspiegeln", so wie er selbst sie sah. „Und durch die Wirklichkeit und die Anordnung dieser Widerspiegelung des Tatsächlichen sollte den Massen die Möglichkeit (die Chancen) für die Zukunft gezeigt werden." Rivera versuchte nach eigener Aussage „immer das zu sein, was man einen Künstler nennt, das heißt ein Akkumulator des Strebens und des Wünschens der Masse und ein Sender, der der Masse die Synthese ihrer Wünsche vermittelt, um ihr so als Gewissensapparat zu dienen und ihr zur sozialen Organisierung zu verhelfen." Die Wirkung seiner Bilder in die Zukunft zum Wohl der Mexikaner war ihm sehr wichtig.

Nach **David Alfaro Siqueiros** sollte die Kunst der Muralisten vor allem zur Entfaltung der Revolution beitragen. Barocke und futuristische Ele-

112mx Foto: kb

mente in seine Malerei einbeziehend, konzentriert er sich auf die Darstellung von Arbeitsvorgängen, Arbeitsbedingungen, von Maschinen und moderner Technik. In einem Streit mit *Rivera* verglich er die Situation der Wandmalerei mit der eines Organisten, der eine Hymne auf die Revolution spielen will. „Gewiss kann er das“, so *Siqueiros,* „aber sein Instrument ist ungeeignet. Wir mussten uns von der kolonialen Bauweise lösen und eine moderne Architektur als Nährboden für unsere muralistische Malerei anstreben.“

José Clemente Orozco orientierte sich zeitlebens (1883-1949) an den Prinzipien des unverhüllten Realismus. *Orozco* nahm in seiner Arbeit vielfältige Einflüsse des europäischen Expressionismus auf und gestaltete Wandbilder, die auf den ersten Blick den Künstler erkennen lassen. Nicht selten bescheinigte man ihm einen geradezu manieristischen Stil. Sein 1939 entstandenes Wandgemälde „Mensch in Flammen“ im Hospicio Cabañas in Guadalajara zählt zu den beeindruckendsten *murales* ganz Mexikos. *Orozco* verstand die „wirklich guten Wandbilder“ als „gemalte Bibeln“, und seiner Meinung nach brauche das Volk sie genauso wie die erzählten Bibeln. Wandmalerei sollte auch den zahlreichen Analphabeten zugute kommen: „Viele Leute können keine Bücher lesen, in Mexiko sind es besonders viele.“

Die revolutionäre Leidenschaft in den großen Wandgemälden von *Rivera, Siqueiros* und *Orozco* scheint mit deren Tod vorbei zu sein. Die ständige Wiederholung der vorgegebenen Methoden und Aussagen durch die zeitgenössischen Nachfolger der „Großen Drei“ mag, so das Urteil kritischer Kunsthistoriker, langsam aber sicher zur künstlerischen Floskel verkommen. Es ist anzunehmen, dass damit auch die Blüte der modernen mexikanischen Wandmalerei vorüber ist.

Nach den „Großen Drei“ der Wandmalerei machten sich nur noch wenige mexikanische Maler einen weltweit beachteten Namen. Zu ihnen gehört *Juan O'Gorman,* sowohl als Maler wie auch als Architekt tätig. Sein berühmtestes Werk ist das in aller Welt bekannte riesige Mosaik an der Universitätsbibliothek, das in fast barockem Stil in zahlreichen kleinen Szenen Ereignisse aus der mexikanischen Geschichte erzählt und die verschiedenen Wissenschaften der Nationalen Universität von Mexiko darstellt.

Auch **Frida Kahlo,** *Riveras* zeitlebens an den Rollstuhl gefesselte Ehefrau, erzeugte mit ihren zahlreichen Selbstporträts in aller Welt Aufsehen. Ihre Bilder, den Mensch zwischen Selbstbehauptung und Opferstatus thematisierend, werden heute zu Millionenpreisen gehandelt und sind in großen Ausstellungen in aller Welt zu bewundern.

Heute machen in Mexiko Künstler mit anderen Techniken auf sich aufmerksam. Zu ihnen gehören die abstrakten Maler *Gunther Gerzso* und *Merida* sowie der stärker dem „magischen Surrealismus“ zugetane *Francisco Toledo* aus dem Bundesstaat Oaxaca. Einer der beachtenswertesten ist der 1899 geborene **Rufino Tamayo,** der z. B. das Treppenhaus des Musikkonservatoriums in Mexiko City ausgemalt hat und moderne Malerei mit mexikanischer, eben indianisch geprägter Volkskunst verbindet. Zu seinen bekanntesten Werken zählen der „Junge mit Wassermelonen“ und der „Wassermelonenfresser“. Als Sohn zapotekischer Eltern wendet er sich von der politischen Zielsetzung und den volkspädagogi-

Juan O'Gormans Steinmosaik an der Unibibliothek von Mexiko City

schen Hintergründen des *muralismo* ab und widmet sich der Beschäftigung mit neuen figürlichen Darstellungsarten, mit neuen Farben und dem Wechsel zwischen Licht und Dunkel. Seine Bilder erzielen auf den Auktionen in London und New York Preise von mehreren hunderttausend Dollars.

Beschäftigten die Priester und Fürsten der präkolumbischen Städte bereits Hunderte von Malern, Bildhauern, Glyphenmeißler und Kunststeinmetze, so ist die Zahl derer, die im heutigen Mexiko von dieser Kunst zu leben versuchen, ebenfalls sehr hoch. Schätzungen der Regierung belaufen sich auf über 10.000 Maler und Bildhauer, die ihre Werke in zahllosen Galerien und Museen ausstellen und an wohlhabende Mexikaner sowie durchreisende Touristen verkaufen.

Architektur

Wie in der Malerei, dauerte es auch in der Architektur lange Jahre, bis nach der Phase der **Kolonialarchitektur** (mit Profan- und Sakralbauten im plateresken, Mudejar- und Churriguerra-Stil) spezifisch mexikanische Formen Eingang in die Konstruktion von öffentlichen, kirchlichen und privaten Gebäuden fanden.

Sichtbar wurde dies zunächst während des 18. Jahrhunderts im nach der Großstadt Puebla genannten **Poblano-Stil.** Farbige (blaue, weiße, rötliche) Kacheln und rote Ziegeln wechseln sich mit Elementen indianischer Stuckornamentik ab; da jedoch zu dieser Zeit weiterhin eine europäische Stilepoche den Rahmen des Ganzen bildet, bezeichnet man den Poblano-Stil auch als eine besondere Variante des mexikanischen Barock.

In der Phase des **Neoklassizismus** erinnerte man sich wie in Europa an die Ideen der klassischen Antike. In Mexiko versuchte man, sich mit der Übernahme klassischer Formen bewusst von dem erdrückenden spanischen Einfluss in der Architektur zu lösen, auch wenn dabei noch wenig spezifisch mexikanische Werke entstanden. Der Architekt *Francisco Eduardo Tresguerras,* der sich auch als Bildhauer, Dichter und Musiker auszeichnete, gilt als der namhafteste Künstler dieser Epoche. Größter Anhänger und Förderer des neoklassizistischen Stils (und auch anderer europäischer Stilrichtungen) in der Architektur war der langjährige Diktator *Porfirio Diaz,* der um die Wende zum 20. Jh. Millionen und Abermillionen von Pesos aus der Staatskasse für den Bau repräsentativer Bauten in diesem Stil ausgab.

Erst mit dem **Funktionalismus** vermochte sich die mexikanische Architektur deutlich sichtbar von den spanischen Vorgaben zu lösen. In den vierziger Jahren des 20. Jahrhunderts orientierten sich viele mexikanische Architekten an den Ideen des Bauhauses. Auch entstanden in der Folge zahlreiche Monumentalbauten wie etwa das Hotel Presidente in Acapulco (von *Juan Sordo Madaleno*) und die farbigen „funktionslosen Türme" im Stadtteil Satélite - damals einer Vorstadt - im Norden Mexiko Citys (von *Mathias Goeritz* und *Luis Barragán*). Letzterer setzte sich in den vornehmen und recht jungen Wohnvierteln Bosque de las Lomas und in El Pedregal (im Süden der Hauptstadt, nahe der Universität gelegen) einige kleine Denkmäler, indem er für schwerreiche Mexikaner großräumige Villen mit frei stehenden Wänden und mit modernen Naturparks konstruierte.

Das Anthropologische Museum, das Museo Templo Mayor sowie die neue Basilica de Guadalupe, alle in der Hauptstadt, schuf *Pedro Ramirez Vazquez,* der auch als Dozent für Architektur tätig war. Seine in aller Welt große Beachtung findenden Bauwerke bestehen zum überwiegenden Teil aus modernen Materialien: aus Stahlbeton, Spannbeton, frei liegenden Eisenträgern und Stahlseilen, aus meterhohen, kahlen Betonwänden. Nicht alle dieser riesigen Projekte wurden von der Bevölkerung mit Begeisterung auf- und angenommen; zuweilen kritisierte man sie wegen ihrer erdrückenden Kolossalität. Darin ähneln sie jedoch stark ihren präkolumbischen Vorbildern, die eng mit pompöser und monumentaler Wirkung verbunden waren.

Literatur

Lange vor der Entwicklung der mesoamerikanischen Schrift durch Vorfahren der Zapoteken, durch die Olmeken oder andere Ethnien gab es bereits eine mündliche literarische Tradition. Die Herrscher der Stadtstaaten wie auch die Priesterfürsten ließen eigene Dichter für sich arbeiten, wie das in späterer Zeit - vor allem während der klassischen Periode der **Maya-Kultur** - deutlich wird. Die Maya-Glyphen selbst kann man nur im weitesten Sinne als Literatur bezeichnen: Sie handeln vorwiegend vom Leben (Geburt, Jugendweihe, Heirat, Inthronisierung, Schlachten, Tod) der abgebildeten Herrscher. Der allergrößte Teil der Maya- (wie auch der aztekischen) Codices fiel der Zerstörungswut einzelner spanischer Missionare zum Opfer.

Die Azteken vermochten mittels ihrer rudimentären Bilderschrift zwar keine literarischen Werke ihrer Dichter festzuhalten, doch sind durch eine glückliche Fügung einzelne Gedichte aus der Aztekenzeit erhalten geblieben. Der spanische Mönch *Fray Bernadino de Sahagún* zeigte sich sehr interessiert an den künstlerischen und kulturellen Leistungen zur

Zeit *Motecuzomas* und erstellte vier Quellensammlungen aztekischer Arbeiten, darunter mexikanische Epen und rituelle Gedichte, Heldendichtung und religiöse Verse. *Sahagúns* Zusammenstellung offenbart eine überaus metaphernreiche, gefühlvolle und symbolhafte Sprache. *Nezahualcóyotl,* Herrscher über Texcoco und zugleich Dichter und Philosoph, gehörte zu den seinerzeit angesehensten Dichtern ganz Mesoamerikas. Zu den Vorbildern *Nezahualcóyotls* zählte auch *Tlaltecatzin de Cuauhchinanco,* ein häufig in Texcoco verkehrender Chichimeke. Ein Ausschnitt aus seinem Gedicht *„Tlaltecatzin icuic"* bietet ein repräsentatives Beispiel der Dichtkunst zur Aztekenzeit:

In der Einsamkeit singe ich zu dem, der mein Gott ist.
Am Ort des Lichts und der Wärme, am Ort der Befehlsgewalt,
schäumt der blühende Kakao, das Getränk, das mit Blüten berauscht.
Sehnlichst begehre ich ihn, an ihm labt und berauscht sich mein Herz,
wahrlich, mein Herz weiß es.

Auf den ersten Blick paradoxerweise erst kurz nach der spanischen Eroberung entstand Mexikos wohl bekanntestes „präkolumbisches" Werk: das **„Popol Vuh",** das „Buch des Rates". Die Geschichten des „Popol Vuh" blieben zunächst durch mündliche Überlieferung der Maya erhalten und wurden Mitte des 16. Jahrhunderts von *Padre Ximénez* in lateinischer Schrift (und in der Sprache der Quiche-Indianer) festgehalten. So verfügen wir heute über ein auch für die Forschung überaus wichtiges Dokument über die Entstehung und Wanderungen der Maya-Stämme, ihre Mythologie und kulturellen Traditionen.

Zur selben Zeit, noch im Jahrhundert der *conquista,* schrieben **Chronisten** wie *Bernal Diaz del Castillo* („Wahrhafte Geschichte der Entdeckung und Eroberung Neuspaniens"), *Hernan Cortés* (Briefe an Kaiser Karl V.), *Bartolomé de las Casas* und andere die Vorgänge während der Eroberung und Kolonialisierung in spanischer Sprache nieder; sie werden als erste Werke der mexikanischen Literatur angesehen, auch wenn der indianische Anteil an ihnen minimal ist. Dies gilt auch für die Gedichte, religiösen Theaterstücke und Komödien der Nonne *Iñes de la Cruz,* die Ende des 17. Jahrhunderts durch ihre zartfühlenden Liebesgedichte von sich reden machte.

Ein gänzlich anderes Thema wählte sich *José Joaquin Fernández de Lizardi* zu Beginn des 19. Jahrhunderts: Er schrieb über die Fehler der spanischen Kolonialpolitik und setzte sich aktiv für die **Unabhängigkeit Mexikos** und für soziale Gerechtigkeit ein. In den folgenden 140 Jahren dominierten soziale und politische Themen wie die Loslösung von Spanien und die Revolution die mexikanische Literatur. Spätestens jetzt konnte man von der Existenz einer wirklich eigenständigen mexikanischen Literatur sprechen.

Weltruhm erlangten mexikanische Schriftsteller jedoch erst Mitte des 20. Jahrhunderts – allen voran *Octavio Paz* und *Carlos Fuentes*. Der 1914 geborene **Octavio Paz** beschreibt in seinen Büchern wie „Das andere Mexiko", vor allem jedoch in seinem umfangreichen Essay „Das Labyrinth der Einsamkeit", wie Mexiko auf der Suche nach sich selbst gegen den übermächtigen Nachbarn (USA) sich in der eigenen Tradition zurechtfinden und behaupten muss. Durch die Rückbesinnung auf das präkolumbische, indianische Mesoamerika einerseits und die Gegenbilder anderer, oft europäischer Kulturen andererseits sucht *Paz* die Merkmale einer spezifisch mexikanischen Mentalität und Kultur zu definieren. In deutscher Sprache erschien von *Paz,* der in den sechziger und siebziger Jahren als Botschafter Mexikos in verschiedenen Ländern tätig war, erst 1981 wieder ein namhaftes Buch, der Roman „Der menschenfreundliche Menschenfresser". *Octavio Paz* erhielt wenig später (1984) den Friedenspreis des Deutschen Buchhandels. Ein kurzes Beispiel seines poetischen Schaffens:

Mein Land, meine Liebe

Alle Liebe der Welt liegt auf meinen Lippen,
wenn ich dich küsse,
wenn ich in deine Seele stürze,
wie ein blindes Gestirn
in die Nacht eines Einsamen.
Höre es, siehe es, fühle es.
Es ist die heimliche Vereinigung deiner Verliebten
In der Tiefe meines Speichels.
Alle die Küsse der Liebe einen sich auf meinem Mund
und auf deinem, all die Liebe, all das Leben!
Es sei meine Liebe immer deine Begleitung.
Damit nie fehle meine Liebe in deinen Fundamenten.
Erhebe dich sicher über ihr, mein Land
mit deinen nackten Füßen, voller Schlamm und voller Pfade.

Etwa in der Mitte des 20. Jahrhunderts entwickelte sich die **indianische Geschichte Mexikos zum Hauptthema der Literatur.** Der Historiker *Daniel Cosío Villegas,* der Entdecker des Grabschatzes auf dem Monte Alban, *Alfonso Caso,* der Archäologe *Manuel Gamio* und der Philosoph *Alfonso Reyes* betätigten sich allesamt auch als Schriftsteller und Hüter der präkolumbischen Geschichte, indem sie leicht lesbare Bücher über das Leben im Mexiko des ersten nachchristlichen Jahrtausends schrieben. Insbesondere *Alfonso Caso* trug mit seinen Essays wesentlich dazu bei, das Bild der indianischen Kultur in der mexikanischen Gesellschaft zu prägen. Seine 22 Jahre dauernde Tätigkeit als Chef des *INI* (Nationalinstitut für Indianerfragen) beeinflusste die Indianerpolitik der Staatsregierung stark.

Von Literaturkritikern hochgelobt, aber in der Öffentlichkeit wesentlich weniger beachtet wurde **Juan Rulfo** (1918-1986), dessen in den 1950er-Jahren publizierter Roman *„Pedro Paramo"* als epochales Werk der mexikanischen Literatur und als wichtige Basis des „Neuen Romans" der Moderne gilt; 1958 kam dieses sein Hauptwerk in deutscher Übersetzung auf den Markt. Der Hauptdarsteller des Buches entschließt sich nach 30 Jahren des Wartens, den Vater seiner Angebeteten zu töten, um diese endlich heiraten zu können. *Rulfo* thematisiert in seinem Roman die Einsamkeit der verschlossenen Mexikaner, den Machismo und das fatalistische Verhältnis vieler seiner Landsleute zum Tod.

Der neben Octavio Paz bekannteste zeitgenössische Schriftsteller Mexikos, **Carlos Fuentes** (geboren 1928), macht wie *Rulfo* soziale Missstände zu seinem Thema. Abwechselnd in Mexiko und in seinem selbstgewählten Exil, den USA, lebend, hat er mit seinen Romanen wie „Der alte Gringo", „Hautwechsel", „Landschaft in klarem Licht" und „La Campaña" (1990; handelt von der Unabhängigkeitsbewegung in Südamerika und Mexiko) sowie mit seinem Erzählband „Chac Mool" viele Leser auch außerhalb Mexikos gewinnen können.

Octavio Paz und *Carlos Fuentes* pflegen seit vielen Jahren einen intensiven, wenn auch zeitweise konfliktreichen Kontakt zu einem weiteren namhaften in Mexiko lebenden Schriftsteller: zu **Gabriel Garcia Marquez.** Der Nobelpreisträger aus Kolumbien lebt seit Beginn der achtziger Jahre in Mexiko City und in Cuernavaca und engagiert sich wie seine beiden mexikanischen Kollegen häufig in politischen Belangen.

Thematisch ähnlich arbeitet die seit Jahrzehnten in Mexiko lebende, sich als Mexikanerin verstehende ehemalige Journalistin **Elena Poniatowska.** In ihren unter dem Titel „Stark ist das Schweigen" erschienenen „vier Reportagen aus Mexiko" zeigt sie sich als eine herausragende Vertreterin des *jornalismo nuevo. Poniatowska* solidarisiert sich mit den Unterdrückten, in erster Linie mit der mexikanischen Frau, und kämpft gegen die allgegenwärtige Ungerechtigkeit an.

Weniger sozialkritisch, aber mindestens so spannend sind die Romane von **Laura Esquivel.** In dem Anfang der neunziger Jahre grandios verfilmten Roman „Bittersüße Schokolade" geht es um Liebesaffären, Alltag, um Kochrezepte und ihre Wirkungen auf das Verhalten von Menschen vor allem während der mexikanischen Revolution.

Erwähnenswert sind neben den international erfolgreichen Autoren die meist jungen mexikanischen Schriftstellerinnen, die in den neunziger Jahren versuchen, literarischen Erfolg zu finden, sei es mit spezifischen Frauenthemen oder mit gesellschaftskritischen Fragestellungen ohne Einbeziehung der Frauenrolle. *Rosario Castellanos* und *Elena Garro* gehören zu den hoffnungsvollsten mexikanischen Talenten in diesem Zusammenhang. Ihre Kollegin **Angeles Mastretta** hat mit ihren Romanen „Frauen mit großen Augen" und „Mexikanischer Tango" allerdings auch schon Leser in deutschsprachigen Ländern gefunden.

Laut *Mastretta* sollte die zeitgenössische mexikanische Literatur bewegen und verführen, sie sollte an die Vernunft des Lesers appellieren und an sein Pflichtbewusstsein. Wenn sie die **Rolle der Frau in der Literatur Mexikos** beschreibt, spricht sie für alle Autorinnen: „Wir sind nicht bereit, in der Literatur das zu sein, was wir im öffentlichen Leben unseres Landes immer noch sind: Personen zweiter Klasse". In diesem Zusammenhang nennt sie auch die bevorzugten Themen und das Selbstverständnis der mexikanischen Schriftstellerinnen: „Wenn wir Frauen uns der Ironie bedienen, um von Macht, von Korruption, von Autoritarismus und von Unterwerfung zu erzählen, von den vielen Entsagungen, die unsere Welt einengen, tun wir das keineswegs, um den Clown der Branche zu spielen".

Ein Schriftsteller aus Mexiko hat in einem ganz anderen Genre internationale Anerkennung finden können: **Paco Ignacio Taibo II.** Mehrere seiner Romane, Krimis und Essays wie z. B. „Auf Durchreise", „Das Fahrrad des Leonardo da Vinci", „Das nimmt kein gutes Ende", „Comeback für einen Toten", „Das bizarre Leben" und „1968: Gerufene Helden oder Handbuch zur Eroberung der Macht" sind auch im Deutschen erschienen. *Paco Taibo* ist Spezialist für spannende Unterhaltung und wird von Kritikern als einer der anspruchsvollsten Krimiautoren ganz Lateinameri kas bezeichnet.

Neben der anspruchsvollen Belletristik gibt es in Mexiko – wie in jedem anderen Land der Welt – auch die weitaus mehr verkaufte und gelesene **Trivial- oder Unterhaltungsliteratur.** Groschenromane, Arzt- und Casanova-Romane werden wöchentlich in beachtlicher, wenn auch der Konkurrenz durch TV-Seifenopern und Musiksendungen wegen sinkender Auflage vor allem an Dienstmädchen und einsame Herzen der verschiedensten Altersstufen verkauft. In den anspruchslosen, aber kurzweiligen Heften werden auf durchschnittlich Hundert Seiten erotische und romantische Geschichten erzählt: Gut kämpft gegen Böse, Drama und Tragödie wechseln einander ab, doch meist gibt es ein Happy End.

Natürlich dürfen bei dieser Aufzählung auch die beliebten **Comic-Hefte** nicht fehlen – schließlich könnte man die alten Wandbilder von Teotihuacan mit ihren Bildergeschichten und Sprechblasen im besten Sinne als die Vorläufer dieses literarischen Genres bezeichnen.

Der meistgelesene Schriftsteller Mexikos überhaupt, **Luis Spota,** platziert seine Romanfiguren an den selben Stellen, wie es auch Groschenhefte und Comics tun: mitten im Leben. Er reflektiert jedoch in seinen Büchern gleichzeitig solche Themen wie soziale Missstände, politische Entscheidungen der Regierung, parteiinterne Zwistigkeiten und die (korrupten) Vorgänge in der Politik hinter den Kulissen. Alle seine Romane wurden bisher zu Bestsellern im Taschenbuchformat: Sie erreichten Auflagen von mehreren Hunderttausend Exemplaren. Seine Romane handeln von Menschen, die ein unauffälliges, alltägliches Leben führen, sich jedoch manchmal wundern, warum bestimmte Leute so sind, wie sie sind. Anders als viele der eher intellektuellen Schriftsteller Mexikos sind seine Geschichten nicht abstrakt oder „magisch-realistisch" bzw. surrealistisch konstruiert, sondern meist unverfälschte Abbilder der mexikanischen Wirklichkeit. Und damit können sich seine Leser problemlos identifizieren.

Seit 2005 erhält die mexikanische Literatur einen kräftigen Schub „von ganz oben": Da das Land bezüglich der **Lesefähigkeit** seiner Schüler auf einem der letzten Plätze in der Pisa-Untersuchung gelandet war und der Studie zufolge einheimische Schriftsteller in Mexiko selbst kaum gelesen werden, hatte Präsident *Vicente Fox* ein Programm für ein **„País de Lectores"** („Land der Leser") gestartet: Etwa 450 Millionen Euro werden investiert, um die Leselust der Menschen wieder zu wecken, neue Bibliotheken zu bauen und bestehende zu erweitern. Der mexikanische PEN-Präsident *Homero Aridjis* hatte zuvor das „desolate Bildungssystem" dafür verantwortlich gemacht, dass seine Landsleute „vor allem Comic-Hefte lesen".

Kino

Zwar kann Mexiko auf viele eigene anspruchsvolle Filmproduktionen zurückblicken, doch beherrschen heute die mit großem Werbeaufwand inszenierten Action-, Krimi- und Klamaukstreifen aus den USA den mexikanischen Markt. Im **Fernsehen** sind tagtäglich auch mexikanische Soap-Operas *(telenovelas)* zu sehen, doch stehen sie an künstlerischer Flachheit und gesellschaftlicher Trivialität den US-amerikanischen in nichts nach. Zudem transportieren sie – offensichtlich wie auch unbewusst – US-amerikanische Werte, Moden und Lebensformen und beeinflussen damit die Ideale der mexikanischen Jugend stärker, als dies Eltern und Schule tun können. Gegen eine solche Macht hat das Kino in Mexiko einen schweren Stand. Es bedarf großer Filmpersönlichkeiten wie z. B. des 1993 verstorbenen Komikers *Mario Moreno,* der jahrelang als *Cantinflas* in seinen Kinofilmen ganz Mexiko und Menschen in fast allen spanischsprachigen Ländern der Welt zum Lachen gebracht hatte.

Bereits in der **Anfangsphase des Tonfilms** zog es namhafte Filmregisseure nach Mexiko. Der sowjetische Schriftsteller und Filmemacher *Sergeij Eisenstein* war ein glühender Verehrer der landschaftlichen Schönheiten Mexikos. In dem Film „Qué viva Mexiko" beschreibt er in eindrucksvollen, schlichten Bildern das Leben in indianischen Dörfern zu Beginn des Jahrhunderts.

In den **dreißiger und vierziger Jahren** des 20. Jh. produzierte Mexiko mehr Kinofilme als Spanien und belieferte damit die gesamte spanischsprachige Welt. Das Kino thematisierte das Wunder der Virgen de Guadalupe, die blutigen Ereignisse während der Revolution *(„Vamonos con Pancho Villa")* und das Leben der *charros* (Cowboys). Der mexikanische Filmregisseur *Fernando de Fuentes* schuf mit seiner *comedia ranchera* ein eigenes, von anderen oft kopiertes Genre. Über die Grenzen Mexikos bekannt wurde der auch kommerziell sehr erfolgreiche Film *„Allá en el Rancho Grande"* sowie seine zahlreichen Remakes und Imitationen. Hervorstechender Charakter in diesen Ranchero-Komödien war der schnurrbärtige *charro* mit seinem großen Sombrero und seinem unvergleichlichen Witz und Charme.

In den vierziger Jahren hatte *Emilio „El Indio" Fernandez* mit seinen Filmen *„María Candelaria"* und *„Bugambilia"* nicht nur in Lateinamerika und Spanien großen Erfolg. Dies war die Zeit der großen mexikanischen Filmschauspielerinnen *Dolores del Rio* und *Maria Felix,* die auch heute noch jedermann in Mexiko kennt, so wie in Deutschland *Marlene Dietrich* und *Inge Meysel.* Nach dem Sieg General Francos in Spanien jedoch wandelte sich das Bild: Damals emigrierten mehrere hunderttausend Spanier nach Mexiko, darunter zahlreiche Schriftsteller, Musiker, Maler, Intellektuelle, Filmschaffende und Schauspieler. Sie brachten spanische und europäische Themen in Mexikos Kinowelt und führten den Film damit ein Stück weit weg von seinem spezifisch mexikanischen Charakter.

Der spanische Filmregisseur *Luis Buñuel,* der in seiner frühen Phase mit *Salvador Dali* zusammengearbeitet und mehrere surrealistische Filme gedreht hatte, verfilmte Mitte der 1950er-Jahre in Mexiko neben *„Nazarin"* die Geschichte der *„Los Olvidados"* („Die Vergessenen"), in dem er das soziale Elend und die Härte des mitmenschlichen Umgangs in den armen Wohnvierteln mexikanischer Städte drastisch schildert.

Auch seine Verfilmung des Lebens des mexikanischen Revolutionärs *Emiliano Zapata* (Filmtitel: *„Viva Zapata"*) wurde in vielen Ländern der Welt bekannt.

In den **fünfziger und sechziger Jahren** des 20. Jh. vermochte die mexikanische Filmindustrie sich nicht mehr gegen die Übermacht aus Hollywood durchzusetzen; die typisch mexikanischen Themen für das Kino schienen aufgebraucht, die Filmförderung von Seiten der Staatsregierung ineffektiv. Nur die Nähe zu den USA führte noch zu einigen nennenswerten Produktionen. In der Region um Durango im Nordwesten Mexikos drehten US-amerikanische und mexikanische Filmproduzenten zahlreiche Westernfilme, und im großen, fruchtbaren Tal von Cuernavaca, in dem mehrere renommierte Hollywood-Stars (wie z. B. *Anthony Quinn*) einen Wintersitz unterhalten, werden hin und wieder große oder zumindest kommerziell sehr erfolgreiche Filme gedreht; Beispiele dafür sind „Der Mann, den sie Pferd nannten" und „Rambo II" von und mit *Sylvester Stallone*. An der Übermacht US-amerikanischer Streifen in der mexikanischen Kinowelt ändert dies jedoch nichts.

In den **siebziger Jahren** sorgte *Felipe Cazals* Film *„Canoa"* für Aufsehen: Er erzählte eine 1968 stattgefundene Begebenheit, in der ein katholischer Priester der rechtsklerikalen Vereinigung „Opus Dei" fanatische Bauern und Tagelöhner dazu anstachelte, mehrere junge Studenten zu lynchen, die sich in linken Zirkeln betätigt hatten.

Mitte der **1980er-Jahre** entwickelte sich eine Stilrichtung im Filmbusiness, die Kritiker als „neuen mexikanischen Film" etikettierten. *Alberto Cortés* drehte den Film „Stadt der Blinden" und erntete dafür Lorbeeren. Ähnlich erging es *Carlos Carrera* mit dem Streifen „Benjamins Frau". Ebenfalls über die Grenzen Mexikos hinaus erfolgreich war die 1990 entstandene Unterhaltungskomödie *„La Tarea"* (deutsche Version: „Die Hausaufgabe") von Regisseur *Jaime Umberto Hermosillo*. Aus der Perspektive der versteckten Kamera erzählt er die Geschichte einer jungen Frau, die die Verführungs- und Liebeskünste ihres überaus männlichen Liebhabers unbemerkt filmen möchte. *Hermosillo* entlarvt in seinem Film den Voyeurismus und den mexikanischen Machismo, macht beide gleichzeitig lächerlich. 1997 „eroberte" die mexikanische Schauspielerin *Salma Hayek* als Hauptdarstellerin in der romantischen Komödie „Fools Rush In" die Herzen der Fans in Mexiko und den USA gleichermaßen. Die Kinowelt feierte den Auftritt der jungen Filmschönheit mit dem Slogan: „Schärfer als Tortillas, feuriger als Tequila – in Hollywood ist Salma Hayek derzeit Mexikos heißester Exportschlager".

Anfang der **neunziger Jahre** kam die Verfilmung von *Laura Esquivels* Roman *„Como agua para chocolate"* (deutscher Titel: „Bittersüße Schokolade") in die Kinos der Welt; der Erfolg war sensationell und trug dem von *Alfonso Arau* gedrehten Film eine Oscar-Nominierung ein. Doch nur ein solcher Erfolgsfilm, möglichst garniert mit einigen Sexszenen, vermag heute noch Mexikaner in ihre Kinos zu locken; wie in anderen Ländern auch bleibt man ansonsten lieber zu Hause vor dem Fernseher sitzen oder bedient sich mit Videofilmen bzw. DVDs aus dem Videoshop. Letzteres ist auch eher finanzierbar: Mit der ganzen Familie ins Kino zu gehen, kostet einen Mexikaner mit Durchschnittslohn oftmals mehr als einen Tagesverdienst.

Theater

Das Theater spielt in Mexiko längst nicht die Rolle wie in europäischen Ländern. Zwar können die Mexikaner auch hier auf sehr alte **Traditionen** zurückblicken – bei den klassischen Maya und den Atzteken zogen Schauspieler von Stadt zu Stadt, um religiös-mythische und profane Stücke vorzuführen –, doch konnte sich nach der Eroberung durch die Spanier die Kunst der Theaterbühne nicht mehr gegen andere Präsentationsformen durchsetzen. Nach der Revolution proklamierten Politiker und Pädagogen das Theater als eine wichtige Kunstform, doch ohne sichtbaren Erfolg. Heute existieren nur wenige nennenswerte Theater in Mexiko, die meisten in den großen Städten. Auf dem Land sind es vorwiegend Laientheater und freie, von Schülern und Jugendlichen gegründete Hobbytheater.

Medien

„Die mexikanische Verfassung garantiert offiziell zwar die Pressefreiheit, tatsächlich übt die Regierungspartei PRI jedoch eine offene Pressezensur aus." (*Elena Poniatowska,* für ihre kritischen Reportagen und Bücher bekannte mexikanische Journalistin in einem Fernsehinterview)

In den hoch entwickelten Ländern der Erde haben die Medien einen zunehmend großen Einfluss auf die Kultur der Menschen. Dies ist in Mexiko nicht anders. Tageszeitungen, politische und kulturelle Magazine, Sportblätter und Illustrierte, aber auch Radio (in vielen abgelegenen Landesteilen ohne Internetzugang immer noch ein wichtiges Nachrichtenmedium) und Fernsehen prägen das Meinungsbild der Bevölkerung auf oftmals subtile Art. Daher ist es sinnvoll, sich im Rahmen eines „Kulturschock Mexiko" etwas genauer mit den hiesigen Medien zu beschäftigen.

Die medienpolitische Landschaft Mexikos muss man stets vor dem Hintergrund des hohen Analphabetentums, des geringen finanziellen Spielraums großer Bevölkerungsteile, der sich wandelnden kulturellen Traditionen und – häufig unbewusst wirkender – religiöser Zwänge vieler Einwohner sehen. Erst wenn man dies tut, kann man ein differenziertes Bild der mexikanischen Medien gewinnen.

Presse

Mexiko weist eine ebenso lange Tradition an Pressearbeit auf wie die meisten westlichen Industriestaaten. Mit der mexikanischen Revolution erlebte die Pressewelt einen Aufschwung und gewann eine weitaus größere Vielfalt als im Jahrhundert zuvor. Mit dem Wegfall des kirchlichen Bildungsmonopols und der Umstrukturierung des Bildungswesens durch den Staat überhaupt war es nun auch anderen Bevölkerungskreisen (Arbeitern, Frauen, Indianern) eher möglich, lesen und schreiben zu lernen und sich diese Kenntnisse durch fortgesetzte Wissensaufnahme zunutze zu machen.

Traditionen

Mehrere in Mexiko tätige Journalisten sind über die Grenzen des Landes hinaus bekannt geworden. Der rasende Reporter *Egon Erwin Kisch* (1885-1948) reiste als Schriftsteller und Journalist lange durch Mexiko und beschrieb seine Erlebnisse und Eindrücke in dem Sammelband „Entdeckungen in Mexiko". Für viele mexikanische Journalisten galt er wegen seines lebhaften Schreibstils fortan als Vorbild. Im weiteren Sinne zählt auch *B. Traven* mit seinen einfühlsamen Beschreibungen des mexikanischen, vor allem des indianischen Alltags zu den herausragenden Journalisten des Landes.

Geradezu eine Journalistin mit Vorzeige-Charakter ist **Elena Poniatowska,** die seit vielen Jahren für die Tageszeitung *La Jornada* tätig ist. Die in den dreißiger Jahren geborene Tochter des Prinzen *Josef Poniatowski,* einem Urenkel des letzten Königs von Polen, spezialisierte sich von Anbeginn ihrer Karriere in den fünfziger Jahren auf große Interviews. Nach prominenten Interviewpartnern wie dem nordamerikanischen Botschafter in Mexiko (einer der wichtigsten Politiker neben der Regierungsmannschaft) und dem Maler *Diego Rivera* führte sie mehrere tausend Interviews mit Menschen vom Lande, von der Straße, mit Arbeitern und Bauern, mit Studenten und revoltierenden Jugendlichen, mit Hausfrauen und Dienstmädchen, mit skandalumwitterten Politikern und Drogenbossen. Wer keine Gelegenheit hat, ihre Reportagen in *La Jornada* zu lesen, kann auf mehrere Zusammenstellungen ihrer Arbeiten zurückgreifen: In *„La Noche de Tlaltelolco"* schildert sie eindrucksvoll das Massaker an demonstrierenden Studenten am Vorabend der Olympischen Spiele von 1968, in dem ebenfalls sehr erfolgreichen Band *„Tinissima"* beschreibt sie Szenen aus dem bewegten Leben der italienischen Fotografin *Tina Modotti,* und in einer weiteren Dokumentation fasst sie die Ereignisse in den Wochen nach dem Erdbeben in Mexiko City von 1985 zusammen.

Tageszeitungen und politische Magazine

Verglichen mit der wirtschaftlichen Situation des Landes, existiert in Mexiko derzeit eine überraschend große Vielfalt an Tageszeitungen. In den meisten größeren Städten sind erhältlich: *Excélsior, La Prensa, La Jornada, El Nacional, El Día, El Sol de Mexico, Novedades, El Finanziero,* die eher linksorientierte *Uno mas Uno* sowie die PRI-parteieigene Zeitung *El Universal.* Darüber hinaus hat fast jede Kleinstadt eine eigene Lokalzeitung. In manchen Fällen stammt ihr Mantelteil allerdings von einer überregionalen Tageszeitung.

Daneben werden **politische satirische Magazine** gedruckt, zum Teil mit beißendem Spott über die Regierung, über Korruptionsskandale und über Machenschaften der katholischen Kirche. Sie werden nur von einer kleinen Gruppe von eingefleischten Regierungsgegnern gelesen und haben eine sehr geringe Wirkung auf die Meinungsbildung des Durchschnittsmexikaners. Auch in den anspruchsvolleren mexikanischen Tageszeitungen findet sich täglich überproportional viel Klatsch über das verschwenderische Leben der Hautevolee der Hauptstadt. Die Art der Berichterstattung erlaubt es dem an den Mindestlohn gebundenen Leser, sich von deren Lebensführung und ihren Skandalen zu distanzieren und sich mit seinem Schicksal zufrieden zu geben.

In Mexiko schauen die meisten Männer – wie in vielen Ländern auch – beim Aufschlagen der Zeitung zunachst in den Sportteil, Frauen – falls sie überhaupt die Zeit haben, Tagespresse zu lesen – eher in Sparten wie „Blick in die Welt" und Geschichten aus Familie und Gesellschaft. Man liest die Zeitung gerne beim Schuhe putzen auf dem „Thron"; der *bolero* bietet dem Kunden meist zwei, drei Blätter als kostenlose Leihgabe an. Zudem liest man in der U-Bahn, im *collectivo* (Minibus), im Bus, beim Anstehen in öffentlichen Ämtern, in den Pausen am Schreibtisch.

Auslandsberichterstattung

In den großen Tageszeitungen wird im Rahmen der Auslandsberichterstattung in erster Linie über wirtschaftliche und gesellschaftliche Vorgänge in den Vereinigten Staaten berichtet, besonders über Dinge, die das neue NAFTA-Abkommen zur besseren wirtschaftlichen Zusammenarbeit betreffen; über das wechselhafte Leben der mexikanischen Auswanderer *(chicanos)* in den USA, die Grenz- und Immigrationspolitik der USA. In den Lokalzeitungen gibt es nur Sensationsmeldungen, Berichte über Katastrophen und Klatsch über das Ausland; in großen Tageszeitungen werden auch kritische Berichte und Kommentare ausländischer Zeitungen abgedruckt (z. B. aus der *Frankfurter Allgemeinen,* etc.)

Deutsche Tageszeitungen und Magazine wie *Der Spiegel* und *Focus* sind nur selten an Straßenkiosken oder in Zeitschriftenläden (oft innerhalb der Sanborns-Niederlassungen) zu bekommen – eher schon am Flughafen in Mexiko City oder in Cancun. Für besonders interessierte deutsche Gäste und für Deutsch lernende Mexikaner liegen in der Bibliothek des Goethe-Instituts meist Blätter wie *Die Zeit*, die *Frankfurter Allgemeine* oder die *Frankfurter Rundschau* und verschiedene Wochenmagazine aus. Die englischsprachige, konservative Tageszeitung *The News* erhält man in Städten wie Mexiko City, Guadalajara, Acapulco, Oaxaca und Cancun, eben dort, wo viele Touristen unterwegs sind. Ebenfalls in den großen Städten erhältlich sind die US-Nachrichtenmagazine *Time* und *Newsweek*.

Pressefreiheit

Die meisten mexikanischen Tageszeitungen finanzieren sich weniger durch den Verkaufspreis am Kiosk, sondern mehr über die publizierten Anzeigen. Hier sind Aufträge vom Staat, von der Regierungspartei *PRI* und von dieser Partei nahestehenden Industrieunternehmen überlebenswichtig. Dies erklärt auch, warum in den mexikanischen Zeitungen so wenig scharfe Kritik an der Regierungspolitik geäußert wird. Nach der Verfassung existiert in Mexiko Pressefreiheit, tatsächlich gibt es jedoch immer wieder offensichtliche und auch weniger nachweisbare Beispiele für **Pressezensur.** Die Presse des Landes wird unter der Hand weitgehend staatlich kontrolliert. Wer nicht regierungskonform schreibt, darf nicht mehr auf Anzeigen des Staates, der *PRI* und bestimmter Unternehmen hoffen.

Kritischen Zeitungen werden keine wichtigen Informationen und interessante Interviews aus diesen Kreisen mehr vermittelt. So kommen diese Blätter stets einen Tag zu spät oder müssen aus zweiter Hand berichten, sich auf sekundäre Quellen stützen. Regierungsstellen und Parteien leisten darüber hinaus auch direkte Zahlungen an die Journalisten,

Ein Satireblatt verhöhnt hohe Politiker

123mx Foto: kb

um ihnen die Entscheidung zu erleichtern, wie sie einen bestimmten Sachverhalt darstellen sollen. Wer diese zarten Hinweise noch immer nicht verstanden hat, darf mit massiven Drohungen rechnen. Und wer partout nicht einsehen will, wer der Stärkere im Lande ist, muss gar mit einem Attentat rechnen. Erschossene Journalisten hat es in den letzten Jahrzehnten in Mexiko genügend gegeben. Dennoch ist die Pressefreiheit in Mexiko deutlich größer als im übrigen Lateinamerika.

Finanzielle Zuwendungen für Presseschreiber sind nicht nur in der politischen Sparte üblich. Auch im Sportteil kann man durch eine „milde Spende" an den Kritiker schon einmal nachhelfen. Amüsant und mit einem Schuss Ironie beschrieben hat dies *James Michener* in seinem fast tausend Seiten starken Roman *„Mexiko"*, der in erster Linie von einem Stierkampf-Festival im Mexiko der sechziger Jahre handelt. Mrs. Evans, eine reiche Touristin aus den Vereinigten Staaten, die zur dreitägigen Stierkampf-fiesta von Toledo nach Mexiko gereist war, sagt am Ende der *fiesta* zu dem bestechlichen Kritiker León Ledesma:

„León, Sie sind der einzige ehrliche Mensch im Stierkampfgeschäft, Sie und der Stier. Alle anderen sind abscheulich korrupt. Don Eduardo hier schickt altersschwache Stiere in die Arena. Ich habe gehört, wie Victorianos Familie die Hörner angefeilt hat, und Mr. Clay hat uns von der Tonne nassem Zement erzählt, die man dem einzigen Stier auf den Rücken hat fallen lassen, der nicht schon irgendwie geschädigt war. Der Manager der Arena beschummelt jedermann, und die Kartenhaie beschummeln das Publikum. Sie alleine zeigen sich sauber und ehrlich. Sie nehmen ganz offen Geld an, und Sie geben etwas dafür zurück."

Die Mexikaner wissen von diesen Praktiken und haben sich längst darauf eingestellt; sie können damit umgehen und vermögen zwischen den Zeilen zu lesen. Hierin zeigt sich ein weiteres Mal, dass es sich bei der mexikanischen Kultur um eine **Hochkontextkultur** handelt: Um bestimmte Informationen, Andeutungen, zarten Hinweise und versteckte Signale zu verstehen, muss man bereits zahlreiche andere Kenntnisse besitzen. Viele gerade in der Öffentlichkeit gemachten Aussagen ergeben ohne diese zusätzlichen Informationen wenig oder keinen Sinn – oder sie führen den Empfänger der Nachrichten zu einem falschen Schluss.

Illustrierte

Selbstverständlich existieren in Mexiko auch zahlreiche Illustrierte, die ihren überwiegend weiblichen Lesern mit vielen Bildern die **neuesten Trivialitäten** aus der Oberschicht, aus dem spanischen Königshaus, aus der mexikanischen und der US-amerikanischen Filmwelt brühwarm berichten. Andere populäre Themen sind das Schicksal vielfacher Mütter, die von ihrem Ehemann verlassen wurden, ärztliche Kunstfehler oder durch Verkehrsunfälle und Alkoholmissbrauch ausgelöste Familientragödien. Mehr noch als in Europa liegt der Hauptakzent dieser Blätter in Effekt heischenden Bildern und fesselnden Überschriften.

Daneben gibt es einen Markt von Illustrierten für alle Leserschichten. Diese Illustrierten arbeiten oftmals mit grausigen Farbfotos von **Verkehrsunfällen oder Naturkatastrophen:** zerstückelte Leiber, blutverschmierte Überlebende, schreiende Kinder, brennende Häuser und demolierte Autos auf der Titelseite sollen die potenziellen Leser zum Kauf des Blattes locken. Derartige Illustrierte wenden sich an Menschen, die sich entweder am Leid anderer Menschen ergötzen können oder – überspitzt formuliert – deren Leben offensichtlich so langweilig verläuft, dass sie mit vom Schicksal geschlagenen Menschen mitleiden müssen, um überhaupt ein Gefühlsleben zu haben. Die besonders blutrünstige Wochenzeitschrift *Casos de Alarma* („Alarmfälle") überspannte den Bogen Anfang der 1980er-Jahre und wurde trotz Millionenauflage kurzerhand von der mexikanischen Regierung verboten.

Wer durch die Straßen der Großstädte schlendert und sich die an den Zeitungsständen angebotene Literatur etwas genauer anschaut, gelangt zu der Erkenntnis, dass **sexuelle und erotische Themen** im Mexiko nach der Jahrtausendwende längst nicht mehr aus der Öffentlichkeit ausgeklammert sind – was allerdings nicht heißen soll, dass in Mexiko kein Platz mehr für Prüderie wäre. An den Kiosken der großen Städte hängen unzählige Sexhefte mit mehrfarbigen Fotos junger Menschen in eindeutigen Situationen. Diese Ausgaben sind längst nicht alle nur für heterosexuelle Männer, sondern auch für Homosexuelle und für die interessierte Damenwelt.

Fernsehen

Das Fernsehen ist – neben dem auf dem Land fast unverzichtbaren Radiogerät – mit Abstand das **am weitesten verbreitete Medium.** Nicht nur jede Familie der Ober- und Mittelschicht und jeder Single-Haushalt in den Großstädten verfügt über ein Fernsehgerät, auch in den Elendsvierteln haben viele Wellblechhütten einen – hart ersparten – Fernseher. Die im Vergleich zu anderen Medien weitaus größere Verbreitung der *televisión* hat in Mexiko seine besonderen Gründe: Einerseits können auch die zahlreichen Analphabeten dem TV-Programm – zumindest oberflächlich – folgen, andererseits erfordert das Fernsehen relativ wenig Aufwand (Konzentration, „Anfahrtsweg", intellektuelle Voraussetzungen etc.).

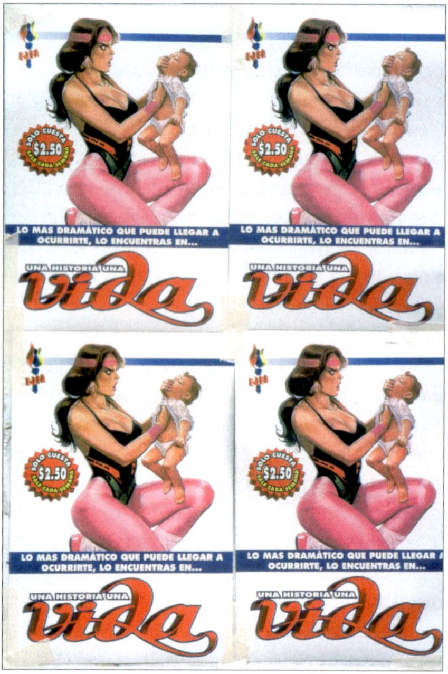

127mx Foto: kb

In Mexiko kommt noch ein weiterer, entscheidender Punkt hinzu: Fernsehen kann man - anders als Zeitung lesen oder Kinofilme sehen - **mit der ganzen Familie.** Der Fernseher läuft spät nachmittags, wenn die ersten *telenovelas* ausgestrahlt werden und die Kinder den Rest ihrer Hausaufgaben erledigen, er läuft am frühen Abend, wenn die Mutter das Abendessen zubereitet und die Kinder vom Spielen nach Hause zurückkehren, und auch am späteren Abend, wenn die älteren Kinder und die Eltern sich entspannen und dabei nicht alleine sein wollen. Er ist eben auch eine Art Babysitter und Kommunikationsersatz. Und er kommt dem mexikanischen Wunsch nach Geselligkeit sehr entgegen.

Fernsehen gilt seit den siebziger Jahren als **Lieblingsbeschäftigung der Mexikaner,** und so wird rund um die Uhr gesendet. Fernsehen ist für viele Menschen auf dem Land und in den ärmeren Wohnvierteln der Städte eine der wenigen Möglichkeiten, aus dem Alltagstrott herauszukommen. Dies gilt in Mexiko wegen der fehlenden finanziellen Möglichkeiten vieler Menschen stärker noch als in Europa.

Sender

Seitdem die staatlichen Fernsehsender an Privatleute verkauft worden sind, existieren in Mexiko **ausschließlich private Sender.** Diese finanzieren sich über Werbespots, die in sehr kurzen Intervallen - selten mehr als fünf Minuten - die Sendungen unterbrechen. *Televisa* und *TV Azteca* (v.a. mit Telenovelas) sind einflussreiche Sender und dominieren mit ihrem Angebot das Bild der zahlreichen Kanäle. *Televisa* ist für viele Kritiker das TV-Imperium, das für die inhaltliche Verflachung des mexikanischen Fernsehens und die völlige Anpassung an US-amerikanische Kommerzkanäle verantwortlich ist.

Einzelne **Regionalsender** strahlen auch in indianischer Sprache aus. Kanal 9 ist ein **Kulturkanal** und spezialisiert sich auf die Übertragung von kulturellen Reportagen, von Musik- und Tanzaufführungen sowie auf die Präsentation von Museen. Der Kulturkanal arbeitet mit Vertretern der Universität von Mexiko City zusammen und sieht sich zuständig für die Mobilisierung der Bevölkerung Ausstellungen und Konzerte zu besuchen. Die acht **Kabelprogramme,** darunter *CNN, CBS* und *ABC, HBO, Cinemax* und andere US-Kino-Kanäle, strahlen in englischer Sprache aus, mit und ohne spanischsprachige Untertitel. Daneben kann man den spanischen Kanal *Cartelera* empfangen.

Wer sich bereits **in Deutschland** ein Bild vom mexikanischen Fernsehen machen möchte, kann sich – sofern Satellitenempfang vorhanden – den Sender *Galavisión* zu Gemüte führen. *Galavisión* zeigt viele Unterhaltungs-Shows, klassische und folkloristische Konzerte, Quiz-Sendungen, Interviews und Talkshows. Nebenbei bemerkt: Die Sendungen von *Galavisión* sind eine gute Ergänzung des Spanischunterrichts, denn nirgendwo spricht man ein saubereres Spanisch als im mexikanischen Fernsehen.

Inhalte

Verglichen mit der exzellenten Malerei, Musik und Literatur Mexikos kann man – wie in Deutschland auch – bezüglich der Inhalte der Fernsehsendungen wahrlich nicht ins Schwärmen geraten. Technisch auf dem neuesten Stand, gut gemacht und professionell inszeniert, sind ihre Inhalte sehr stark auf Quoten ausgerichtet. Das Produkt (die Sendung) sollte nicht zu sehr ins Detail gehen, **nicht allzu anspruchsvoll** sein. Wichtig sind kurze und leicht verdauliche Einheiten. Bei den Shows wechseln viele Interviews mit Zuschauern aus dem Publikum im Stile der US-amerikanischen *„audience participation"* mit zahlreichen musikalischen Einlagen ab. In puncto Inhalt weist das Fernsehen den Weg in die Zukunft, es zeigt die Trends in der Weiterentwicklung der mexikanischen Gesellschaft.

Die vereinzelten **Regionalsender,** die zeitweise auch in indianischen Sprachen senden, konzentrieren sich dabei auf Nachrichten und Kurzreportagen. Der Kanal *Televisión Rural de Mexico* beispielsweise greift in der Art einer Volkshochschule landwirtschaftliche Fragen, Probleme der

Eine der Horror-Illustrierten wirbt mit der Story eines Kindermordes

Gesundheitsvorsorge und des täglichen Lebens auf. Er bietet zudem die Möglichkeit der Alphabetisierung nach der Arbeit.

Anspruchsvolle Fragen wie die nach der mexikanischen Identität, nach der Weiterentwicklung der politischen Kultur und des Kulturlebens, werden im Fernsehen fast ausgeklammert, obwohl durchaus Interesse dafür bestehen könnte. Dagegen dominieren **unkritische Nachrichtensendungen** mit vielen zusammenhangslosen Alltagsereignissen. Diese Art der Nachrichtengestaltung verstärkt bei den meisten Zuschauern den Eindruck, dass man am eigenen Schicksal kaum etwas ändern könne und dass man auf die gesellschaftlichen und politischen Verhältnisse insgesamt im Land schon gar keinen Einfluss habe. Dies entspricht jedoch auch weitgehend der politischen Kultur und der Mentalität vieler Mexikaner: Man nimmt die Geschehnisse so hin, wie sie sind und wehrt sich erst dann dagegen, wenn es gar nicht mehr anders geht. Vielen Politikern (auch der vermeintlich „revolutionären" *PRI*) kommt dies durchaus entgegen: Solange die glücklich endenden Fernsehgeschichten mit ihrem Leben unzufriedene Menschen beruhigen, erfüllen sie eine politisch stabilisierende Aufgabe.

Die **Schönheitsideale** der von Wenigen beherrschten mexikanischen Gesellschaft präsentieren sich selbstverständlich auch im Fernsehen: europäisch wirkende, schlanke junge Frauen mit langen Beinen, nicht selten mit blonden, langen Haaren – eben ganz das Gegenteil der Durchschnittsmexikanerin. Auch die idealisierten Männerbilder entsprechen selten dem Mann von der Straße: Meist sind es Männer im Stile des spanischen Schauspielers *Antonio Banderas,* darunter ist auch einmal ein athletisch gebauter *gringo* aus den USA. In der Werbung werden diese Bilder geradezu überzeichnet.

Die meisten Nachrichtensprecher, Showmaster, Interviewgäste, Politiker und Schauspieler in den selbst produzierten Fortsetzungsgeschichten ist weißhäutig. Die Weißen stellen im Land zwar nur eine kleine Minderheit, dominieren jedoch die Medien und lassen den Eindruck entstehen, in Mexikos Öffentlichkeit gebe es kaum Mestizen oder gar *indígenas.*

Telenovelas, Western und Sport

Mexiko gehört mittlerweile **zu den international großen Produzenten von Fernsehserien.** In den Studios der mexikanischen Hauptstadt entstehen alljährlich zahllose Folgen von *telenovelas,* die auch nach Peru und Argentinien, nach Spanien und Italien verkauft werden. Diese Serien spielen in aller Regel in Verhältnissen der Mittel- und Oberschicht und überwiegend in der Welt der Weißen. Sie handeln von verzwickten, glücklichen und tragischen Liebesgeschichten, von Seitensprüngen und von gesellschaftlichen Zwängen, von Problemen am Arbeitsplatz und von Schwierigkeiten zwischen Eltern und Kind.

Die mexikanischen, meist billig (weil größtenteils im Studio und mit wenigen Schauspielern) produzierten *telenovelas* beginnen am Nachmittag. Auf mehreren Kanälen gleichzeitig können die Zuschauer dann mitschmachten und sich zwischendurch immer wieder durch Werbesendungen berieseln lassen. Die meist dreißig Minuten langen Folgen haben bis zu 200 Fortsetzungen und binden ihre Fans damit ein ganzes Jahr oder mehr zu dieser Sendezeit an das Fernsehgerät. Gleichzeitig gaukeln sie – nach US-amerikanischem Strickmuster – ein Leben im Überfluss vor, das sich die allerwenigsten Mexikaner leisten können. Ein beträchtlicher Teil der Zuschauer geht noch zur Schule: Untersuchungsergebnissen der Regierung zufolge sehen mexikanische Großstadtkinder täglich vier bis fünf Stunden fern!

Die *telenovelas* produzieren und verstärken die **Sehnsüchte nicht nur junger Mexikaner nach westlichem Lebensstil,** nach individualistischer Lebensführung, nach einem Leben ohne strenge Beobachtung durch Eltern, Lehrer und Nachbarn, nach Luxusgütern, nach Markenartikeln und nach modeabhängigen Konsumgütern. Soziologen messen den offenen und versteckten Botschaften der *telenovelas* mehr Einfluss auf die Entwicklung des Einzelnen und der mexikanischen Gesellschaft zu als den Eltern, den Lehrern und der Regierungspolitik. Schließlich beeinflusst das Fernsehen nicht nur die Sprache der Kinder und Jugendlichen, ihre politische Ansichten und ihr Allgemeinwissen. Viele mexikanische Kinder wissen besser über die Figuren der „Sesamstraße", der *telenovelas* oder über Werbeslogans Bescheid als über ihre Nationalhelden oder die wichtigsten geschichtlichen Ereignisse ihres Landes.

Neben den *telenovelas* laufen in den mexikanischen Fernsehprogrammen häufig wiederholte **US-Western,** die gegen wenig Geld ausgestrahlt werden dürfen. Das Bild, das darin vermittelt wird, müsste eigentlich in einer so stark mestizisch und indianisch geprägten Kultur wie der mexikanischen auf Widerstand stoßen: Die guten Weißen bekämpfen die bösen Indianer oder gar die „miesen, kleinen Schnurrbart und Sombrero tragenden Ganoven". Doch es regt sich kein Protest. Häufig vertreten im mexikanischen Fernsehen sind zudem brutale Actionfilme, Krimis der uralten und der neuen Art, endlose US-Serien wie „Dallas", „Dynastie", „Savannah", „Miami Vice", „Magnum" „Baywatch" und „CSI".

Die **Sportberichterstattung** gehört zu fast jedem Sender. Beinahe jeden Tag kann man zumindest in einem Kanal ein live übertragenes Fußballspiel sehen. Am Wochenende folgt dann für die sportbegeisterten Mexikaner die ausführliche Berichterstattung über spanische, deutsche,

134mx Foto: kb

italienische und englische Fußball-Ligen. Darüber hinaus werden sich Stunden hinziehende Baseballspiele *(beisbol)* und zweitklassige Basketballpaarungen übertragen. Selbst Golfturniere kann man sich anschauen, ein Sport, den sich in Mexiko nur die reiche Oberschicht leisten kann.

Kommunikation und Konfliktmanagement

Die Art und Weise der zwischenmenschlichen Kommunikation unterscheidet sich mitunter stark von Kultur zu Kultur. Selbst innerhalb eines Landes existieren häufig verschiedene Techniken, eine Botschaft zu übermitteln: Ein Bayer mag in bestimmten Situationen eine bestimmte Nachricht ganz anders ausdrücken als ein Ostfriese – und beides kann im passenden Umfeld exakt gleich verstanden werden. Insbesondere in der Kommunikation zwischen Menschen aus unterschiedlichen Kulturen – hier: einer europäischen und der mexikanischen Kultur – treten häufig

Verständigungsprobleme bzw. Missverständnisse auf. Daher ist es wichtig, sich mit den Grundregeln der Kommunikation in Mexiko zu beschäftigen und dabei auch die eigenen „Techniken" zu reflektieren.

Die in Mexiko gängige Art der zwischenmenschlichen Kommunikation hat sich wie auch die deutsche **über Jahrhunderte hinweg entwickelt.** Indianische, spanische, französische, US-amerikanische und viele andere Elemente zusammengenommen ergeben die heutige mexikanische Kommunikation. In diesem Kapitel geht es um die große Bedeutung der richtigen Mischung aus direkter und indirekter Verständigung je nach Situation, um verbale und nonverbale bzw. paraverbale Kommunikation. So sind z. B. einige in Mexiko sehr gängige Handzeichen in Europa kaum bekannt. Auch die Art, wie man in Mexiko mit Konflikten umgeht, unterscheidet sich in vielen (allerdings nicht in allen) Punkten von der in westeuropäischen Kulturen üblichen.

Grundstrukturen der Kommunikation

Mexikaner achten mehr als Deutsche darauf, dass ein Gespräch in einer *positiven, Vertrauen schaffenden Atmosphäre* stattfindet. Dazu gehören die äußere Umgebung, ein freundlicher, offener Gesichtsausdruck, vielleicht auch ein leichtes Lächeln auf den Lippen und menschliche Wärme in der Stimme und der Gestik. So mancher Besucher aus anderen spanischsprachigen Ländern äußert – nicht selten mit einem Schuss Ironie oder gar Spott – seine Wahrnehmung, dass Mexikaner gerne besonders gefühlvoll sprechen, ja mit viel Herz in der Stimme geradezu singen. Die zahlreichen Diminutiva und die verbreiteten Höflichkeitsfloskeln im mexikanischen Spanisch, aber auch die aufmerksame und freundliche Gestik gehören ebenfalls dazu.

Ein anderer Aspekt ist der der Trennung zwischen Person und Sache, den man gerade in den westlichen Industrienationen so häufig thematisiert bzw. zur Rechtfertigung unhöflicher Verhaltensweisen heranzieht. In Mexiko hängen Entscheidungen sehr viel stärker von **persönlicher Gunstzuweisung** ab als von sogenannten objektiven, sachlichen Kriterien. Solche angeblich rein sachbezogenen Kriterien existieren für viele Mexikaner gar nicht; da alle Entscheidungen im Leben auf Menschen bezogen sind, muss man auch die betreffenden Personen einbeziehen.

Die Bedeutung para- und nonverbaler Botschaften

Paraverbale und nonverbale Elemente in der Kommunikation vermitteln – in Deutschland wie in Mexiko – **zahlreiche zusätzliche Informatio-**

nen über den Sprecher, die der Empfänger ebenfalls interpretieren muss. Mit der Art seiner Betonungen, Pausen, der Sprechgeschwindigkeit und der Lautstärke gibt der Sender dem Zuhörer auch Hinweise über seine Beziehung zu ihm (gleich-, über- oder untergeordnet), über seine eigene Position oder Perspektive und über seine Wünsche oder Forderungen bezüglich des Empfängers. Auch sein eventuelles Engagement bzw. seine Distanziertheit zu dem aktuellen Gesprächsthema liefert weitere Anhaltspunkte. Derartige para- und nonverbale Elemente in der Kommunikation, Unterschiede also, die verschiedene Sprecher trotz des exakt gleichen (verbalen) Inhalts produzieren, haben in Gesprächen zwischen Mexikanern eine ungleich höhere Bedeutung als in einem typischen Gespräch zwischen Deutschen (in denen sie natürlich auch vorkommen).

In Mexiko erfordern es gebotene Höflichkeit, Freundlichkeit und Toleranz häufiger, nach außen hin (d.h. in diesem Fall: verbal) Dinge zu sagen, die man nicht unbedingt so meint, und die man eben durch para- und nonverbale Elemente wie Betonung, Lautstärke etc. aufhebt bzw. relativiert. Ein eingeweihter Gesprächsteilnehmer wird die zusätzlichen Informationen verstehen und wissen, dass der Sprecher zwar die Etikette einhält, **tatsächlich jedoch eine andere Botschaft aussendet,** auf die man reagieren soll. Auch diese zusätzlich erforderlichen Kenntnisse in der zwischenmenschlichen Kommunikation sind Teil der für Mexiko typischen Hochkontextkultur.

Hinzu kommt gerade in der interkulturellen Kommunikation, also z.B. in einem Gespräch zwischen einem Mexikaner und einem Deutschen, eine weitere Schwierigkeit: Die **Interpretation der paraverbalen Elemente** durch den Empfänger muss mit der Botschaft, mit der Intention des Senders, nicht unbedingt identisch sein. Die richtige Interpretation para- und nonverbaler Elemente ist schon innerhalb einer Kultur nicht selten sehr schwierig. Und manchmal ist eben die para- und nonverbale Botschaft unter Umständen wichtiger ist als der Inhalt des Gesagten.

Direkte und indirekte Kommunikation

Wie bereits erwähnt, kommunizieren Mitteleuropäer – insbesondere Deutsche – in aller Regel direkter miteinander als Mexikaner. Wichtige kulturelle und soziale „Tugenden" (wie die besondere Achtung von Älteren, die zumindest symbolische Unterordnung von Nachgesetzten unter Vorgesetzte am Arbeitsplatz, die Zurückhaltung von Frauen gegenüber Männern, die allgegenwärtige Freundlichkeit und Höflichkeit und vieles mehr) verlangen von Mexikanern, in vielen Situationen den **indirekten Weg der Kommunikation** zu wählen.

So spricht man in Mexiko z. B. ein **persönliches Anliegen** nicht unbedingt direkt an, sondern bettet dieses in eine umfangreiche Vorgeschichte mit Details und Ausschmückungen, mit Fragen und Komplimenten an den Zuhörer ein. Oder man wählt eine dritte Person, die den Wunsch an den Betreffenden ausspricht. Auch **Fragen, die eine ehrliche Antwort erfordern,** stellt man in Mexiko ungern ohne Vorrede. Kontroverse Standpunkte und Kritik vermeidet man in alltäglichen Situationen eher einmal als in Deutschland; dazu gibt es andere Gelegenheiten: unter vier Augen, nach dem Arbeitstag (also nicht am Arbeitsplatz selbst), bei einem Bier oder einem *pulque* in einer *cantina* oder in einer besonders vertraulichen Situation.

Zunächst sucht man **Gemeinsamkeiten zwischen sich und dem Gesprächspartner,** betont das etwaige gemeinsame Interesse an diesem Anliegen, erinnert an gemeinsam erlebte positive Erfahrungen. Hat man dann am Ende das Anliegen geäußert, so setzt man sein Gegenüber zeitlich nicht unter Druck, sondern gibt vor, in diesem Augenblick noch keine Antwort (bzw. Zusage) erhalten zu wollen. Auch das erfordert die **Höflichkeit.** Spürt man jedoch, dass dieses Thema den anderen belästigt, stellt man seinen Wunsch/seine Kritik zurück, wechselt zu einem positiveren Thema und versucht es später noch einmal neu.

Möchte man nun die **Kritik zurückweisen, den Wunsch abschlagen oder das leidige Thema beenden,** kann man ebenso mit indirekten Techniken der Kommunikation arbeiten: Man kann vorgeben, den wichtigen Punkt überhört zu haben, man wechselt das Thema, man überrascht den anderen mit einem Geschenk oder Angebot („Darf ich Dich zu einem Bier oder einem *tequila* einladen?"). Eine andere, gängige Variante läuft wie folgt: Man sagt ohne viel Emotion und Engagement zu, macht dem anderen damit aber klar, dass er dies nicht als Zusage verstehen soll. Oder man erklärt, dass man nicht der richtige Ansprechpartner sei. Ein aufmerksamer Zuhörer wird diese Signale verstehen und nicht weiter insistieren. Wer dagegen nur die direkte Kommunikation gewohnt ist, mag vielleicht glauben, sein Gegenüber habe sein Anliegen gar nicht verstanden, und nun mit Nachdruck das Gesagte wiederholen. Damit jedoch tut man sich in Mexiko selten einen Gefallen: Dies kann der Gesprächspartner im Grunde nur als Unhöflichkeit wahrnehmen; der Bittsteller hat verspielt.

Angehörige aus Niedrigkontextkulturen – aus Gesellschaften also, in denen der Großteil der Nachrichten direkt und unverschlüsselt vermittelt wird – glauben häufig, die Mexikaner würden sich aufgrund dieser indirekten Kommunikationsweise nicht exakt verstehen. Dem ist jedoch nicht so. Wer in der mexikanischen Kultur aufgewachsen ist, weiß para-

und nonverbale Signale schnell wahrzunehmen und zu interpretieren, weiß, zwischen den Zeilen zu lesen und **sich indirekt und gleichzeitig sehr genau auszudrücken.** Mexikaner kodieren und strukturieren ihre Botschaften zwar anders – und vermeintlich weniger ausdrucksstark –, doch sie vermögen sich auf diese Weise genauso gut zu verständigen wie die Deutschen mit ihrer im Ausland mitunter so gefürchteten „direkten Art".

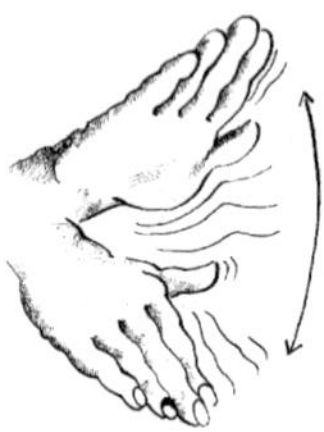

Adelante! „Vorwärts!" Kommen Sie bitte (näher heran)!

No. Geht nicht, will nicht, No way, José!

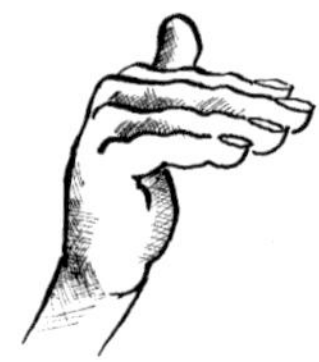

No, gracias! „Nein danke!" So lehnt man in Mexiko einen angebotenen Drink oder eine Zigarette ab.

Un momentito, por favor. „Einen Augenblick bitte."

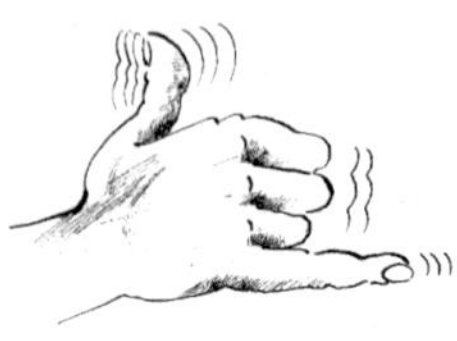

Lass' uns einen trinken gehen? Trinkst Du ein Glas mit?

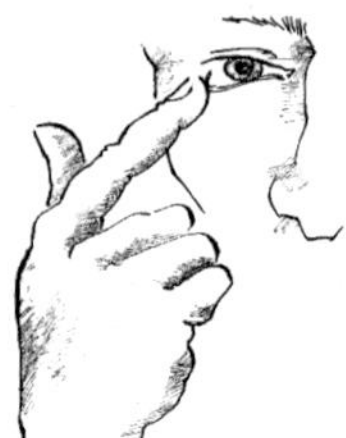

Ojo! (wörtlich: „Auge!") Vorsicht! Pass' jetzt gut auf! Oder: Achte auf diesen da!

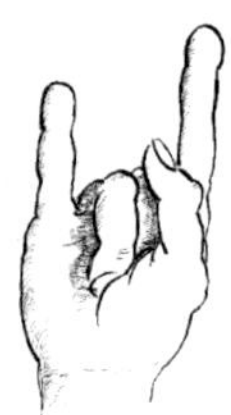

Cuernos („Hörner"): Verpiss' Dich, Leck' mich, Hahnrei (Hörner aufgesetzt bekommen).

Handzeichen

Viele der zahlreichen in Mexiko gängigen Handzeichen sind entweder in Mitteleuropa unbekannt, oder sie haben dort einen anderen Sinn. Die Verständigung mit Handzeichen beschränkt sich in Mexiko nicht auf bestimmte Alters- und Berufsgruppen, nicht auf Männer und auf bestimmte Situationen. Beim lebhaften und lauten Markttreiben, in der überfüllten U-Bahn, im Straßenverkehr, bei Demonstrationen und beim sonntäglichen Familienpicknick im Parque Chapultepec von Mexiko City sind diese Zeichen sehr nützlich. Einige Beispiele auf der linken Seite.

Konfliktmanagement

Entgegen vieler in Romanen und Hollywood-Western verbreiteten Klischees sind nur die wenigsten Mexikaner konfliktfreudig. In der mexikanischen Kultur – unabhängig von Alter, Geschlecht, Schicht und Wohnumfeld (Stadt/ Land) – haben **Harmoniebedürfnis und Höflichkeit** im zwischenmenschlichen Umgang einen deutlich höheren Stellenwert als die Bereitschaft zur Konfliktklärung, Konfliktaustragung und zur Konfrontation. Eine „Streitkultur" ist in Mexiko wenig entwickelt, eher schon die Kultur der Konfliktvermeidung und des Aushaltens zwischenmenschlicher Spannungen.

Ein ganz entscheidender Unterschied im Konfliktmanagement zwischen Deutschen und Mexikanern ist die Tatsache, dass letztere dazu tendieren, **Konflikte wesentlich eher und länger auszuhalten.** In Mexiko lebt man eher einmal mit einem Konflikt, man erträgt die mit ihm verbundene Last, den Druck. Dazu gehört auch, dass man es – wenn möglich – vermeidet, Konflikte offen anzusprechen. Vielleicht sehe ja nur ich dieses Problem als einen Konflikt an, denkt man sich. Einen Konflikt offen anzusprechen, bedeutet ja meist gleichzeitig, in den persönlichen Bereich des anderen einzudringen, die Regeln der Höflichkeit zu brechen. Im Zweifelsfall geht also Konflikttoleranz über Konfliktklärung. Eher gibt man dem anderen noch ein wenig Zeit, seinen Fehler zu bemerken und ihn stillschweigend auszugleichen. Zunächst geht man einmal davon aus, dass er weiß, was er falsch gemacht hat.

Wie in allen menschlichen Kulturen gibt es auch in Mexiko – zum Teil subtile, zum Teil ganz offensichtliche – **Techniken der prophylaktischen Konfliktvermeidung.** Bahnt sich ein Konflikt an, so hilft zunächst einmal schon bloßes Nachfragen. Möglicherweise hat mein Gegenüber (oder ich selbst) diesen konfliktträchtigen Punkt, dieses sein Malheur ja glatt übersehen. Die Frage „Habe ich Sie richtig verstanden?" oder „Ist das so in Ordnung?" können hier Klarheit schaffen. Als Fremder kann man in einer kritischen Situation auch einmal seinen Gesprächspartner fragen: „Ich kenne mich nicht so gut aus damit wie Sie, wie macht man das normalerweise?"

Eine große Bedeutung in der Vorbeugung von Konflikten spielt die **Vermeidung von Grenzverletzungen.** Dabei stellen sich Fragen wie: Wie weit darf ich gehen mit meiner Kritik, mit meinem Anliegen? Geht mich das etwas an? Fällt diese Sache nicht in den Arbeits- bzw. Zuständigkeitsbereich des anderen? Muss ich an dieser Stelle so tun, als hörte ich dies nicht? Sollte ich hier wegschauen? Manchmal ist es nicht einfach als Ausländer, zu wissen, wo die Grenzen zwischen der Pflicht, seine Hilfe anzubieten und den Gesetzen der Höflichkeit und Toleranz liegen. Diese Grenzen sind von Situation zu Situation, von Mensch zu Mensch unterschiedlich; auch die Vorgeschichte und die Absichten der Beteiligten spielen eine Rolle. Daher ist es schwierig, hierzu Tipps zu geben außer dem, dass man in Mexiko möglichst eher einmal reflektieren sollte, ob man mit einem bestimmten Verhalten oder einer Bemerkung die Grenzen des anderen verletzt.

Offen Feedback zu geben und (konstruktive) **Kritik zu üben,** wird in manchen Kulturen als Tugend angesehen. In Mexiko kann der durchaus gutgemeinte Versuch, den anderen zu kritisieren und ihm damit bei der Weiterentwicklung bestimmter Fertigkeiten behilflich zu sein, schneller schiefgehen als beispielsweise in Deutschland. In mexikanischen Familien und Schulen lernt man selten, explizit Kritik zu üben. Schon wer Nachfragen stellt, unterstellt damit unterschwellig seinem Lehrer oder Vorgesetzten, dass dieser eine bestimmte Thematik nicht deutlich genug erklärt hat. Sieht ein Mexikaner sich gezwungen, in einem Gespräch mit einem Freund, Kollegen, Verwandten oder aber auch einem flüchtigen Bekannten etwas zu kritisieren, versucht er es zunächst einmal mit Andeutungen.

Eine Möglichkeit, einem Fremden sein ungebührliches oder zumindest sehr unmexikanisches Verhalten vor Augen zu führen, ist es, ihm zu erklären, wie dies und jenes normalerweise in Mexiko getan wird. Hilft dies immer noch nicht, so probiert man es, indem man die Kritik aus der Sicht eines Dritten äußert: „Ein Bekannter von mir sagte jüngst, ...". Das Ganze unterstützt man damit, dass man dem anderen darlegt, zu welchen Problemen dieses (sein) Verhalten führen kann, welche Folgen es haben könnte.

Werden Konflikte nicht bereits in ihrem Anfangsstadium angesprochen, bewusst gehandhabt bzw. gelöst, können sich **die Konflikte mit der Zeit immer mehr aufschaukeln** – in manchen Fällen so sehr, dass sie am Ende partout nicht mehr zu ertragen sind. Dann kann der „Vulkan" ganz plötzlich explodieren. Wenn partout kein Ausweg in Sicht ist, wenn der Beleidigte, Betrogene, Enttäuschte oder Übervorteilte seine Rage durchaus nicht mehr bändigen kann, dann kommt es selbstverständlich auch in Mexiko vor, dass er den Konflikt mit einem Revolver oder einem Messer zu „lösen" versucht. Doch dies kann noch wesentlich schwerwiegendere Konflikte hervorrufen: die tödliche Rache der betroffenen Familie, eine Haftstrafe und die dadurch verursachte wirtschaftliche Not der eigenen Familie.

139mx Foto: kb

REISEALLTAG

*„Wo normalerweise zwei Menschen essen,
ist immer auch für einen dritten Platz."*

(mexikanisches Sprichwort)

Tourismus

Tourismus und Kultur

Tourismus und Kultur sind in Mexiko **enger miteinander verbunden als in den meisten anderen Ländern der Welt.** Einerseits reisen viele Touristen – vor allem aus Europa – der reichen und vielfältigen Kulturgeschichte wegen nach Mexiko, andererseits beeinflussen diese Besucher – gewollt oder ungewollt, positiv oder negativ – die zeitgenössische Kultur und Lebensweise der mexikanischen Bevölkerung. Darüber hinaus gibt es noch eine dritte Verbindung zwischen Tourismus und Kultur in Mexiko: Die für die Volkswirtschaft des Landes sehr wichtigen Einnahmen aus dem Tourismus erlauben die Förderung der einheimischen Kultur, zum Beispiel den Bau von Museen und die Finanzierung weiterer Ausgrabungen von präkolumbischen Siedlungen, Tempelanlagen und Heiligtümern, wirken sich also belebend auf das kulturelle Leben Mexikos aus.

Zwar wird auch in Mexiko seit Jahren über die Schattenseiten des Tourismus diskutiert, über die Einwirkung von Massen- und Individualtourismus auf Land und Leute, doch hat die Wirklichkeit bislang jede skeptische oder kritische Mahnung überholt. Der Trend geht eindeutig zum Ausbau des Tourismus. Mexiko ist seit 1970 eines der bedeutendsten Touristikländer der Welt und konnte in den letzten Jahren mehr **Einnahmen durch den Tourismus** verbuchen als die meisten anderen Entwicklungs- bzw. Schwellenländer. Lange Jahre war der internationale Fremdenverkehr Mexikos größter Devisenbringer, noch vor Erdöl und Industrieexporten.

Die Zahlen sprechen für sich: Derzeit besuchen jährlich etwa 8 Millionen Touristen Mexiko, davon kommen knapp 90 Prozent aus den benachbarten USA und aus Kanada, 7 Prozent aus anderen lateinamerikanischen Staaten und ca. 4 Prozent aus Europa. Die ausländischen Besucher brachten stattliche 4 Milliarden Dollar in die Kassen von Hotels, Flug- und Busgesellschaften, Restaurants, Ruinenanlagen und Souvenirläden. Etwa 10.000 Hotels mit insgesamt ca. 400.000 Zimmern sind auf die Hochsaison an Weihnachten, Ostern und Pfingsten vorbereitet. Der steigende Trend bei den Einnahmen erklärt sich daraus, dass vor allem die Touristen aus den USA sich des niedrigen Pesos wegen zu längeren Aufenthalten entschließen. Im Durchschnitt bleibt ein Tourist 16 Tage in Mexiko. In der Tourismusbranche Mexikos sind zurzeit etwa 2 Millionen Menschen direkt beschäftigt und mindestens ebenso viele indirekt (als Händler, Straßenverkäufer etc.).

Die **Entdeckung der Maya-Ruinen** Yucatáns in den 30er- und 40er-Jahren des 19. Jahrhunderts durch *John Lloyd Stephens* lenkte zum ersten Mal das Interesse der Welt auf die – hier kulturgeschichtlichen – Reize Mexikos. Seine Tagebücher und die hervorragenden Zeichnungen seines Begleiters *Frederick Catherwood* machten diese geheimnisvollen Stätten in Europa und den USA bekannt und lockten erste Besucher nach Mexiko. Unterbrochen von den Wirren der mexikanischen Revolution 1911 bis 1921, erwachte das Interesse an Mexiko mit den umfangreichen Ausgrabungen in der Sonnenpyramide von Teotihuacan, der Atlanten von Tula bei Mexiko City und mit den sensationellen Grabfunden von Monte Alban bei Oaxaca sowie im Tempel der Inschriften in Palenque. 1930 kamen insgesamt 20.000 ausländische Besucher nach Mexiko.

Vorreiter des späteren Bademassentourismus waren die Filmstars aus Hollywood, die im Winter an die Strände von Baja California und Mazatlán, Puerto Vallarta und **Acapulco** oder nach Tampico am Golf von Mexiko fuhren, um sich z. B. vom Trubel der Glitzerwelt zu erholen. Später flogen sie und andere betuchte US-Amerikaner auch schon einmal für ein verlängertes Wochenende nach Acapulco, das sich als mondänes Zentrum der internationalen Freizeitkultur innerhalb Lateinamerikas herausbildete. Entlang der Pazifikküste entstanden erste Hotelanlagen, und die *clavidistas*, die Quebrada-Springer (Klippenspringer) von Acapulco, machten Mexiko (auch durch die Werbung des Schweizer Musikers *Teddy Stauffer*, Gründer des Acapulco-Restaurants „La Perla") in aller Welt bekannt. In den 1960er- und 1970er-Jahren stand der Name Acapulco stellvertretend für sonnenverwöhnte Urlaubswochen, für Mariachi-Musik, gutes Essen, blaues Meer und lässige Lebensart. Was häufig vergessen wird: Zwei Drittel aller Urlauber in Acapulco sind Mexikaner, nur ein Drittel Ausländer.

Mexiko wurde auch über **Musik** in der Welt bekannter. In den 1950er-Jahren kam das mexikanische Volkslied *„Rancho Grande"* in seiner deutschen Version in die Charts: „Auf meiner Ranch bin ich König, die weite Welt schert mich wenig ...". *Trini Lopez* wurde mit seiner Version von „La Bamba", einem Tanzlied aus Veracruz an der Golfküste, weltweit bekannt. Kein geringerer als *Heino* machte das mexikanische Volkslied *„Cielito Lindo"* (wörtlich: „Schöner kleiner Himmel") unter dem Titel „Karneval in Rio" bekannt; er änderte dabei allerdings Zeit und Ort. Das Lied „Der Puppenspieler von Mexiko" (... ist einmal traurig und einmal froh) des farbigen kubanischen Schlagersängers *Roberto Blanco* wird heute noch im Radio immer wieder gewünscht. Des Weiteren wurde in

Deutschland das gängige Mexikobild mit beeinflusst durch Schlager wie zum Beispiel „Caramba, carajo" („... ein Whisky! Caramba, carajo, ein Gin! Verflucht, Sacramento, Dolores, und alles ist wieder hin!") von *Heino* oder durch „Fiesta mexicana" („Hossa! Hossa! Heut' geb' ich für alle zum Abschied ein Fest!") von *Rex Gildo*. Die Zillertaler Schürzenjäger aus Österreich, die eine unvergleichliche Mischung aus Volksmusik, Pop und Rock spielen, landeten Anfang der 1990er-Jahre mit ihrem gefühlsträchtigen Schunkellied „Sierra Madre del Sur" einen Riesenhit; wenn bei einem Konzert dieses Lied ertönt, flammen gleich Tausende von Feuerzeugen auf. Und auch die Message des alten Schlagerhits von *Catherina Valente* ist klar: „Das ist der Popocatepétl-Twist, der für den Pepe wie Tequila ist, sodass er alles auf der Welt vergisst, sogar den alten Muli vor dem Tor".

1968 erlebte der mexikanische Tourismus einen kräftigen Publicity-Schub durch die Ausrichtung der **Olympischen Spiele** in der Hauptstadt. Die Regierung verband die Olympiade mit einem großangelegten Ausbau der touristischen Infrastruktur, vor allem auf dem Feld der Hotelanlagen und Verkehrsverbindungen. Weitere Entwicklungsschübe erhielt der Tourismus durch die landesweit ausgetragenen **Fußballweltmeisterschaften** 1970 und 1986.

Seit Beginn der 1980er-Jahre ist **Cancun** an der Atlantikküste in aller Munde, jene Stadt vom Reißbrett, die heute in kleinen und großen Hotelanlagen und Resorts mit über 20.000 Zimmern etwa ein Fünftel aller Devisen Mexikos erwirtschaftet. Bis 1970 hatten an dieser Stelle nicht einmal hundert Maya-Bauern in Palmhütten gelebt, die diesen Ort *cancune*, „Gefäß am Ende des Regenbogens" bzw. „Goldtöpfchen", nannten. Sie ernährten sich vom Fischfang und dem Sammeln von *Chicle*, dem Grundmaterial für Kaugummi, im küstennahen Urwald der yukatekischen Halbinsel. Geballte Investitionen der mexikanischen Regierung und mehrerer Privatfirmen ließen entlang einer 20 km langen Landzunge ein in ihren Augen perfektes Badezentrum entstehen. Die natürlichen Bedingungen können kaum besser sein: Fast alle Zimmer in den Hotels haben Blick zum Wasser, entweder aufs Meer hinaus oder zur Lagune. Ausgeglichenes Klima, ganzjährige subtropische Temperaturen, geringe Niederschläge, kräftige Wellen, kristallklares und angenehm warmes Wasser, lange weiße Sandstrände, ausgedehnte Korallenbänke und einige kleine vorgelagerte Inseln – ideal für Tagesausflüge per Segelboot – sprechen für sich. Ein moderner, nahe gelegener Flughafen, ein archäologisches Museum, ein riesiges Kongresszentrum, mehrere moderne Einkaufszentren im US-Stil, Ferienhäuser und Ausflugsziele wie Chichen Itzá und Tulum runden das (Traum-)Bild ab.

Die mexikanische Regierung fördert weiterhin den **Ausbau des Tourismus** durch Investitionen in der Hotelbranche und im Gaststättengewerbe. Schwerpunkte bilden dabei die Küstengebiete für den Massentourismus und die Ruinenanlagen der präkolumbischen Kulturen im Landesinneren Mexikos: allen voran Teotihuacan und Tula bei Mexiko City, El Tajin nördlich von Veracruz, Monte Alban und Mitla bei Oaxaca, Palenque und Villahermosa sowie Chichen-Itzá und Uxmal in Zentral-Yucatán.

Mittlerweile lebt auch eine ganze Reihe von Städten zu einem beträchtlichen Teil vom Tourismus: die Pazifikküstenstädte Mazatlán und Acapulco, die „Perle der Karibik" Cancun, die „weiße Stadt" Merida, die idyllische Hauptstadt des oft als „am indianischsten" bezeichneten Bundesstaates Oaxaca, die Silberstadt Taxco, die Heimat der *mariachis,* Guadalajara, und auch Mexiko City, Übernachtungsort für zahlreiche Ausflüge im zentralen Hochland und für den Besuch des weltberühmten Museo de Antropología im Parque Chapultepec. Ohne die zahlreichen Touristen könnten diese Städte heute wirtschaftlich kaum mehr überleben. Erfreulicherweise investieren sie einen Teil der Profite in Verbesserungen der lokalen Infrastruktur, in den Ausbau der Archäologischen Zonen, in weitere Ausgrabungen und den Bau neuer Museen oder die Erneuerung bereits vorhandener.

Auswirkungen auf Arbeitsmarkt und Infrastruktur

Anders als in vielen anderen vom Tourismus stark beeinflussten Entwicklungsländern, profitiert in Mexiko auch ein beträchtlicher Teil der Bevölkerung vom Geschäft mit den ausländischen Besuchern. Der Tourismus garantiert derzeit ca. 4 Mio. **Arbeitsplätze,** und sicher nicht die schlechtbezahltesten des Landes. In den Tausenden Souvenirläden in der Nähe der Ruinen und Museen, an denen Männer, Frauen und Kinder jeglichen Alters Pullover, Keramik, Schmuck, mexikanischen Schnellimbiss und Getränke anbieten, lässt sich vom Reichtum der Weißen profitieren. Staatlich subventionierte Ausgrabungen in den zahllosen Ruinen verschaffen Archäologen und Anthropologen eine Verdienstmöglichkeit, und viele junge Menschen finden nach ihrem Studium einen ersten Job in den Hotelverwaltungen. Familienväter und Mütter verschaffen sich als Kellner, Zimmermädchen oder Wäscherin ein Auskommen. Dies ist besonders wichtig in einem Land, das seiner jungen Bevölkerung wegen jährlich viele hunderttausend neue Arbeitsplätze schaffen muss. Und anders als in vielen internationalen Tourismuszielen muss der Großteil der durch ausländische Besucher erwirtschafteten Devisen nicht für den Import luxuriöser Güter für eben diese Touristen (Möbel, HiFi-Geräte, Speisen,

Fahrzeuge etc.) ausgegeben werden. Mexiko selbst kann einen beträchtlichen Teil dieser Nachfrage befriedigen.

Auch **infrastrukturell** haben die Einnahmen aus dem Tourismus in Mexiko einiges bewegt: Die Wasserversorgung und die Abwasserkanalisation vieler touristischer Orte musste zwangsläufig verbessert werden; drastischstes Beispiel dafür ist Acapulco. Das Straßennetz (Panamericana, Küstenstraßen etc.) konnte erweitert und verbessert und das Flugnetz ausgebaut werden – für die zahllosen Familien, deren Mitglieder in verschiedenen Landesteilen arbeiten und sich nur in den zwei Monate langen Sommerferien oder an den großen Feiertagen sehen können, eine wichtige Verbesserung. Das Eisenbahnnetz ist vom Tourismus nur peripher betroffen, auch wenn die Strecke Los Mochis nach Chihuahua, von der Pazifikküste in die nordmexikanische Wüste, zu den beliebtesten Zugrouten der Welt gehört. Andere Routen werden vorwiegend von Rucksackreisenden benutzt und schaffen daher für die Regierung auch keinen Handlungsbedarf. Vom besseren Verkehrsnetz profitieren auch die zahlreichen Wallfahrten; oft ziehen halbe Dörfer Hunderte von Kilometern zu Fuß, per Lastwagen, Bus oder Zug zur Basilika der *Virgen de Guadelupe* – oder aber nur schnell für einen Tag zum Heiligenfest in die Nachbarstadt. Die Wallfahrer und Pilger sind strenggenommen auch Teil des mexikanischen Tourismus.

Gute Bewertungen erhielten die mexikanischen Behörden für ihre **Maßnahmen im Zuge des verheerenden Wirbelsturms** *Dean* im Sommer 2007 (informierende Vorwarnung, Evakuierung und Aufräumarbeiten). Der Großteil der Einwohner und Touristen war rechtzeitig informiert und geschützt, die Infrastruktur nach Abklingen des Hurrikans schnell wieder in Stand gesetzt worden. Das Ausmaß der Verwüstungen durch den Wirbelsturm *Noel* im November 2007 war jedoch so groß, dass hier der Bundesstaat Tabasco trotz guter Vorbereitung überfordert war.

Ein anderes, weniger attraktives Nebenprodukt des internationalen Fremdenverkehrs, die touristengebundene **Prostitution,** hält sich – anders als etwa in Thailand – stark in Grenzen. Für nicht-mexikanische Kunden konzentriert sich das älteste Gewerbe der Welt vorwiegend auf Tijuana an der Grenze zu den USA, wo sich täglich Tausende junger US-Soldaten im Drogen- und Alkoholrausch als häufig recht selbstbewusste, aber auch finanzkräftige „Botschafter“ ihres Landes präsentieren. Anders als in Europa und den USA ist die Prostitution in Mexiko längst nicht automatisch mit Kriminalität verbunden: In einigen mexikanischen Bundesstaaten ist sie per Gesetz nicht verboten. Zudem kann Mexiko auf eine lange Tradition der kommerziellen Liebesdienste zurückblicken: Auf dem Markt von Tenochtitlan und in Texcoco gab es umfangreiche Abteilun-

145mx Foto: kb

gen dieser Dienstleistungsbranche; die Damen zeichneten sich durch raffinierte Tätowierungen am ganzen Körper aus und sind heute z. B. auch in einigen Wandgemälden *Diego Riveras* verewigt.

Massentourismus am Beispiel von Cancun

Die Wahl zwischen sanftem, in engen Bahnen geregeltem Individualtourismus und Massentourismus stellt sich für Mexiko heute nicht mehr. Längst hat die Regierung die Weichen für eine Nutzung der internationalen Touristenströme in großem Maßstab gestellt. Am Beispiel des modernen Badezentrums Cancun lässt sich diskutieren, ob eine Bündelung der Urlauber an wenige Orte im Land langfristig mehr **Vorteile** bietet als die Förderung des Individualtourismus. Diese Überlegungen sind auch deshalb sehr wichtig, weil derzeit der staatliche Fond zur Förderung des Tourismus *(FONATUR: Fondo Nacional de Fomento al Turismo)* zehn weitere große Tourismusprojekte entlang der Pazifikküste südlich Acapulcos, nördlich von Cancun und auf der Halbinsel Baja California plant. Im Vergleich dazu sind die zahlreichen herrlichen Haciendas, die besonders am Wochenende von betuchten Mexikanern mitsamt der Großfamilie aufgesucht werden, winzige Einheiten.

146mx Foto: kb

Vieles spricht nach Meinung von *FONATUR* für das Modell Cancun: Die ganzjährige Auslastung der Hotelkapazitäten könnte kaum besser sein, die Anfahrtswege der Besucher sind kurz, die Versorgung mit Lebensmitteln u. Ä. kann zentral geregelt werden. Die Touristen bleiben weitgehend unter sich und „überfallen" nicht – einem Schwarm von Heuschrecken gleich – malerische Mayadörfer. Die Einwirkungen der Badetouristen auf die einheimische Kultur und Lebensweise mögen damit überschaubarer sein und die **Nachteile des Massentourismus** generell sich in Grenzen halten. Auch lassen sich, so argumentiert *FONA-*

TUR, die Vorgaben hinsichtlich der Architektur (keine Hochhäuser), des Umweltschutzes (Abwasser, Müllentsorgung etc.) und der über den Tourismus finanzierten Einrichtung von Naturschutzgebieten besser überprüfen und einhalten. Eine auf der ebenfalls bei Deutschen sehr beliebten Ferieninsel Mallorca 2007 durchgeführte Studie ergab, dass hier der klassische Massentourismus die Umwelt (Wasser- und Energieverbrauch, Müllentsorgung etc.) weniger belastet als der Inidividualtourismus. Gut möglich, dass dies auch für Cancun/Yucatán bzw. ganz Mexiko zutrifft.

Man betrachte sich nur einmal die jungen Besucher aus Nordamerika, von denen viele während ihres Cancun-Urlaubs Tag und Nacht zumindest angesäuselt sind. In Mexiko dürfen sie bereits mit 18 Jahren (oft noch früher) statt erst mit 21 Jahren, wie in ihrer Heimat, Alkohol trinken, und dies sogar in der Öffentlichkeit. Bei ihrem Anblick glaubt man gerne, dass es für die Menschen im Landesinneren von unschätzbarem Vorteil ist, diese Horden nicht durch die Straßen yukatekischer Dörfer ziehen sehen zu müssen. Dass hier das **traditionelle Wertesystem** vieler Maya leicht und nachhaltig im Zuge der wirtschaftlichen Nutzung dieser Besucherscharen in Frage gestellt werden würde, steht wohl außer Frage.

In Cancun z. B. finden die amerikanischen Touristen im Grunde alles, was sie brauchen: Tagsüber können sie Stunden am Hotelpool oder am Strand verbringen, Wasserski fahren, Shopping gehen oder Tagesausflüge entlang der südlicheren Küste Yucatáns sowie nach Tulum und Chichen-Itzá unternehmen. Dem archäologisch interessierten Besucher der ehrwürdigen (ehemals heiligen) Maya-Stätten bietet sich dann das unvergessliche Bild Kaugummi kauender Ausflügler, die gelangweilt mit Popcorn und Coca-Cola in der Hand vom Heiligen Cenote zur Pyramide des Kukulcán ziehen und unter der Hitze stöhnen.

Abends dann einsame Sandstrände im Mondschein für die Romantiker und Honeymooners, lauschige Restaurants und Cafés in der Altstadt von Puerto Juarez, dröhnende Musik und Lightshow-Orgien in modernen Disco-Palästen sowie Live-Musik (Mariachi, Hip-Hop und Rock) in international bekannten Häusern wie dem Hard Rock Café. Die **nächtliche Freizeitkultur** unterscheidet sich dann nur noch wenig von der Mallorcas oder Malagas. Und nach den ersten drei *tequilas* oder *margaritas* kann auch so mancher Tourist, der für seine Urlaubswoche in Mexiko mit Flug aus den USA oder Kanada kaum mehr als 500 Dollar bezahlt hat, nicht mehr mit Sicherheit sagen, ob er sich nun in Cancun oder Kansas, in Mexiko oder Malibu befindet. Was für die Einheimischen das andere Mexiko, ist für ihn dann das wirkliche Mexiko: Cancun.

Gefahren des Individualtourismus

Doch auch der mit den zahlreichen Rucksackreisenden verbundene Tourismus, der wie der Massentourismus von Kritikern als eine Art Neokolonialismus eingestuft wird, kann Probleme mit sich bringen. Viele Backpacker folgen in Mexiko meist einer in den Reiseführern empfohlenen Route und bewegen sich damit nicht weit ab vom Massentourismus, andere dringen in die **entlegensten Dörfer** vor und greifen dort in den Alltag ein.

Zudem **verhalten** sich nicht alle Einzelreisenden vorbildlich: Einheimische beklagen sich nicht selten über Traveller, die Verkaufswaren zu kaum noch rentablen Preisen herunterhandeln, Gastfreundschaft ausnutzen, sich selbst bereits nach dem ersten flüchtigen Kennenlernen zu Tisch einladen oder *fiestas* und Prozessionen der Einheimischen stören. Viele Backpacker stellen für kritische Mexikaner den negativen Prototyp des *gringos* dar: bärtig, ungewaschen, ungepflegt, schlampige Kleidung, Drogen und Alkohol im Gepäck. Nicht selten beobachtet man schlecht vorbereitete Individualtouristen, meist nur mit einem Pocket-Guide unterwegs (Mexiko für 10 Euro am Tag u. Ä.), wie sie die grundlegendsten Regeln des mitmenschlichen Umgangs (Höflichkeit, Einander-grüßen, Respekt beim Fotografieren etc.) in Mexiko – aus Unkenntnis oder Egoismus – missachten.

Chancen zum **Kontakt mit Einheimischen,** zu Erfahrungen mit einer anderen Kultur werden bislang außer im Rahmen von Sprachkursen (z. B. in San Cristóbal de las Casas, Oaxaca, Cuernavaca, Queretaro und San Miguel de Allende) nur wenig genutzt. Die in anderen Ländern (USA, Australien, Neuseeland etc.) populären „Visit-the-people"-Programme scheitern in Mexiko oft an der Sprachbarriere. Oder vielleicht auch am Interesse der ausländischen Besucher an den Menschen des Landes? Möglicherweise stehen auch bei den Einzel- und Studienreisenden die grandiosen Leistungen der indianischen Geschichte, die Reize der Berge, des Meeres, der Strände und der mexikanischen Küche weit im Vordergrund.

Geradezu deprimierend waren die Ergebnisse einer Anfang der 1980er-Jahre angelegten sozialwissenschaftlichen Studie, in der Teilnehmer von Studienreisen vor und nach ihrer Bildungsreise zu ihrer **Einstellung zu den Mexikanern** befragt wurden. Von dieser Art Touristen hätte man vermutlich eine offenere, empathischere Einstellung zu Land und Leuten erwartet als von einem repräsentativen Badetouristen aus Idaho oder Ohio. Vor Beginn der Reise äußerten sich viele Befragte noch recht skeptisch über die mexikanische Kultur und vor allem über die Menschen des Landes; deren Ehrlichkeit, Zuverlässigkeit, Fleiß und Intelligenz wurden offen oder zwischen den Zeilen in Frage gestellt.

Die Befragung nach der Mexikoreise förderte ernüchternde Antworten zutage. Wer gedacht hatte, auf der Reise durch Mexiko sei der anfängliche Kulturschock verarbeitet, verbindende Kontakte und Verständnis für die kulturellen Eigenarten der Mexikaner geschaffen worden, hatte sich getäuscht. Nach ihrer Rückkehr in die Heimat äußerten sich die meisten Befragten noch vorurteilsbeladener als vorher, noch kritischer und schlechter über die Bevölkerung Mexikos. Man sah sich geradezu in vielen Vorurteilen bestätigt.

Es lässt sich nun argumentieren, diesem Ergebnis lägen Erfahrungen mit überlasteten Kellnern und Hotelportiers zugrunde, mangelnde Spanischkenntnisse, eine mögliche Überforderung durch die tropische Hitze, die Höhe, das lange Tagesprogramm und die für manche zu lange Reise, Montezumas Rache u. Ä. Weiterhin kann man als Begründung anführen, viele Menschen könnten unmöglich innerhalb von zwei bis vier Wochen das ursprüngliche Bild von einer Kultur und deren Menschen von Grund auf in ihrem Kopf ändern. Nicht wenigen Besuchern fällt es schon schwer genug, sich nach Ende der Reise an die richtigen Namen mexikanischer Orte und geschichtlicher Personen: War ich nun in Taxos (Taxco), Osaka (Oaxaca), und was genau wollte dieser Revoluzzer *Emil Zatopek (Emiliano Zapata)*?

Dennoch muss das Ergebnis aufrütteln. Wenn selbst Bildungsreisen unter der Leitung erfahrener Mexikokenner Vorurteile und Berührungsängste gegenüber den Einheimischen nicht auflösen können sowie Verständnis für von einer anderen Kultur geprägte Menschen nicht fördern können, mag wohl nur eine gute, längerfristige Vorbereitung auf die Kultur des Gastlandes positive Ergebnisse bringen. Dazu kann die Lektüre dieses Bandes einen Beitrag leisten.

Esskultur

„Wer einmal *tortillas, frijoles refritos* oder *tamales* gegessen hat und das Land verlässt, geht an Heimweh nach Mexiko zugrunde!"
(mexikanisches Sprichwort)

Mexikaner verbringen täglich Stunden mit Essen und Trinken. In der feinen Gesellschaft vergehen ganze Abende und Wochenenden mit dem Dinieren unter Gleichgestellten; allein die Vorbereitung eines umfangreichen Festessens (etwa einer guten *mole poblano*) verlangt der Hausherrin bzw. den Dienstmädchen gleich mehrere Tage harter Arbeit ab. Man zeigt gerne auch am Essen, dass man sich's leisten kann. In den ärmeren Schichten Mexikos wird gezwungenermaßen zwar weniger Zeit und Aufwand auf Speis und Trank verwandt, das Essen ist weniger variantenreich, aber dennoch sehr lecker. Auch die Armen profitieren vom günstigen Klima und der vorteilhaften topografischen Lage Mexikos – es wächst einfach fast alles hier. Tropische Früchte, alle erdenklichen Gemüsesorten und Nüsse; viele von ihnen sind die meiste Zeit des Jahres frisch verfügbar.

Motecuzomas Delikatessen

Bekannt ist die mexikanische Küche für *tomate, chocolatl* bzw. *xocolatl* (Schokolade), *chili, aguacate* (Avocado), *amaranth* (das Müsli der Azteken), für vielfältige Maisgerichte (Mais wurde hier zuerst kultiviert), rote und schwarze *frijoles* (Bohnen) und vieles mehr. Für die spanischen Eroberer waren die neuen Speisen und Getränke oftmals ein harter Bissen bzw. bittere Medizin. Mexikos Küche steht aber auch für viel Raffinesse, Würze und Originalität. Kein Wunder, dass es mittlerweile auch in Europa zahlreiche exzellente (leider meist recht teure) mexikanische Restaurants gibt.

Nicht erst der Roman „Bittersüße Schokolade" von *Laura Esquivel* und seine geniale Verfilmung haben Mexikos Küche berühmt gemacht. Sie ist – wie so vieles in diesem Land – eine grandiose, geglückte **Symbiose aus indianischen und spanischen Traditionen.** Glaubt man kulturvergleichenden Studien, so gehört das Essen und Trinken der Völker der Erde zu den Kulturelementen, auf denen die Menschen am stärksten beharren, in denen gravierende Veränderungen nur sehr langsam vor sich gehen. Die Kochkunst und die Essgewohnheiten verraten denn auch überaus viel über die Mentalität eines Volkes. In Mexiko sagt man, die Farben der mexikanische Nationalflagge seien nach den Hauptzutaten der hiesigen Küche gewählt worden: Rot steht für Tomaten, *chili* und Bohnenbrei, Weiß symbolisiert den Käse aus Oaxaca, mit dem man manche fertigen Gerichte garniert, und Grün erinnert an geraspelte Salat- und Kohlblätter.

In einem so bevölkerungsreichen, kulturell und ethnisch so heterogenen Land wie Mexiko existieren verständlicherweise zahlreiche **regionale Besonderheiten.** Die wichtigsten lokalen Spezialitäten kocht man in der tropisch-heißen Küstenstadt Veracruz (z. B. *huachinango a la veracruzana*, ein roter Schnappbarsch in Tomatensauce, mit Kapern und Oliven), in der hochgelegenen Millionenstadt Puebla (z.B. die aus 28 Zutaten bestehende *mole poblano*, Pendant zur Vermischung der Kulturen in Mexiko), und auf der Maya-Halbinsel Yucatán (z. B. *cochinita pibil,* ein scharf gewürztes Wildschweingericht).

Sogenannte **Tex-Mex- und Cal-Mex-Gerichte** wie *chili con carne* sind weder mexikanische Kreationen noch regionaltypische Besonderheiten, sie sind in Texas und Kalifornien entstanden. Auch wenn sich diese Menüs heute bereits in zahlreichen mexikanischen Restaurants finden: Die wenigsten Mexikaner halten etwas von ihnen. Auch die während der „Los Wochos" bei *Mc Donalds* weltweit angebotenen Speisen haben nicht mehr viel mit mexikanischer Speise zu tun. Regionale „Gourmet"-Spezialitäten wie gebratene Leguane mit ihrem zarten Fleisch (in den Bundesstaaten Guerrero und Oaxaca) oder die proteinreichen Würmer *(gusanos)* wird man in mexikanischen Restaurants im Ausland kaum finden. Leguane und Würmer sind zwar delikat, doch nicht jedermanns Geschmacks. Zudem gelten sie als Essen der armen Leute; sie kosten die Menschen auf dem Land meist nur die Zeit zum Sammeln.

Küchenraum

Die Küche selbst ist in Mexiko – abgesehen von großen Restaurants und emanzipierten Partnerschaften/Familien – unbestritten das Reich der Frau. Dies gebietet allein schon die traditionelle Rollenverteilung der Geschlechter und die machistische „Ehre" des Mannes. Größere elektrische

151mx Foto: kb

Geräte haben in den meisten mexikanischen Küchen bislang noch Seltenheitswert, selbst der aus den eingeweichten Maiskörnern geknetete Teig für die vielen, vielen **tortillas** aus Maismehl, Wasser, einer Prise Salz und Kalk wird tagtäglich von mancher Köchin des Hauses noch per Hand geknetet und zwischen den Händen zu dünnen, runden Fladen „geklatscht". Wer sich die Zeit für die schweißtreibende Handarbeit nicht mehr nehmen will, der holt die Tortillas kurz vor dem *comida* (Mittagessen) in einer speziellen Bäckerei ab oder schickt seine Kinder aus. Insbesondere in Yucatán sieht man am späten Vormittag Frauen in ihren traditionellen weißen Maya-Kleidern, eine große Schüssel voller Maisbrei auf dem Kopf balancierend, zur Tortilla-Presse laufen. Die in Bäckereien gefertigten Tortillas verursachten 2007 Schlagzeilen, da ihr Preis in vielen Regionen Mexikos um 10-14% gestiegen war – für ein Grundnahrungsmittel ein extremer Anstieg, vor allem natürlich für arme Familien. Als Hauptgrund für die Teuerung wurde die wachsende Nachfrage nach Maisdiesel aus den USA ausgemacht.

Das **Fehlen eines Kühlschranks** in den meisten mexikanischen Haushalten auf dem Land beschränkt die Köchin keineswegs in ihren Möglichkeiten. Fast täglich geht sie zum *mercado* („Markt") und versorgt sich mit frisch geernteten Früchten, Salaten und Gemüsen, mit Fleisch, Käse und Eiern. So ist denn auch außerhalb der Großstädte der Speiseplan einer mexikanischen Familie stärker von den Jahreszeiten abhängig als etwa in Mitteleuropa, wo fast alles an Obst und Gemüse zu jeder Zeit im Supermarkt erhältlich ist.

Würzen

Ist das Essen weitgehend vorbereitet, geht es ans Würzen – in Mexiko ein eigenes Kapitel. Die mexikanische Küche gilt weltweit als *mucho picante*, so **scharf,** dass man nach jedem Essen Feuer spucken kann, doch dies trifft längst nicht auf jedes Gericht und jeden Mexikaner zu. Starkes Würzen würde den Eigengeschmack der Speisen zu sehr verdecken, außerdem ist das Pikante nicht jedermanns Sache. Wer es gern sehr scharf möchte, kann am Tisch mit Tabasco oder Chilipulver nachhelfen. Wer dagegen seine Geschmacksnerven schonen oder entspannen lassen will, kann mehr von den neutraleren Speisen auf den Teller legen: wenig gewürzte *frijoles refritos* (gebratener Bohnenbrei), crème fraiche oder einfach Tortillas. Für die etwas weniger an Schärfe interessierten Fremden haben Mexikaner übrigens in aller Regel viel Verständnis und würden niemanden zum Genuss von Chili (davon wachsen in Mexiko ca. 200 Arten) pur auffordern.

Ambiente

Mexikaner lieben es, **gesellig und lebhaft** zu essen, mit lauter Musik, viel Ramba Zamba im Hintergrund und mit angeregter Unterhaltung. Auch können sie eine beachtliche Geduld beim Warten auf das Essen beweisen – kein Kunststück: Man hat ja Taco Chips, Nüsse und andere Knabbereien. Entspanntheit und Geselligkeit sind auch beim Essen fern des heimischen Herdes Trumpf: In den Arbeitspausen, auf der Baustelle, dem Feld, im Büro, im Bus, im Zug oder im Auto – man lässt sich nicht aus der Ruhe bringen, einfach auch deshalb, weil man gar keine hat. Immer ist etwas los. Klassisches Beispiel sind die Samstags- und Sonntagsausflüge mexikanischer Familien in die schwimmenden Gärten von Xochimilco im Süden Mexiko Citys: Hier isst man stundenlang auf den langen Booten zu Mittag, lässt sich von Mariachi-Musik berieseln oder tanzt zwischen den Essensgängen immer wieder einmal eine Runde. Sehr lebhaft geht es auch auf den *mercados* zu, auf denen es zahlreiche Essensstände gibt. Man setzt sich auf die Hocker an der Esstheke, unterhält sich mit der Köchin oder mit Kollegen und beobachtet das bunte Treiben nebenan beim Fleisch-, Fisch- oder Käsestand. Außerdem gibt es in Mexiko schon seit Jahrhunderten **Take-Away-Gerichte:** Man fügt beim Bestellen des Essens *para llevar* hinzu und bekommt *enchiladas, tacos, tamales, quesadillas* oder *elotes* ohne aufwendige Verpackung zum Mitnehmen in die Hand gereicht und ein *buen provecho* („Guten Appetit") auf den Weg.

Mexikaner können beachtliche Mengen beim Essen verdrücken und lieben kleine Zwischenmahlzeiten zu jeder Tag- und Nachtzeit. An den Volksspruch „Frühstücke wie ein König, esse zu Mittag wie ein Fürst und zu Abend wie ein Armer" hält sich beim Anblick eines verlockenden, reichhaltigen Abendessens längst nicht jeder, auch wenn er sich an diesem Tag bereits zwei warme **Mahlzeiten** gegönnt hat. Zum *desayuno* (Frühstück) gleich nach dem Aufstehen gehören meist Bohnen, Eier, Speck, Schinken, Bratkartoffeln u. Ä. Das *comida* (Mittagessen) wird noch umfangreicher, und das *cena* (Abendessen) schlägt in manchen Familien alle Rekorde. So ist es kein Wunder, wenn man als Reisender mehr als nur einen Mexikaner mit ein paar überflüssigen Pfunden am Leib sieht.

Getränke

Die starke Sonne und der trockene Wüstensand in manchen Gebieten Mexikos erzeugen viele durstige Kehlen. Und die wollen benetzt werden. In ihrer Wirkung harmlos (weil alkoholfrei) sind *chocolatl* (Kakaopulver mit Wasser, Zimt, Pfeffer, Zucker und Salz angerührt, eine sehr energiereiche Mixtur), *atole* (Maismehl mit Wasser und Zucker; etwas gewöhnungsbedürftig) und *horchata* (gemahlener Reis bzw. gemahlene Melonenkerne und Wasser). *Agua mineral con* und *sin gas* (Mineralwasser), *jugos* (frisch gepresste Fruchtsäfte), *licuados* (Milkshakes mit Früchten u. a.), *refrescos* (Cola, Fanta u. Ä.) und *cocos* (Kokosnuss-Shakes) sind populäre Durstlöscher. Kaffee mit Zimt und Zucker beschließt ein ausgiebiges Mahl. *Cerveza* (Bier) trinkt man hier zu jeder Gelegenheit, gerne mit einer Prise Salz und einem Schuss Zitrone. Die mexikanische Marke *Corona* ist mit ihren durchsichtigen 0,3-Liter Flaschen weltbekannt.

Auf lange Tradition zurückblicken kann der **pulque:** Frisch aus dem Herz der *maguey* (einer Agavenart) entnommen, lässt man sie 24 Stunden gären und trinkt sie dann in handlichen Bechern bei Zimmertemperatur. *Pulque* wird nicht destilliert wie etwa *mezcal* oder *tequila;* der milchige, nicht scharfe, vitamin-, kalzium- und recht kalorienreiche Saft enthält nur ca. 4 bis 5 Prozent Alkohol (wie Bier), wirkt aber auch schnell. Die Azteken verwendeten *pulque* bereits in religiösen Ritualen und als Medizin. Heute gibt es in mexikanischen Dörfern spezielle *pulquerías,* zu denen Frauen keinen Zutritt haben (weil ohne Toilettenkabine, sondern nur mit offener „Regenrinne“ für die kleinen Geschäfte der Durstigen). Ausländer sind nur in Begleitung eines einheimischen Freundes gern gesehene Gäste. Insbesondere beim schweißtreibenden Pyramidenbau und bei der unmenschlich harten Arbeit in den Minen, auf den Haciendas und beim Schlagen von Urwaldhölzern haben Mexikaner *pulque* als eine Art Schmerzmittel genutzt. So, wie die südamerikanischen Indianer ihre Kokablätter kauen, um Hunger und Durst, Schmerzen und seelisches Leid besser zu ertragen, trinkt man in Mexiko den *pulque*.

Ebenso mexikanisch wie der *pulque* ist der **tequila:** Als Ausländer sollte man das mexikanische Tequila-Trinkritual kennen (am besten zu Hause beim Abschiedsabend vor der Abreise einmal ausprobieren!), sonst kann man sich vor Ort leicht blamieren. Den 40-prozentigen Schnaps gewinnt man (industriell wie privat) aus der blaugrünen *Magueyagave,* längst nicht mehr nur in dem kleinen Ort mit dem Namen Tequila nahe Guadalajara. Jährlich werden im Bundesstaat Jalisco, wo der nach dem Indianerstamm der Tiquila benannte Schnaps als geschützter Markenname gebrannt wird, über 70 Mio. Liter produziert, ein großer Teil davon in alle Welt exportiert. Mexikaner trinken *tequila* als Aperitif vor dem *comida* und *cena* (Mittag- und Abendessen) abends beim Kartenspiel, beim Picknick und bei vielen anderen Gelegenheiten.

Was benötigt man für das Trinkritual: Man nehme einen Schnitz Zitrone, eine Prise Salz, ein Glas *(fajo* oder *caballito),* ein Gläschen *sangrita* (aus scharfen Paprika und Orangen gepresst) und saubere Hände. Das Salz streut man auf den Handrücken (in die kleine Kuhle nahe dem Daumen), schleckt es ab und presst einige Tropfen Zitrone auf die gleiche Stelle. Die schleckt man nun ebenfalls ab und trinkt den *tequila* in einem kurzen Schluck hinunter. Falls man noch atmen kann, lässt man nun die *sangrita* folgen. Wozu das Salz, werden sich einige fragen. Das Salz soll ausgleichen zwischen der sauren Zitrone, dem feurigen *tequila* und der scharfen *sangrita*.

Sehr populär und weit über Mexiko hinaus bekannt sind auch der Agavenschnaps **mezcal** (mit einem putzigen Wurm in jeder Flasche, der im Herzen der Agave wächst), der **cuba libre** und der **coco loco,** ein fruchtigsüßer Cocktail, den man künstlerisch in einer kompletten Kokosnuss mit Strohhalm serviert.

Und dann ist da noch der **mexikanische Nationalcocktail margarita,** der in einem dem Champagnerglas ähnlichen Gefäß gereicht wird. Man benetzt den Rand des Glases mit Limonensaft und dreht ihn kurz in Salz. Dann mischt man zwei Teile weißen Brandy, einen Teil *tequila,* einen Schuss Limonensaft und ein paar Würfel zerstoßenes Eis. Der Geschmack – und auch die Wirkung – sind einfach umwerfend!

Wein wurde auf dem gesamten amerikanischen Kontinent zuerst in Mexiko angebaut. Die sandigen Böden der langgestreckten Halbinsel Baja California (Niederkalifornien) eignen sich hervorragend für den Weinanbau. Die trockenen, sonnenverwöhnten Weiß- und Rotweine der Winzereien Pedro Domeq und Calafia sind die populärsten Weinsorten in Mexiko; ihr Genuss ist jedoch weiterhin auf die Mittel- und Oberschicht beschränkt.

Nun hat der Alkoholgenuss nicht nur angenehme Seiten, zu viel davon führt zum **Alkoholmissbrauch.** Jeder Reisende wird im mexikanischen Alltag wie auf profanen und kirchlichen *fiestas* einmal angetrunkene Männer, *borachos,* bemerken, die durch die Straßen torkeln – keineswegs nur in den Städten, auch in abgelegenen indianischen Dörfern. Insbesondere Mexikaner, in deren Adern noch viel indianisches Blut fließt, werden schnell alkoholabhängig. Zerrüttung der Familien, der Sturz ins Elend und andere Schicksalsschläge sind oft die Folge übermäßiger Pulque- oder Tequila-Orgien. Die Zwänge des *Machismo,* die Wahrung der Ehre und der vermeintlichen Männlichkeit führen in angetrunkenen Männerrunden nicht selten zu schlimmen Beleidigungen, die am selben Abend oder Tage später zu Racheakten (zuweilen mit tödlichem Ausgang) führen. Einmal *boracho,* lassen viele Männer ihren Dampf, ihren

Frust auf das Leben ab, verfluchen die Regierung, die Kirche, das Land und irgendwann auch ihre Freunde bzw. Saufkumpels. Ohne es zu merken, setzen sie ihre eigene Existenz und die ihrer Familie aufs Spiel.

Praktische Tipps

Zurück zum Essen: Als Fremder sollte man insbesondere typisch mexikanische **Gerichte indianischer Herkunft,** die zum Teil spanisch beeinflusst sind, probieren. Dazu gehören *burritos* („Eselchen"), *enchiladas, tacos, tamales, elotes* am Essensstand eines *mercado, mole poblano* aus Puebla oder *mole de Guajalote* (ein äußerst aufwendiges Gericht), *pozole, flor de calabaza* und vieles mehr. Es empfiehlt sich, nicht nur die teuren Restaurants und Hotels auszuprobieren, sondern auch einmal auf dem *mercado* oder (noch besser) bei Einheimischen zu Hause zu essen, falls man eine Einladung erhält. Abschließend ein paar **Tipps,** damit der Kulturschock nicht auch zu einem Magenschock wird: Wasser sollte man in Mexiko aus hygienischen Gründen nicht aus dem Hahn trinken; gut abgekochtes Wasser, *agua mineral,* Cola oder Tee sind dagegen ungefährlich. Salate, kalte Speisen mit Mayonnaise u. Ä. und Eis von der Straße sind ebenfalls riskant für noch nicht angepasste Mägen. Vorsicht auch bei Gerichten, die in altem Fett gebraten wurden. Generell gilt zu Beginn einer Mexiko-Reise: mäßigen, nicht zu viel auf einmal, gut kauen, Getränke nicht eiskalt einnehmen, nicht zu scharf auf einmal – fast all das, was die Einheimischen wenig beherzigen ...

Sprache

„Was uns am meisten von Spanien trennt, ist unsere gemeinsame Sprache!"
(mexikanische Redensart)

Wer vor seinem ersten Aufenthalt in Mexiko bereits spanisch spricht, hat große Vorteile im Umgang mit den Einheimischen. Mexikaner empfinden es oft als ein Zeichen von Interesse und Höflichkeit, wenn Ausländer ihre Sprache sprechen, selbst wenn dies kaum über freundliche Begrüßungsformeln, Zahlen und „Bitte" und „Danke" hinausgeht. Mit der sogenannten Weltsprache Englisch kommt man zwar bei vielen Jugendlichen und in den internationalen Hotelketten sowie stark frequentierten Touristenrestaurants weiter, aber wesentlich seltener auf dem Land. Doch selbst dann kann man als Nicht-Mexikaner noch Verständigungsprobleme erleben, sei es auf einem indianischen Markt, wo viele ältere Frauen oft nur die wichtigsten Waren und die Grundzahlen in spanisch beherrschen, sei es wegen der Vielzahl von Mexikanismen, in denen sich das mexikanische Spanisch von dem des Mutterlandes unterscheidet.

Eine nähere Beschäftigung mit den sprachlichen Besonderheiten in Mexiko kann nicht nur rein verbale Missverständnisse vermeiden helfen, sie kann auch den kulturellen Hintergrund bestimmter Begriffe oder Eigenheiten erhellen und die zahlreichen Wortspiele und sexuellen Zweideutigkeiten in der mexikanischen Sprache verständlich machen.

Unterschiede zum europäischen Spanisch bestehen hinsichtlich des Wortschatzes, der Intonation, der Aussprache und der Schrift. Darüber hinaus liebt das mexikanische Spanisch Verkleinerungsformen und zahlreiche Koseformen von Namen. Die Neigung zum Gebrauch von Slang ist nicht nur bei Jugendlichen und im Milieu der Straße ausgeprägt; auch Arbeiter, ja ganze Berufsgruppen kultivieren ihren eigenen Slang. Zudem gibt es einen reichen Schatz an spezifisch mexikanischen Schimpfwörtern und Beleidigungen, je nach Anlass, Person, Härte und Absicht differenziert.

Mexikanismen

Die Unterschiede im **Vokabular** sind größtenteils historisch und kulturell bedingt. Dinge wie *chicle* („Kaugummi"), *tomate, cacahuate* bzw. *cacahuete* („Erdnuss"), *cacao, chocolate* und *aguacate* („Avocado") waren bis zur Eroberung Mexikos durch *Cortés* in Spanien unbekannt und hatten daher auch keinen Namen. Die *conquistadores* übernahmen in diesen Fällen die Bezeichnung meist aus der Sprache der Azteken, dem *nahuatl*. Ein weiteres Beispiel für die Kastellanisierung aztekischer Worte ist der *mitotero*, vom Wortstamm mit dem Namen für einen aztekischen Tanz verwandt, dem *mitote*, weniger aber in seiner Bedeutung: Einen *mitotero* (wörtlich: „ein Mythenmacher") nennt man in Mexiko einen Menschen, der gerne Geschichten erfindet und vermeintliche Gerüchte in die Welt streut, um selbst in der Anerkennung seiner Mitmenschen zu steigen.

Aber auch Termini aus der karibischen Sprache der Arawak-Indianer fanden Eingang in das spanische Vokabular: *maíz* für die traditionsreiche Kulturpflanze der mittelamerikanischen Ethnien, *hamaca* für eine ihrer beliebten Schlafutensilien, die Hängematte, und *tabaco* für das getrocknete Kraut, das man in die Pfeife *(tabac)* stopfte. Der *cacique*, der indianische Kazike (im Deutschen: „Häuptling") behielt wie das *canoa* („Kanu") seine Originalbezeichnung. Das Wort *indio* benutzt man heute in

174mx Foto: kb

Mexiko fast ausschließlich in abwertendem Sinne; insbesondere Mestizen meinen damit einen „primitiven", einfältigen Menschen. Der Ausdruck *indígena* hingegen ist korrekt und wertschätzend.

Darüber hinaus verwendet man in Mexiko bestimmte Synonyme zahlreicher Begriffe häufiger als in Spanien. Beispiele dafür sind *carro* und *vehiculo* statt *coche* (Wagen, Fahrzeug, Auto), vermutlich deshalb, weil in Mexiko der Handkarren und später der Ochsenkarren wesentlich gebräuchlicher waren als die *coche*, die Pferdekutsche. In Mexiko spricht man eher von *plata* (wörtlich: „Silber") als von *dinero* (Geld), eher von *papas* (einer Kurzform) als von den aus Peru bekannt gewordenen *patatas* (Kartoffeln).

Das mexikanische *boleto* ersetzt das *billete* („Eintrittskarte, Fahrschein, Ticket"), und zu einem Wohnblock sagt man in Mexiko *cuadra* („Viertel") statt *manzana* („Apfelschnitz"). Auch Förmlichkeiten und höfliche Floskeln wie das im Dienstleistungsbereich überaus populäre *„para servirle"* (wörtlich: „ich tue dies, um Ihnen zu dienen") haben sich in Mexiko aufgrund der traditionelleren Loyalitätsstrukturen, aufgrund anderer kultureller Hintergründe eher erhalten als im spanischen Mutterland. Klingelt das Telefon, so meldet man sich in Mexiko mit einem kurzen *bueno*, ohne dabei seinen Namen zu nennen. Und fällt einem einmal mitten im Satz ein Wort nicht ein, nimmt man das verbreitete, gedehnt ausgesprochene Füllsel *este* (wörtlich: „dieser, diese, dieses") zu Hilfe; ein *este* hat die gleiche Funktion wie das deutsche *äh* ... oder das argentische *che* ..., nämlich Zeit zu gewinnen.

Aus dem nördlichen Nachbarland und aus Großbritannien hat das Mexikanische Begriffe wie das auch in Deutschland („checken") sehr beliebte „to check" übernommen und zum Verb *chequear* werden lassen. Säugling und Kleinkind heißen auch in Mexiko eher *baby* oder (in der französischen Form) *bebe* als *lacante* oder *niño de pecho*. Auch spricht man von einem *paf* (gemeint ist eine im Stil eines Pubs eingerichtete Kneipe), in der man z. B. *güisqui* („Whisky") trinken kann. Viele Angehörige der gebildeten Mittelschicht oder der Oberschicht, die sich gerne als international erfahren präsentieren möchten, sagen heute nicht mehr *adios* oder *hasta luego* beim Abschied, sondern ein kurzes englisches *bye*.

Womit wir bei den über alles geliebten **Verkleinerungsformen** sind. In keinem anderen spanischsprachigen Land der Welt – außer vielleicht in Costa Rica – verwendet man so gerne die Diminutiva wie in Mexiko. Durch das Anhängen der Suffixe *ito/ita, cito/cita* oder *ico/ica* wird aus dem großen, vielleicht bedrohlichen ein kleines, überschaubares und nicht mehr beängstigendes Etwas. Dabei kann es sich um Gegenstände handeln (aus einem längeren Zeitraum wird ein *un ratito*, „ein kleiner Augenblick", oder ein *momentito*, ein „Momentchen"), um Namen (Pablito statt Pablo) oder um Adjektive und Adverbien: aus *ahora* („jetzt") wird *ahorita* (entspricht dem schwäbischen „jetzetle", kann aber auch das vertröstende „gleich" bedeuten), aus chico („klein") wird *chiquito* und dann gar *chiquitito* („winzig klein") und aus *lejos* („weit") wird *lejitos* („nicht arg weit, aber auch nicht allzu nah").

Eine Diminutivform verkleinert jedoch nicht nur Gegenstände, Menschen, Wegstrecken und Zeiträume; mit ihr kann man auch persönliche Zuneigung und Mitgefühl ausdrücken. Ein angehängtes *ito* bringt Gefühl und Wärme in die Gesprächsatmosphäre und relativiert auch gerne einmal ein augenblicklich sehr groß wirkendes Problem.

Jeder Spanier und jeder Südamerikaner wird einen waschechten Mexikaner an seinem **Tonfall** erkennen. Da Mexiko die mit Abstand größte spanischsprachige Nation der Welt ist, werden hier viele Fernsehfilme (allen voran die endlosen Serien der *telenovelas* – der soap operas) synchronisiert, die anschließend in ganz Lateinamerika, in Spanien und auf den Philippinen gezeigt werden. Jeder Spanisch-Muttersprachler erkennt gleich, in welchem Land die Synchronisations-Studios liegen. Das Mexikanische verfügt über eine andere Sprachmelodie. Für viele klingt es weicher, gesungener, es schwingt mehr Gefühl und weniger Härte, Bestimmtheit darin mit als im Spanischen. Mexikaner sprechen durchschnittlich auch langsamer, ruhiger und ausgeglichener als Spanier, was Linguisten auf die große Geduld des indianischen Anteils an der mexikanischen Mentalität zurückführen.

Auch die **Aussprache** des mexikanischen Spanisch unterscheidet sich in einigen Punkten vom europäischen Spanisch. Da – wie bereits erwähnt – die Mexikaner in aller Regel mehr Zeit zur Artikulation der Worte zu haben scheinen, klingt ihre Sprache prinzipiell deutlicher als die Sprache von *Cortés* und Co. Selbst der Endkonsonant (z. B. das häufige Plural-S) wird dann ausgesprochen. Das im europäischen Spanisch wie ein englisches „th" prononcierte „z" spricht man in Mexiko (wie auch in Südamerika) wie ein stimmhaftes „s" aus. Historisch lässt sich dies aller Wahrscheinlichkeit nach damit erklären, dass ein Großteil der *conquistadores* aus Regionen Spaniens wie Andalusien und der Extremadura stammte, in denen das „th" damals wie ein normales „s" klang. Einen weiteren Unterschied gibt es bei der Aussprache des Doppel-L: Während das Hoch- bzw. höfische Spanisch dies wie ein „lj" spricht, bevorzugt man in Mexiko die (populäre) Aussprache als einfaches „j".

In der **Schrift** existieren nur wenige nennenswerte Unterschiede. Einer betrifft auch den Namen des Landes. Während die Spanier den aztekischen Stamm der Mexica als Synonym für das ganze Land nahmen und später in der Schreibweise Mejico werden ließen, schreibt man den Landesnamen in Mexiko mit „x". Hier hat sich das zur Kolonialzeit übliche „x" erhalten, in Spanien nicht. Gleichzeitig differiert auch die Aussprache beider Worte: Aus dem mexikanischen „sch" für „x" wurde im europäischen Spanisch ein gehauchtes „j".

Ein weiteres Beispiel für Mexikanismen bilden die zahlreichen **Koseformen für bestimmte Vornamen.** In Mexiko ruft man die Tochter Rosalía *Chala*, den Sohn José *Chepito* oder *Pepe*. Der verbreitete Vorname Jesús wird zu *Chucho* oder *Chuy*, Francisco zu *Chico* und Dolores zu *Lola*. *Lupita* und *Pita* stehen für Guadalupe und *Quique* für Enrique.

Slang

Die Verwendung von Slang fördert in allen Ländern das **Gefühl der Zusammengehörigkeit,** festigt die Identität einer gesellschaftlichen Subkultur. Jugendliche, Arbeiter, Bauern und Menschen aus zwielichtigem und illegalem Milieu benutzen gerne Begriffe, die nicht alle anderen verstehen, die zum Teil als unanständig gelten und feine Leute abschrecken können. Bei einigen im Folgenden genannten Beispielen lässt sich der Ursprung der heutigen Bedeutung entweder zurückverfolgen oder erahnen, bei anderen kaum mehr. Wer als Mexikoreisender das ein oder andere Slang-Wort zur rechten Zeit und im richtigen Zusammenhang verwenden kann, sammelt fleißig Pluspunkte bei seinen mexikanischen Freunden oder Bekannten.

Zentrale Begriffe sind **„Vater"** und **„Mutter"**, entsprechend ihrer Bedeutung in der Familie und der Gesellschaft. Da die Mutter – im Gegensatz zur Geliebten oder Ehefrau – generell fast wie eine Heilige verehrt wird, verwundert es kaum, dass das Adjektiv *madre* (wörtlich: „Mutter") gut, großartig und stark bedeutet. Als Pendant dazu heißt *padre* „sehr gut", und unter *poca madre* („wenig Mutter") versteht man „wenig Scham". Ein *madreador* ist ein Rausschmeißer, ein finsterer Türsteher, und *madrazo* steht für einen schweren Schlag.

Es gibt noch mehr auf die Mutter zurückgehende Varianten: *Me vale madre* hieße wörtlich „Es ist mir Mutter wert", bedeutet im mexikanischen Slang allerdings das Gegenteil davon, nämlich „Es ist mit piepegal!" Auch sollte man als Reisender eine ältere Dame auf dem Markt oder auf der Straße nicht (vermeintlich liebevoll) mit *mamacita* (wörtlich: „Mütterchen") ansprechen, denn in dieser Form hat die Diminutivform einen abwertenden Sinn: *mamacita* ist eine abfällige Bezeichnung für ein (leichtes) Mädchen. Gleichzeitig ist der *padrote* nicht der große, im übertragenen Sinne angesehene Vater, sondern ein Zuhälter. Sehr gängig sind im mexikanischen Slang auch die (nicht abwertenden) Bezeichnungen **chavo** für Kerl und **chava** für das Mädchen bzw. die junge Frau.

Wenn man als Besucher des Landes eine **mordida** angeboten bekommt, sollte man nicht unbedingt gleich im Glauben, dass es sich hier um einen „Biss" handelt, ablehnen. Unter *mordida* versteht man – diplomatisch formuliert – finanzielle Zuwendungen im Zusammenhang mit Bestechung und Korruption.

Eine ganze Reihe von Slang-Termini haben die Mexikaner für ihren „großen Bruder" im Norden gebildet; zwei davon sind *el otro lado*, „die andere Seite" (des Tequila-Vorhangs) und *Gringolandia*. Für die Entstehung des Wortes **gringo** gibt es zwei Erklärungsversuche: Als in den Jahren der Großen Mexikanischen Revolution der Draufgänger *Francisco Pancho Villa* immer wieder mit seinen Reiterhorden zu Beutezügen über die Grenze in die USA ritt, versuchten US-Militärs in Vergeltungsschlägen den Revolutionsführer zu fassen allerdings stets ohne Erfolg. Auch die US-amerikanischen Soldaten gingen dabei nicht gerade zimperlich mit der mexikanischen Bevölkerung um, und so sollen die Einheimischen den grün uniformierten Kriegern zu- und nachgerufen haben: „Green, go home!" Daraus sei, so diese Variante, im Laufe der Zeit die verkürzte Version *gringo* entstanden.

Eine andere, weniger wahrscheinliche Theorie führt *gringo* auf das Verb *hablar griego* (wörtlich: „griechisch sprechen“) zurück, dem Pendant zum deutschen „Ich verstehe nur chinesisch“ bzw. „Das kommt mir spanisch vor“. Dieser bereits seit Jahrhunderten im Spanischen bestehende Hinweis auf sprachliche und kulturelle Verständigungsschwierigkeiten bzw. Missverständnisse könnte später zum Synonym für den für Mexikaner manchmal schwer zu verstehenden nördlichen Nachbarn geworden sein.

Schimpfen und Fluchen

Die Sprache der Straße offenbart gesellschaftliche Wahrnehmungsmuster, aber auch manche in der Öffentlichkeit ansonsten tabuisierte Dinge. Sie zeigt das Verhältnis der Einheimischen zu Politik und Kirche, zu Frauen bzw. Männern, zum eigenen Land und zu vielem anderen mehr. Eine ganz zentrale Rolle spielt dabei in Mexiko das Thema, um das sich auch die Diskussion um die ethnische und nationale Identität, um das nationale Selbstbewusstsein und Selbstwertgefühl dreht: um die Entstehung der mexikanischen Mestizen durch die Vergewaltigung, die **Schändung der mexikanischen Frau** – *Malinche* – durch den spanischen Eroberer *Hérnan Cortés*.

Schänden und vergewaltigen in seinem ursprünglichen Sinne drückt man in Mexiko mit dem Verb **chingar** aus, das man im restlichen Lateinamerika und in Spanien kaum kennt. Darüber hinaus bedeutet *chingar* aber auch im übertragenen Sinne (heftiges) Kopulieren sowie jemanden übers Ohr hauen – letzteres eine in Mexiko sehr häufig thematisierte Tätigkeit. *Chingar* gilt heute als das wohl meistgebrauchte Slang-Wort des ganzen Landes, und seine Verwendung ist nicht nur auf Männer und Unterschichtangehörige beschränkt. Der so häufige Gebrauch der Vokabel erklärt viel von der Mentalität, von der Beziehung der Mexikaner zueinander – manchmal im Sinne von „hart, aber herzlich“.

Chingar kennt zahlreiche Bedeutungsvariationen: *chinga tu madre* (wörtlich: „Schände, vergewaltige Deine Mutter!“) gehört zu den schlimmsten Flüchen und gröbsten Beleidigungen in Mexiko, und oft wechselt nach einer solchen Aufforderung die Kommunikation zweier Streithähne von der verbalen Ebene zur handfesten Auseinandersetzung. Leicht abgeschwächt heißt das gerade genannte Schimpfwort *vete a la chingada* (wörtlich: „Geh' zur Geschändeten“) – „Scher' Dich zum Teufel!“ In einem ganz anderen Sinn wird der aktive „Schänder“ verstanden; ihm bringt man gewissermaßen Anerkennung entgegen: Ein *chingón* ist jemand, der es versteht zu *chingar*, andere zu übervorteilen. Mit dem Titel *chingón* drückt man seine Hochachtung und seine Bewunderung aus.

Das Pendant (seine Sparvariante) des *chingón* ist der *chingaquedito*; der durch die angehängte Diminutivform verkleinerte Schänder wird so zu einer Nervensäge. Ein *hijo de la chingada* (wörtlich: „Sohn einer Geschändeten“) entspricht dem ernst gemeinten spanischen Fluch *hijo de la gran puta* bzw. *cabrón* (wörtlich: „Ziegenbock“). Weitere beliebte Schimpfwörter sind *pinche* (verflucht), *cabrón* („Ziegenbock“, Hurenbock) und *pendejo* („Schamhaar“, Trottel).

So hat auch beim Fluchen der spezifisch mexikanisch-historische Hintergrund und die Neigung der Mexikaner zur Beschäftigung mit der Frage nach ihrer ethnischen und kulturellen Identität eigene Versionen entstehen lassen. Mit etwas gutem Willen kann man auch dies als Zeichen der kulturellen Eigenständigkeit Mexikos interpretieren.

Folklore und Folklorismus

Folklore im Zeitalter von Kulturindustrie und Massentourismus

Folklore und Folklorismus sind weltweit existente Phänomene. Auch gibt es sie nicht erst seit dem 20. Jahrhundert, denn schon im 19. Jh. fühlte sich z. B. *Mark Twain* vom Folklorismus in den Alpen gestört. Es handelt sich hier um kulturelle Traditionen *(costumbres)*, die sich trotz des kulturellen und gesellschaftlichen Wandels über Jahrzehnte, ja Jahrhunderte erhalten haben und oftmals keine gesellschaftliche Funktion mehr besitzen. Zuweilen tauchen sie heute in einem ganz anderen Zusammenhang auf. Solche Traditionen sind **Relikte einer früheren Kulturphase, die künstlich am Leben erhalten werden,** z. B. weil man mit ihnen Geld verdienen kann. Dabei ist es zweitrangig zu untersuchen, ob die Darbietungen der Einheimischen nach den Kategorien „echt“ und „unecht“ überhaupt sinnvoll unterschieden werden können, ob es sich hier überhaupt noch um die Vorführung kultureller Traditionen handelt oder um reinen Kommerz. Dies gilt für Deutschland (hier vor allem für den Schwarzwald, Bayern und das Erzgebirge) wie auch für zahlreiche Dritte-Welt-Länder wie eben Mexiko.

Mexikanischer Folklorismus ist die häufig überzeichnet präsentierte Form von Folklore. Im kulturwissenschaftlichen Sinne kann man sie als Volkskultur aus zweiter Hand bezeichnen. Nicht nur speziell arrangierte Aufführungen, auch das Verhalten der Mexikaner zu den Touristen, ihre Kleidung, die Gerichte, die sie für die Besucher zubereiten, die Touristenhotels und -restaurants sind Erscheinungsformen des Folklorismus.

Folklorismus ist mittlerweile ein unverzichtbarer Teil des internationalen Tourismus geworden. Versteht man Folklore in diesem wissenschaftlichen Sinne und nicht nur blauäugig – wie dies in den allermeisten Reiseführern geschieht – als selbstverständliche Elemente der Volkskultur und Volkskunst, als „Sitten und Gebräuche", die es zu „pflegen" gilt, dann gehört Mexiko zu den folklorereichsten Ländern der Welt.

Trachten, Musik und Tänze

Trachten

Die **ursprüngliche indianische Kleidung** hat sich in Mexiko nur lokal und meist auch nur fragmentarisch erhalten. Wie in anderen Weltregionen auch, hat sich die indigene Kleidung im Laufe der Jahrhunderte verändert. Besonders stark war der Einfluss der Spanier, die neue Rohstoffe wie z. B. Schafwolle einführten. Statt ihrer gewohnten Tracht mussten die Eingeborenen – je nach Wohnort bzw. Hacienda – eine uniformartige Ausstattung anlegen. So konnten die *encomenderos* auf einen Blick die Stammeszugehörigkeit, den Arbeitgeber oder das Heimatdorf der Indianer erkennen. In einigen Regionen des Landes hatten die Eroberer ihren mehr oder minder versklavten indianischen Bediensteten zudem verboten, die traditionelle Indianerkleidung zu tragen. Auch heute noch findet ein ständiger Wandel in der indigenen Kleidung statt, der u. a. durch neue Materialangebote wie beispielsweise Lurexgarn und neumodische Stoffe auf den Märkten und in den Geschäften möglich wird.

Beispiele für traditionelle Kleidung, eben für Tracht, finden sich heute in Mexiko fast ausschließlich auf dem Land, vorwiegend in den Bundesstaaten Oaxaca, Veracruz, bei den Tzotziles und Tzeltales in Chiapas und den Maya der Halbinsel Yucatán sowie bei den Tarahumara und Huicholes in den Wüsten Nordmexikos. Hier spinnen und weben Indianerinnen ihre Kleidungsstücke weiterhin auf traditionelle Art, allerdings verwenden sie statt der althergebrachten Pflanzenfarben längst synthetische Farben. Zur Grundausstattung der Männer gehört neben einem Hemd und einer Hose häufig ein wollener Umhang und ein Hut. Die Frauen kleiden sich mit Rock, Bluse und dem *rebozo:* ein langer, breiter Schulterschal aus unterschiedlichem Material, meist aber Baumwolle oder Wolle, der selbst bei Temperaturen über 30 Grad Celsius umgelegt wird. Zur

Im Kulturzentrum von Merida erinnert ein Wandgemälde an das Leben der mexikanischen Aristokratie im 19. Jahrhundert

164mx Foto: kb

Versammlung des Dorfrats tragen Männer ihre *sarapes:* wollene, wasser- und windabweisende Umhänge mit geometrischen Mustern. Auf der Yukatan-Halbinsel dominieren bei den Männern weit geschnittene, plissierte Hemden und Frauen tragen hier den *huipil,* ein rechteckiges, großes Stück Stoff aus bestickter Baumwolle.

Der breitrandige, oftmals mit Silberapplikationen geschmückte *sombrero* aus Stroh stammt ursprünglich aus Spanien, selbst wenn er heute weltweit eher als „typisch mexikanisch" bekannt ist. Die im Bundesstaat Campeche aus den weichen Blättern der Jipi-Palme gefertigten Panama-Hüte sind in Mexiko jedoch mittlerweile wesentlich verbreiteter, weil sie nützlicher und handlicher sind.

Ein mit viel Liebe verzierter *sombrero* (wörtlich: „Schattenmacher") ist auch Teil eines traditionellen Charro-Anzugs. Diese ursprüngliche Festtagskleidung der *rancheros* und *charros,* der Viehhirten, besteht aus einem weißen Rüschenhemd, einer engen Jacke und einer knallengen Hose aus Rinderleder, an die Reihen von funkelnden Silberknöpfen genäht sind. Charro-Anzüge werden heute in den Straßen der Großstädte vorwiegend von *mariachis* getragen; Liebhaber bekommen sie manchmal auch in den landesweit existierenden Charro-Clubs zu Gesicht.

Ebenfalls sehr bekannt in Mexiko ist das China-Poblana-Kleid aus dem Hochland von Puebla: ein rot-grün bestickter Rock, über mehreren Unterröcken getragen und eine weiße Bluse mit umgehängtem Wollschal. Der Legende nach soll eine von den Philippinen nach Puebla emigrierte Chinesin zur Kolonialzeit diese spezielle Kleidung nach Mexiko gebracht haben. Das China-Poblana-Kleid trägt heute jedoch keine Mexikanerin mehr im Alltag; nur bei Trachtenumzügen, karnevalistischen Kostümbällen und Folklore-Shows ist es noch in der Öffentlichkeit zu sehen.

Musik

Neben den *rancheras* (traditonelle Volkslieder), *corridos* (erzählende Gesänge), Serenaden, *mañanitas* (Morgenlieder) und den *nuevas canciónes* (meist politische „Chansons") stechen in der mexikanischen Musik am ehesten die **Lieder der mariachis** hervor. Auch sie sind spanischen Ursprungs und haben im Laufe der Jahrhunderte Einflüsse aus Frankreich und anderen europäischen Ländern aufgenommen. Der Name geht vermutlich auf französische Soldaten zurück, die glaubten, dass diese Musiker in erster Linie anlässlich von Hochzeiten spielten. Tatsächlich handelte es sich jedoch zunächst um Wandermusiker, die in Guadalajara (heute vor allem an der Plazuela de los Mariachis) und in anderen Orten des Bundesstaats Jalisco zu verschiedensten Gelegenheiten ihr Können gegen Geld unter Beweis stellten. Erst später verbreiteten sie sich über das ganze zentrale Hochland Mexikos und wurden international bekannt. In unzähligen US-Western traten nun auch Mariachi-Gruppen auf, die den Hintergrund schummriger Bars oder romantischer Urlaubsparadiese bildeten. So wird sie heute fast jeder Besucher des Landes entweder in Mexiko City besonders auf der Plaza Garibaldi, in den Schwimmenden Gärten von Xochimilco oder abends in den Restaurants der Zona Rosa hören können. Um einen oder mehrere Sänger gruppieren sich dabei Gitarre *(guitarroues* und *vihelas),* Trompete, Geige, Bass, Klarinette, Tuba und Posaune. Mehr noch als bei den Vorführungen von Trachten handelt es sich hier um pures Geldverdienen, und in jeder Stadt gibt es einen offiziellen Tarif für jedes Lied, das die *mariachis* einem verliebten Pärchen am Tisch darbieten oder einer Touristengruppe im Park vorspielen.

Mexikaner spielen und hören überaus gerne Musik, während der Arbeit, auf der Fahrt im Bus oder Zug, zu Hause oder beim Familienpicknick im Park. Gerade jüngere Mexikaner treffen sich auch einmal in Restaurants oder Bars zu einer *peña,* auf der politische, meist **revolutionäre Balladen** im Stil der *nuevas canciónes* („neue Lieder") gesungen werden.

Für viele jugendliche Mexikaner zählt – abgesehen von Fiestas mit klassisch-mexikanischen Musikstilen – eine andere Art von Musik: **Pop und Rock.** Hier rangieren Superstars wie *Luis Miguel* und *Enrique Iglesias,* der Sohn von *Julio,* der noch heute alle großen Fußballstadien Lateinamerikas füllt, an der Spitze der Hitliste. Andere populäre Stars sind *Shakira, Juanes, Camila, Ricky Martin, Gwen Stefani, Reik, Ana Gabriel* und *Reyli.*

Folklore-Tänzerin aus dem Bundesstaat Oaxaca

167mx Foto: kb

Tänze

Volkstänze bezeichnet man in Mexiko als *bailes folklóricos*, Folkloretänze. Damit kommt man ihrer kulturellen Bedeutung am Ende des 20. Jahrhunderts sehr nahe. Ursprünglich unterschied man in Mexiko die geselligen Paartänze *(bailes)* von den rituellen Tänzen *(danzas)*. Volkstänze werden von großen und kleinen Ensembles jedoch nicht nur für ausländische Besucher aufgeführt, sondern sind Teil vieler *fiestas*. Mönche der Franziskaner und Dominikaner hatten gleich nach der Eroberung damit begonnen, die „heidnischen" Tänze – Zeremonial- und Ritualtänze – der Indianer umzuformen in christliche Tänze. So wurde z. B. aus dem Zeremonialtanz für die aztekische Erdgöttin *Tonantzin* ein Tanz zu Ehren der

Nationalheiligen *Virgen de Guadalupe*. Zu den spanischen Einflüssen gesellten sich später auch Elemente aus französischen Hoftänzen.

Ein besonderes spektakuläres Beispiel liefert der **„Tanz des Motecuzoma"**, in welchem die zahlreichen Tänzer in langen Aufführungen, geschmückt mit riesigen runden Federhüten, den Kampf zwischen *Motecuzoma* und *Cortés* darstellen. Diesen und andere indianisch-spanische Tänze kann man auch tagsüber auf dem *zócalo* der Hauptstadt zu sehen bekommen; kräftige junge Männer – als furchtlose Aztekenkrieger verkleidet – und hübsche Mexikanerinnen führen dort bei Trommel- und Muschelhornmusik Zeremonialtänze auf.

Neben zeitgenössischen Gesellschaftstänzen kommt man in den Städten Yukatans zuweilen in den Genuss von Tänzen, bei den Männer und Frauen geradezu artistisch Gläser auf dem Kopf balancieren. Bei anderen Tänzen wie z.B. dem in Yukatan sehr beliebten **„Jarana-Tanz"** bewegen sich die *danzantes* in komplizierten Schrittfolgen um einen langen Stab und verknoten dabei lange farbige Bänder miteinander – so wie dies auch aus manchen Regionen Europas als eine Art Verkupplungstanz bekannt ist.

Der *baile de viejitos*, **„Tanz der alten Männlein"**, erinnert an den Sieg von *Hérnan Cortés* über das Volk der Tarasken, deren Fürst dem spanischen *conquistador* seine Unterwerfung ausdrückte, indem er nach der verlorenen Schlacht im Kostüm eines alten Mannes vor *Cortés* trat. Die Viejito-Tänzer tragen dabei Holzmasken, machen zunächst einen sehr gebrechlichen Eindruck und beschleunigen ihre Tanzbewegungen nach und nach. Am Ende der Aufführung entpuppen sie sich dann als junge, flinke Männer.

Wie beim „Tanz des Motecuzoma" spielen beim **„Quetzaltanz"** der farbenprächtige Federkopfschmuck und bunte Kostüme die zentrale Rolle; dieser alte Tanz zu Ehren der Gefiederten Schlange hat sich am stärksten in den Bundesstaaten Puebla und Veracruz erhalten.

Eine Spezialität mehrerer Indianerstämme im Norden Mexikos ist der *baile de venado*; dieser **„Tanz des Hirsches"** sollte in früheren Zeiten für Erfolg bei der Jagd sorgen, heute meist für klingende Münzen.

Hier und bei den meisten der anderen genannten Tänze projiziert der Besucher ein Stück weit die in den westlichen Industriestaaten verlorengegangene heile Welt in die „natürlich" lebenden Darsteller der Folklore. Die Mexikaner werden so zu Menschen, die vermeintlich einen Kontrast zum die hektischen Rhythmus des westlichen Arbeitslebens bilden.

Gleichzeitig verstehen die gewissermaßen professionellen Schauspieler ihre Arbeit als Beitrag zur Erhaltung ihrer traditionellen Kultur oder zumindest einiger Elemente davon. Tatsächlich haben folkloristische Darbietungen oft zu einer intensiveren Beschäftigung der Einheimischen mit ihrer Kulturgeschichte geführt und so nachhaltig die Auseinandersetzung mit ihrer jetzigen kulturellen Identität und zeitgenössischen Einflüssen (vor allem via Medien) von außen gefördert.

Charreadas

Diese **Reiterspiele** werden heute statt wie ursprünglich auf den großen Haziendas von den Charro-Clubs in eigens dafür eingerichteten Stadien, z. B. im Hipódromo de las Americas in Mexiko City, aufgeführt. Die hier von jungen Männern unter Beweis gestellten Künste wie Reiten, der Umgang mit dem Brenneisen sowie das Einfangen ungezähmter Pferde und wilder Jungstiere mit dem Lasso sind vergleichbar mit den Übungen der US-amerikanischen Rodeos. In der Tat gehen die *charreadas* zu einem beträchtlichen Teil auf die Rodeos aus dem nördlichen Nachbarland zurück und nehmen immer wieder neue Entwicklungen aus den USA und Kanada (wo diese Wettbewerbe *stampedes* heißen) auf. Die Pausen der *charreadas* werden mit Mariachimusik und Volkstänzen sowie mit den Vorführungen der *escaramuza charra* gefüllt, den im Damensitz reitenden „Cowgirls".

Voladores

Eine kulturelle Besonderheit Mexikos sind die *voladores* (anderer Begriff: *tocotines*), deren **Entstehung** bis weit in die präkolumbische Zeit zurückreicht. Diese „Flieger" oder „Vogelmenschen" sind zum Beispiel am Fronleichnamsfest in Papantla, in der mixtekischen Totenstadt Mitla nahe der Ruinenanlage, in Acapulco, Teotihuacán und im Parque Chapultepec vor dem Anthropologischen Museum in Mexiko City zu sehen. Bei den *voladores* handelte es sich ursprünglich vermutlich um eine Zeremonie des Stammes der Totonaken, die im Zusammenhang mit der ersten Bekanntschaft der mexikanischen Indianerstämme mit dem Mais, dieser für die mittelamerikanischen Völker so wichtigen Kulturpflanze, entstanden ist.

Vier *tocotines*, **fliegende Männer,** die die vier Elemente Erde, Wasser, Feuer und Luft symbolisieren, schweben kreisförmig von einem etwa zehn Meter hohen Mast herunter, mit dem Kopf nach unten. Ihre Füße sind an ein langes Seil gebunden, das sich durch die Drehbewegung der vier Flieger *(voladores)* langsam abwickelt, bis die vier Flieger den Erdboden erreichen, sich wieselflink umdrehen und mit den Füßen „landen". Ein fünfter Mann, die Sonne verkörpernd, sitzt derweil in schwindelerre-

219mx Foto: bh

gender Höhe auf der Mastspitze, dreht sich mit, tanzt, trommelt und spielt dazu Flöte.

Wie so oft in religiösen Zeremonien der mexikanischen Indianervölker taucht auch hier die **Dimension der Zeit** auf, zu erkennen an einem „Zahlenspiel": Die vier Männer drehen sich beim Abwickeln genau 13 mal um den Mast. Bei vier Fliegern ergibt dies eine Gesamtzahl von 52 Umdrehungen, was der Anzahl der Jahre in der langen Kalenderrunde der Maya (und gleichzeitig der Anzahl der Wochen im gregorianischen Kalender) entspricht. Ursprünglich, so berichten die Quellen früher spanischer Chronisten, haben diese Zeremonien nur alle 52 Jahre, also am Ende der sogenannten langen Kalenderrunde, stattgefunden. Später dann wurden sie einmal im Jahr veranstaltet. Heute jedoch, da die Aufführung dieses Schauspiels für die von den Azteken auch als „Vögelgötter" bezeichneten *voladores* die Sicherung des Lebensunterhaltes bedeutet, präsentiert man dieses Spektakel mehrfach am Tag. Kurz vor Ende der jeweiligen Aufführung gehen weitere kostümierte „Flieger" durch die Zuschauermenge und sammeln Spenden ein. So ist auch aus dieser einst heiligen und im Glauben der Totonaken überaus wichtigen Zeremonie eine Folkloreveranstaltung geworden. In manchen Regionen hat diese Aufführung jedoch noch zumindest zum Teil den Charakter des Religiösen bewahrt – dort, wo sie nur einmal im Jahr, an einem bestimmten Festtag, nach umfangreichen Vorbereitungen veranstaltet wird. Hier wird vor dem Aufstellen des schweren und langen Mastes durch die zahlreich versammelte Dorfjugend auch wie in früheren Zeiten ein Huhn geopfert und am Mastende im Boden begraben.

Insbesondere in der **Stadt Papantla** im Bundesstaat Veracruz, wo die *voladores* am Fronleichnamsfest als Höhepunkt der ausgedehnten Festlichkeiten ihren Mut beweisen, lockt das Spektakel alljährlich zahlreiche Besucher aus dem In- und Ausland an. Die Touristen reisen oft bereits mehrere Tage zuvor an, und so ist diese Veranstaltung zu einer wichtigen Einnahmequelle Papantlas geworden.

Stierkampf und Hahnenkampf

Der aus Spanien stammende **Stierkampf,** die *corrida de torros,* hat auch in Mexiko zahlreiche Anhänger gefunden, die sich regelmäßig in den über 200 Arenen des Landes versammeln. Um das Mutterland zumindest einmal mehr zahlenmäßig zu übertrumpfen, haben die Mexikaner 1945 in ihrer Hauptstadt die mit 80.000 Plätzen größte Stierkampfarena der Welt erbaut. Hier zeigt sich einmal im Jahr auch der Staatspräsident, bezeichnenderweise am „Tag der Streitkräfte". Zwischen November und März, wenn in Spanien Winterpause herrscht, versuchen hier die besten Toreros der Welt ihr Glück in dieser *Plaza de Toros* genannten Arena, in der die Kampfstiere nicht immer vom Matador getötet werden. Bereits fünf Jahre nach der Eroberung Tenochtitlans präsentierten die Spanier den ungläubigen indianischen Zuschauern die zeremonielle Tötung eines Kampfstieres in einer Arena.

Ähnlich blutig und daher von Tierfreunden verurteilt ist der **Hahnenkampf,** die *pelea de gallos.* In einer kleinen, meist überdachten Arena *(palenque)* schickt man zwei kräftige Hähne in den Kampf, nachdem man an ihren Füßen scharfe Stahlklingen befestigt hat, mit denen sie sich gegenseitig verletzen und töten können. Zuvor haben die Zuschauer Wetten abgeschlossen, wer von beiden siegen wird.

Voladores in Tulum

Kunsthandwerk

Auch die vielfältigen Formen des mexikanischen Kunsthandwerks sind zum großen Teil längst durch Massentourismus und Kulturindustrie zu Folkloreobjekten geworden. Viele Produkte gehen zurück auf Traditionen der *culturas poulares,* der indigenen mexikanischen „Volkskulturen" des 16. Jh. In vielen Fällen benutzen diejenigen, die die traditionellen Gebrauchsgegenstände produzieren, jene selbst nicht mehr, weil es für sie moderneren, zeitgemäßeren, billigeren oder bequemeren Ersatz gibt. Dies gilt auch für Keramikfiguren, weniger aber für die **Keramikgefäße,** die in der Küche auch heute beste Verwendung finden. Sie sind gewissermaßen zeitlos, weiterhin sehr praktisch und billig in der Herstellung. Auch die seit Urzeiten gefertigten **Korb- und Flechtwaren** aus Michoacán, Querétaro und Toluca haben im Haushalt der Frauen gerade auf dem Lande noch eine reelle Wettbewerbschance gegenüber importierten Plastikartikeln aus den USA und China.

Ebenso sind viele Textilwaren nicht unbedingt reine Folklorefertigung: Die in unzähligen Geschäften und an den Ständen nahe der präkolumbischen Ruinenanlagen angebotenen *blusas bordadas* (bestickte Blusen), *rebozos* (Wollschals), *sarapes* (wollene Umhänge für Männer) und *hamacas* (Hängematten) werden auch heute noch in Mexiko getragen bzw. benutzt – zwar nicht mehr von der Mehrheit der Bevölkerung, doch häufig noch in Landgemeinden, und dann nicht nur als folkloristische Festtagstracht.

Schmuck wird zum allergrößten Teil von Goldschmieden auf Vorrat produziert; Orte wie die sogenannte „Silberstadt" Taxco leben zu einem beträchtlichen Teil vom Verkauf dieser Replika nach aztekischen und mixtekischen Vorbildern an Touristen. Erst der Einsatz von US-Amerikaner *William Spratling* machte aus dem mexikanischen Silberschmuck eine Ausprägung der Folklore; *Spratling* revitalisierte Taxco ab den 1930er-Jahren, indem er dort sage und schreibe 1500 Silberschmiede ausbildete. Kupfer- und Messingteller mit Darstellungen des aztekischen Kalenders, figürlich geschliffene Halbedelsteine, Lackarbeiten, Aquarelle, Rindenmalereien, *vidrio soplado* (mundgeblasenes Glas) und Lederwaren aus dem Fundus der mexikanischen *charros* sind weitere Beispiele für den einträglichen Folkloremarkt. Holzschnitzereien (Holzmasken, Tierfiguren, Puppen und Ähnliches – in San Cristóbal de las Casas und Umgebung auch Darstellungen von *subcomandante Marcos* und Gefolge) finden heute ebenfalls nur noch selten ihre ursprüngliche Verwendung in rituellen Tänzen – eher schon schmücken sie die Wohnzimmerwände der ausländischen Besucher oder werden als Kinderspielzeug benutzt. In diesem Zusammenhang sind auch die bunten Lebens- und Totenbäume zu erwähnen, die man ursprünglich nur auf Hausaltären beim Tag der Toten für die zum Besuch verweilenden Seelen der Verstorbenen aufstellte. Diese Dinge haben im Alltag der Einheimischen weitgehend ihre **ursprüngliche Funktion als Gebrauchsgegenstand verloren** zugunsten der kommerziellen Produktion für Touristen. Dies muss nicht ausschließlich mit einer deutlichen Qualitätsminderung einhergehen, ist jedoch nicht selten der Fall.

Perspektiven

Für die meisten Reisenden ist der **Besuch einer mexikanischen Folkloreshow** eine attraktive und unterhaltsame Möglichkeit, kulturelle Elemente der vielen indigenen Ethnien kennen zu lernen und sich mit der Geschichte des Landes und der Vermischung der Kulturen (dem *mestiziaje*) zu beschäftigen. Die Organisatoren und auch die allermeisten Darsteller der Shows verstehen ihr Handwerk sehr wohl. Folkloristische Aufführungen werden in aller Regel im Laufe der Jahre immer wieder aufgrund des sich verändernden Publikumsgeschmacks modifiziert. In den vergangenen Jahren ist zum Beispiel die sogenannte „audience participation", die oft komödiantische Beteiligung der Zuschauer, sehr in Mode gekommen.

Der Folklorismus in Mexiko konserviert somit vergangene Modeerscheinungen, und neben ihm spielen sich – völlig unabhängig und unbeeinflusst davon – die wichtigeren **kulturellen Entwicklungen** ab, beeinflusst von außen insbesondere via Fernsehen und Werbung. Gerade Folklore-Shows, aber auch das Phänomen, dass Touristen, traditionelle Gebrauchsgegenstände erwerben, verdeutlichen die Ohnmacht des Folklorismus hinsichtlich der fortschreitenden kulturellen Entwicklungen.

Folklorismus vermag jedoch gleichzeitig auch überholte Einstellungen zu konservieren, die soziale Verhaltensweisen miteinschließen. Das Geschäft mit der mexikanischen Folklore führt dazu, dass bestimmte kulturelle Traditionen punktuell bewahrt werden, die gesellschaftlich eigentlich längst überholt sind. Die Fixierung derartiger Traditionen auf einer angeblich sehr alten Stufe ist eine sehr späte Erscheinung. Denn solange Kulturtraditionen wirklich lebendig sind, verändern sie sich auch.

Es gibt neben Papantla *(voladores)* in Mexiko zahlreiche Beispiele dafür, dass die Bevölkerung kleiner Dörfer in traditionell strukturschwachen Gebieten durch die Nachfrage der Besucher nach „ursprünglicher Kultur" soviel Distanz zu ihrer Vergangenheit gewonnen hat, dass sie diese folkloristisch zu bewältigen beginnt.

Die **Touristen** treten dabei den Einheimischen mit einer normierten Rollenerwartung entgegen; sie suchen nicht Elemente des modernen Lebens, sondern den starken Zauber des Urwüchsigen. Die mexikanischen **Einheimischen** wiederum akzeptieren im Regelfall diese Erwartung und suchen ihr gerecht zu werden – sie übernehmen die ihnen zugemutete Rolle. Soweit die *voladores*, Tänzer, Musiker, *charros* etc. dadurch in Konflikt geraten mit ihren eigenen Normen, spielen sie eine Doppelrolle: Untereinander und in ihrem Privatleben machen sie sich die wirtschaftlichen und kulturellen Fortschritte zu eigen, den ausländischen Touristen gegenüber geben sie sich dagegen als lebende Relikte einer vergangenen Zeit. Und dies ist schließlich für sie auch die einzige Möglichkeit, etwas zu retten von der historischen Substanz, die sonst der Erstarrung und damit dem Untergang preisgegeben wäre. Auch auch in Mexiko spielt sich Folklorismus meist in harmlosen gesellschaftlichen Zusammenhängen ab; er bringt selten Neues, Gesellschaftskritisches oder gar Revolutionäres hervor. So ist es wenig verwunderlich, dass sich sehr viel Folklore – Handarbeit, Tänze, Volksmusik etc. – im Hobbybereich abspielt. Folklore ist zum Hobby geworden und gehört zur Freizeit ...

Fiestas und Freizeitaktivitäten

Mexiko – Land der fiestas

Feiertage, kirchliche und persönliche Feste sind hervorragende Gelegenheiten, Einheimische persönlich kennen zu lernen, ihre Art des Feierns zu studieren, sie in der Gesellschaft ihrer Freunde und Verwandten in gelöster Stimmung – am späten Abend eventuell jedoch auch infolge des Alkoholgenusses in anderen Stimmungslagen – zu erleben. Kaum ein anderes Land bietet so viele Chancen zu derartigen Kontakten, denn den statistischen Angaben des mexikanischen Tourismusbüros zufolge gibt es in Mexiko über fünftausend verschiedene *fiestas,* abgesehen einmal von *fiestas* persönlicher Art wie Taufen, Hochzeiten, Geburtstagen und Ähnlichem. Feste hatten in agrarisch geprägten Gesellschaften vorrangig die **Funktion,** den Verlauf eines vor allem durch Arbeit geprägten Jahres zu strukturieren. In einer Kultur wie der mexikanischen, in der sehr viele Menschen (Bauern, Tagelöhner, Hilfsarbeiter, Dienstmädchen, ambulante Verkäufer) keinen geregelten Urlaub haben, fungieren *fiestas* als Ersatz für tariflich gesicherte arbeitsfreie Tage. Auch kann man ihrer Meinung nach mit *fiestas* am besten dem harten Arbeitsalltag trotzen, dem Leben zusätzlichen Spaß abgewinnen.

Gelegenheiten zum Studium von oder zur Teilnahme an *fiestas* bieten sich in den Dorf- und Stadtparks bei Familienpicknicks, bei den zahlreichen kirchlichen Feierlichkeiten, bei Folklorefesten, bei patriotischen *fiestas,* beim Karneval und bei großen Sportveranstaltungen (wie etwa während der Fußballweltmeisterschaften) oder während wichtigen Länderspielen. Stets sollte man jedoch darauf achten, dass man nicht stört, die Regeln der Höflichkeit nicht verletzt und die freundlich gewährte Gastfreundschaft nicht ausnutzt. Wenn bei einer *fiesta* wie dem berühmten Fest zu Ehren des San Juan, des Schutzheiligen von San Juan Chamula nahe San Cristóbal de las Casas in Chiapas, mittlerweile mehr „Bleichgesichter" als Einheimische (eben Dorfbewohner) zu sehen sind, sollte man sich fragen, welchen eigenen Beitrag man als Tourist zu dieser Entwicklung leistet.

Zu jeder zünftigen mexikanischen *fiesta* gehören **Musik** und Tanzgelegenheit. Lokale oder angereiste Mariachigruppen, einheimische Musikkapellen, die auch bei Prozessionen und Hochzeiten engagiert werden, spielen auf dem *zócalo* oder dem Jahrmarktgelände auf. Darüber hinaus lassen viele Gemeinden während der Festtage von früh bis spät überlaute Radiomusik in riesigen (meist längst ruinierten) Lautsprecherboxen erschallen; eine Qual für jeden musikalischen Anwohner und jeden Straßenköter. Spätestens am Nachmittag ist es Zeit für die ersten **Tänze,** und für die jungen Pärchen ist dies eine der wenigen Gelegenheiten, bei denen sie sich in der Öffentlichkeit ungestraft berühren dürfen.

Tags und nachts bieten unzählige ambulante **Essensverkäufer** mexikanische *antojitos* („Vorspeisen") oder *comida corriente,* „laufendes Essen", d.h. Essen zum Mitnehmen an. Hier zeigt sich die Praxisnähe der mexikanischen Küche: *Quesadillas, tamales, enchiladas, tacos, tostadas, atole, pozole* und vieles mehr eignen sich hervorragend für solche Anlässe. Auf manchem Festgelände unterhält ein **Zirkus** Jung und Alt, in kleinen Zelten sagt man die Zukunft voraus, zeigt übermenschliche Fähigkeiten oder künstlerische Fertigkeiten. Sehr populär ist neben der Fußballotterie auch die **lotería,** die mexikanische Version des Bingo (eine mit Karten gespielte Zahlenlotterie um Warenpreise). Man spielt sie mit Figuren wie etwa dem Trinker, dem Tod, dem Teufel, dem Snob und dem Soldaten. Die Besitzer der Spieltische ziehen damit von *fiesta* zu *fiesta*. In den *cantinas* dominieren Würfelspiele wie *cubilete* und *dados.*

Fiestas der Azteken, Spanier und Mexikaner

Wichtigste *fiesta* des Jahres bei den **Azteken** war am 23. April der Tag des *Tezcatlipoca,* des „Gott Rauchender Spiegel", Gott der schwarzen

Magie und der Nacht. Je nach augenblicklichem Gefühl brachte er an diesem Tag den ehrfurchtsvoll wartenden Menschen Segen oder Unglück. Zur Zeit *Motecuzomas* wählte man ein Jahr vor dem Fest einen besonders schönen Jüngling aus, der den Gott *Tezcatlipoca* verkörperte und ein Jahr lang ein paradiesisches Leben mit allen erdenklichen Genüssen – von Essen und Trinken über Musik und Tanz bis hin zu hingebungsvollen jungen Frauen – führen durfte. Am Festtag empfing er das jubilierende Volk und den Aztekenkaiser, ließ frisch gepflückte Blumen auf sich niederregnen und schritt in einer langen Prozession zum Tempel des *Tezcatlipoca* im *Cem-Anahuac*, im „Herz der Einen Welt". Hier stieg er die lange Treppe des Tempels hinauf, verabschiedete sich von der irdischen Welt und starb auf der Tempelplattform den blutigen Tod durch die Hand der Priester.

Die stets religiös begründeten *fiestas* der Indianer und die auch profan ausgerichteten, freudigen Feiern der **Spanier** (mit Pferderennen, Stierkämpfen, Volkstänzen und Wetten) haben sich in Mexiko zu einer Form von *fiestas* entwickelt, bei der die Trennung nach religiösem oder weltlichem Ursprung, die Trennung zwischen freudigem oder traurigem Anlass verschwimmt. Die Grenzen sind heute, da die spanische Tradition des festlichen Vergnügens in jede *fiesta* Eingang gefunden hat, fließend. Aus der Verbindung von indianischen und spanischen Traditionen entstand die typisch **mexikanische fiesta.**

Die Mexikaner sagen gerne von sich, die Menschen eines Landes mit einer so blutigen und tränenreichen Geschichte müssten um so intensiver, um so häufiger *fiestas* feiern, um eben diese Geschichte zu vergessen und im Überschwang der Gefühle (und im Rausch des Alkohols) nach vorne zu blicken. Niemand hat die mexikanische *fiesta* so eindrucksvoll beschrieben wie *Octavio Paz* im „Das Labyrinth der Einsamkeit". *Paz* zufolge liebt „der ‚einsame' Mexikaner (...) die *fiestas* und alle öffentlichen Veranstaltungen. Alles ist ein Grund, sich zu treffen. Jeder Vorwand berechtigt, den Lauf der Zeit zu unterbrechen, um feierlich und zeremoniell Männer und Ereignisse zu feiern." *Octavio Paz* verweist auf die Einkapselung und die latente Einsamkeit des Mexikaners und sieht gerade in der *fiesta* ein gesellschaftlich notwendiges Ventil.

„Ob auf nationaler, lokaler, Vereins- oder Familienebene, bei diesen Zeremonien öffnet sich der Mexikaner der Außenwelt. Sie allein geben ihm eine echte Gelegenheit, aus sich herauszugehen und mit der Gottheit,

Ein für eine fiesta eingekleidetes Mädchen

177mx Foto: kb

dem Vaterland, den Freunden oder Verwandten ein Zwiegespräch zu führen. An solchen Tagen pfeift, johlt und singt der sonst schweigsame Mexikaner, schießt Knallfrösche ab und ballert mit seiner Pistole herum. Seine Seele entladend, steigt sein Schrei wie eine Rakete - und das gefällt uns - in den Himmel, zerplatzt grün, rot, blau und weiß und stürzt schwindelerregend herab, einen Schweif goldener Funken nach sich ziehend. In solchen Nächten pflegen Freunde, die Monate hindurch nicht mehr Worte von sich gaben, als die Höflichkeit unbedingt erforderte, sich zu betrinken, Geständnisse abzulegen, einander ihr Leid zu klagen, einander als Brüder zu entdecken und manchmal sogar - um sich gegenseitig auf die Probe zu stellen - einander zu töten ...".
(Octavio Paz)

Frühmorgendliches wie nächtliches Feuerwerk, Tänze, Musik, Drogen und Alkohol können das Erlebnis dieser „Raserei" durchaus noch steigern. Bei den religiös motivierten *fiestas* zu präkolumbischer Zeit war jedoch der Genuss von **Alkohol** nur auf einige wenige Hauptdarsteller der Feierlichkeiten beschränkt; die Spanier brachten eine andere Form des Alkoholkonsums mit nach Mexiko: Seither trinkt man auf den *fiestas pulque, tequila, mezcal, aguardiente* („Feuerwasser") und anderes Gebräu zur Hebung der Stimmung, aus Geselligkeit, zur machistischen Selbstprofilierung und sicher auch zum Vergessen. Neben dem kurzen *Salud* für „Prost" bzw. „Auf die Gesundheit!" zitieren die Mexikaner beim Trinken gerne einen in ganz Lateinamerika bekannten Trinkspruch, der das Ziel des zu schluckenden Alkohols angibt und bei dem das gefüllte Glas jeweils in die entsprechende Körperregion gehalten werden muss: *arriba, abajo, al centro, al dentro*, zu deutsch: „hoch, runter, in die Mitte und hinein!" Hier wie in vielen anderen von starken sozialen Zwängen charakterisierten Kulturen kommt dem Alkohol die Rolle des Ventilöffners zu; er ermöglicht es den Menschen, die Maske fallen zu lassen und die wahren Gedanken und Gefühle zu äußern.

Sich betrinken ist in Mexiko ein Ritual – eine gesellschaftlich verbreitete und weithin akzeptierte Art, Liebe und Hass auszudrücken. Die Mexikaner kennen vier klassische Stadien einer *borrachera*, einer **Sauferei** unter Freunden: Das Besäufnis beginnt mit Trinksprüchen auf ihre gemeinsame Freundschaft, wird mit Hinweisen auf frühere Beleidigungen fortgesetzt und führt zu mutiger Kritik an Kirche und Regierung. Schließlich singt man – eng umschlungen – gemeinsam Volkslieder und tanzt (falls körperlich noch dazu fähig), einander Halt gebend, auf Bänken und Tischen mexikanische Volkstänze.

Kirchliche Feiertage – fiestas religiosas

An dieser Stelle können der enormen Anzahl wegen nicht alle, sondern nur einige wenige kirchliche *fiestas* beispielhaft genannt werden. Erster kirchlicher Feiertag im Jahresverlauf ist der *día de los reyes*, der **Dreikönigstag**, an welchem Kinder ihre Schuhe herausstellen und Geschenke (oft die eigentlichen Weihnachtsgeschenke) erhalten. Nicht nur die Bauern begehen am 17. Januar den **Namenstag des San Antonio Abad**, des Schutzpatrons für Vieh und Felder. Stellvertretend für alle Haustiere segnet der Priester in oder vor der Kirche einige besonders geschmückte Tiere. Den Schutzheiligen der *campesinos*, **San Isidro**, feiert man am 15. Mai; die Arbeitstiere und die Felder werden nun gesegnet, anschließend folgt die unvermeidliche *fiesta*.

Sehr wichtig und entsprechend gefeiert wird zudem der **Namenstag von Johannes dem Täufer** (San Juan Bautista) am 24. Juni, vor allem in den Orten, die sich zu diesem Schutzpatron bekennen. Möchte sich jemand an diesem Tag taufen lassen, arrangiert man gerne – wie in biblischen Zeiten – dieses Ereignis an einem Fluss. Der Namenstag des lokalen Schutzpatrons ist und bleibt ein äußerst wichtiges Datum und muss gebührend gefeiert werden, um den Heiligen nicht zu verstimmen. Die Bewohner der Großstadt Aguascalientes („Heiße Wasser“) z. B. feiern ihren lokalen Schutzheiligen **San Marcos** Ende April stattliche zehn Tage lang mit Prozessionen, Mariachimusik, Stier- und Hahnenkämpfen, Blumen und viel, viel Wein.

Fronleichnam heißt in Mexiko *Jueves de Corpus Christi* („Donnerstag des Körpers Christi“) und wird im ganzen Land mit Musik und Tanz gefeiert. Kinder spielen an diesem Tag eine besondere Rolle: Sie ziehen durch die Menschenmassen und verkaufen selbst gebasteltes Spielzeug, und wer den Kindern etwas Gutes tun will, kauft ihnen etwas ab. Während der Kolonialzeit inszenierte die Kirche Prozessionen, die eine sehr aufwendige Vorbereitung erforderten. Die Kinder kleideten sich an diesem Tag wie ihre indianischen Vorfahren, begleiteten die Prozession, kleine, aus Stroh geflochtene Esel mit sich tragend.

Die höchste religiöse *fiesta* im Kalender Mexikos ist der **Tag der Virgen de Guadalupe:** Mit Prozessionen und Wallfahrten ehrt man die mexikanische Nationalheilige vor allem am 12. Dezember, doch beginnen die Feierlichkeiten schon Tage vorher, wenn sich große Wallfahrten aus der Umgebung Mexiko Citys mit massiver musikalischer Unterstützung in Richtung Tepeyac-Hügel in Bewegung setzen (s. Kap. „Religion heute").

Prozessionen und mehrtägige Wallfahrten haben in Mexiko nur selten rein religiösen oder meditativen Charakter. Vielmehr bieten sie den Gläubigen Gelegenheit, ihre Frömmigkeit öffentlich unter Beweis zu stellen, Strapazen auf sich zu nehmen (wie das kilometerweite Rutschen auf den Knien zur Heiligenstatue) und mit anderen Menschen zusammen ihren Glauben auszuleben. Ein ganz wichtiger Aspekt bei fast allen Wallfahrten und Prozessionen ist der Charakter der *Fiesta,* denn selten fehlt die begleitende Musikkapelle, selten der *tequila* oder schweißtreibende Volkstänze am Abend. Auch Kinder werden daran beteiligt; sie tragen bunte Luftballons *(globos)* mit sich, laufen zwischen mitgeführten Heiligenbildern oder -statuen hin und her. Die Verwaltung der Basilica de Gudelupe in Mexiko City sah sich bereits gezwungen, das Mitbringen von Luftballons in diese Kirche zu verbieten. Steigen sie einmal zur Decke hinauf, dauert es Ewigkeiten, bis sie verschrumpelt wieder hinab in die Reihen der Betenden fallen – keine Leiter reicht so hoch.

Die wichtigste Kirchenfeier ist für die **indigenen Gruppen** in Mexiko nicht Weihnachten oder Ostern, sondern der Tag ihres lokalen Schutzpatrons. Zu Ehren des Schutzheiligen feiert das gesamte Dorf, oft auch viele Menschen aus den Nachbargemeinden, häufig mehrere Tage lang mit Umzügen, Prozessionen, Aufmärschen und viel Musik. Keine Frage, dass man dabei ausgiebig tanzt und trinkt.

Wie schon sehr bald nach der *conquista* bzw. nach der einsetzenden Missionierung feiern viele indianische Ethnien auch heute noch vor dem Tag des christlichen Schutzheiligen eine *fiesta* zu Ehren ihres traditionellen, indianischen Gottes. Oft finden diese Feiern unter dem Etikett „Vorbereitungen" statt, damit der katholische Geistliche, falls er davon erfahren sollte, nicht misstrauisch wird. Umfang und Intensität dieser mehrtägigen *fiesta* übertreffen oft sogar die offiziellen Feierlichkeiten; für den einzelnen Indianer sind die sogenannten Vorbereitungen unter Umständen wichtiger als die *fiesta* zu Ehren des christlichen Schutzpatrons.

„Die Indianer erzählten mir, dass sie ihre alten Götter nicht beleidigen dürften; denn ihre alten Götter sind es, die ihnen Regen geben und Sonnenschein, die ihren Mais und ihre Bohnen wachsen lassen, die ihre Ziegen und Schafe sich vermehren heißen und die ihnen schon hin und wieder ein Kaninchen oder gar ein Reh vor die Nase treiben. Alle diese Dinge gibt ihnen weder der weiße Gott noch die Heilige Jungfrau (*Virgen de Guadelupe;* Anmerkung des Autors) und nicht einmal *Johannes* (ihr Dorfheiliger; Anmerkung des Autors). ... So wird nun zuerst das Fest ihres Sommergottes, des Gottes der Felder und des Viehes, gefeiert. Wenn sie nun nachher auch noch San Juan ein Fest machen, so ist ihr Sommergott nicht mehr beleidigt. Er hat gesehen, dass er bei seinen braunen Söhnen immer noch an erster Stelle steht. Was er eine Woche später tut, darum kümmert er sich nicht. *San Juan* weiß das nicht, weil er ja den Gott der Indianer nicht kennt." (*B. Traven* in „Mexiko – Land des Frühlings")

Wie bei den Prozessionen und Wallfahrten steht auch an Allerheiligen und Allerseelen, am mexikanischen *dia de los muertos,* der meditative Charakter des kirchlichen Feiertags im Hintergrund (siehe Kapitel „Der Tag der Toten – *fiesta* auf dem Friedhof").

Vor **Ostern** treffen sich die Mexikaner zu aufwendigen Prozessionen vor allem in der *Semana Santa,* der Karwoche. Viele Betriebe und Verwaltungsbüros schließen in der „Heiligen Woche" ganz, sodass ihre Beschäftigten ihre Familienangehörigen in den Heimatorten besuchen oder zu den Dorffeiern in voll besetzten oder hoffnungslos überfüllten Bussen und Zügen auf das Land fahren können. Andere nutzen die freien Tage am Ende der immer heißer werdenden Trockenzeit, um ein paar Tage Urlaub am Strand zu machen. Die Tage von Gründonnerstag bis Ostersonntag sind eine einzige *fiesta mexicana* – gefüllt mit Prozessionen, Gottesdiensten, Umzügen, Musikveranstaltungen, Tänzen und sonstigen Veranstaltungen. In dieser Art der *fiesta* zeigt sich deutlich der Einfluss der spanischen Missionare und *conquistadores,* die diese kulturellen Traditionen aus ihrer Heimat mit nach Mexiko brachten, bevor sie dort stellenweise modifiziert wurden. Das ehemalige Verbot jeglichen Lärms während der Karwoche und die Auflage, an Gründonnerstag sieben Kirchen aufzusuchen, haben sich im hektischen Alltag des modernen Mexikos längst überlebt und werden nur noch von wenigen Gläubigen befolgt.

Stärker noch als das Osterfest unterscheidet sich das mexikanische **Weihnachtsfest** von den im deutschsprachigen Raum üblichen Traditionen. *B. Traven* beschreibt die mexikanische Weihnacht mit folgenden Worten: „Die Mexikaner (also ... nicht Indianer ...) haben eine Weihnachtsfeier, die sich von der unsrigen durchaus unterscheidet. Sie heißt

La Posada. Sie wird zehn Tage lang gefeiert, und sie ist am Weihnachtsabend, an dem unsere Weihnachtsfeier eigentlich beginnt, zu Ende." *Traven* erkennt sie als „eine echt mexikanische Weihnachtsfeier, die im Land entstanden ist", die die Geburt Jesu gar nicht thematisiert, sondern: „Der Sinn und der Grundgedanke in dieser Feier liegen in einem Spiel, das auf das Herumirren des Joseph und der Maria Bezug nimmt, als sie in Bethlehem nach Herberge suchten und alle Unterkunftshäuser überfüllt vorfanden." *B. Traven* beschreibt diese mexikanische Weihnachtsfeier zu Beginn des 20. Jahrhunderts als „eine sehr schöne, sehr bunte, sehr fröhliche und sehr gesellige Feier, bei der alle bekannten Familien im Hause der Familie, die das Fest gibt, zusammenkommen." Wie bei jeder richtigen mexikanischen *fiesta* werde auch hier „viel und gut gegessen, und es wird jeden Abend bis zum Morgen getanzt".

Interessant ist *Travens* abschließende Bemerkung zur mexikanischen Weihnacht, denn seiner Beobachtung nach hat sie „mit Christus oder mit der christlichen Religion, wie wir sie verstehen, (...) nichts zu tun. Die nebensächlichste Sache bei der Geburt des Christus wird in dieser mexikanischen Weihnachtsfeier zur Hauptsache gemacht." Vorweihnachtliche *posadas* sind auch heute noch – nicht nur auf dem Lande oder in kleinen Städten – sehr populär und machen weiterhin das Besondere an der mexikanischen Weihnacht aus. Der Weihnachtsbaum dagegen, der *Traven* zufolge Anfang des 20. Jahrhunderts „unter der mexikanischen Bevölkerung unbekannt" war, hat allerdings längst – zumindest in den Städten – Einzug gehalten; zu stark ist der Einfluss der westlichen, insbesondere der US-amerikanischen Kulturindustrie.

Profane Feiertage

Allein die bloße Aufzählung aller **patriotischen Feste** in Mexiko würde viele Seiten füllen; sie werden alle landesweit mit Umzügen, Paraden, Musik und Tanz und vor allem flammenden Reden der Politiker auf das Vaterland, die Vergangenheit und Zukunft des Landes begangen (vgl. dazu auch Kapitel „Patriotismus"). Meist sind die Geschäfte an diesen Tagen geöffnet, Banken und Ämter jedoch geschlossen.

Daneben hält der Jahreskalender jedoch genügend andere Feste bereit. Der **Neujahrstag** *(año nuevo)* wird in Mexiko landesweit gefeiert, die meisten anderen *fiestas* und kirchlichen Feste jedoch nur regional.

Die **Fiesta de Guelaguetza** in Oaxaca an den beiden Montagen nach dem 18. Juli sucht landesweit ihresgleichen. Bereits die Azteken, die Mitte des 15. Jahrhunderts das Tal von Oaxaca (einst unter den Zapoteken Huaxyacac genannt) erobert hatten, feierten in der Mitte des Sommers zu Ehren der Maisgöttin *Centeocíhuatl* ein großes Fest auf dem Cerro del Fortín, dem Hügel des kleinen Forts. Angeblich sollen die Azteken am Ende der *fiesta* eine Jungfrau geopfert haben, die die Maisgöttin verkörperte. Die spanischen Missionare funktionierten die *fiesta* kurzerhand zu einem christlichen Fest um und ließen es am 16. Juli, dem Tag der Jungfrau, stattfinden. Im Laufe des 20. Jahrhunderts fügten die Veranstalter, die heute über ein modernes Amphitheater auf dem erwähnten Hügel verfügen, den bekannten *danza de la pluma*, den zwischen *Motecuzoma* und *Cortés* gefochtenen Kampf mit dem Namen „Tanz der Feder", hinzu. Heute wählt eine Jury zudem die Miss Oaxaca des jeweiligen Jahres, und die verschiedenen indianischen Ethnien des Bundesstaates Oaxaca zeigen symbolisch Typisches aus ihren kulturellen Traditionen (Kunsthandwerk, Musik, Tänze und Ähnliches).

Präkolumbischen Ursprungs ist die **Fiesta der Tag- und Nachtgleiche** in Chichén-Iztá am 21. März und 21. September: An diesen beiden Tagen scheint die im Halbrelief dargestellte Schlange auf dem Steingeländer sich während des Sonnenuntergangs auf der Pyramide des Kukulkan von der Plattform hinunter auf den Boden zu winden – ein grandioses Spektakel, das jährlich viele hundert Zuschauer anzieht.

Selbst der **Tag des endgültigen Falls von Tenochtitlan** am 13. August 1521 wird mit einer *fiesta* begangen; auf dem Platz der drei Kulturen in Tlaltelolco (Mexiko City) führen aztekische Tänzer traditionelle Zeremonialtänze auf.

Das Erntedankfest feierten die Mexikaner bis vor wenigen Jahrzehnten landesweit an **Silvester;** man ließ in nachdenklicher Art das vergangene Jahr Revue passieren und versammelte sich zum gegenseitigen Trostspenden. Heute dagegen dominiert – wie bei uns – der vergnügliche Aspekt des letzten Tages des Jahres.

Auch der **Karneval,** insbesondere der Fastnachtsdienstag, orientiert sich in Mexiko mehr und mehr an europäischen Vorbildern. Karnevalistische Umzüge, Maskenbälle und Ramba Zamba in allen Gassen sind angesagt. In indianisch geprägten Gemeinden führen kostümierte Einheimische Theaterstücke auf, deren Handlungsablauf komplizierten Regeln folgt und in denen Heilige, lebende Politiker, Kaziken und Normalsterbliche vorkommen.

Familienereignisse wie Taufe, Kommunion (weniger aufwendig gefeiert), Hochzeit, Muttertag und selbst Beerdigungen (in der Regel direkt am Tag nach dem Tod des Betreffenden) bieten den Mexikanern weitere willkommene Anlässe zu einer *fiesta. Fiestas* im Familienkreis zeichnen sich in Mexiko durch vergleichsweise großen Aufwand, hohe finanzielle Ausgaben (bis hin zur Verschuldung) und die Anwesenheit der überaus bedeutenden *compadres,* der Taufpaten des Jubilierenden, aus. Wer zu diesen Anlässen der Gastgeberin Blumen mitbringen möchte, mag das gerne tun – allerdings keine weißen Calla, Crysanthemen und Gladiolen. Die gehören nur aufs Grab oder an den Altar.

Wie an Geburtstagen, bei den vorweihnachtlichen *posadas* und anderen Gelegenheiten treten hierbei die beliebten **piñatas** in Aktion. Dies sind mit Bonbons und anderen Süßigkeiten gefüllte Hohlkörper aus Drahtgeflecht, über das buntes, glänzendes Papier gespannt ist. *Piñatas* ähneln Sternen oder einem überdimensionalen eisernen Morgenstern. Dem Geburtstagskind oder dem Gastgeber werden die Augen verbunden, und er muss unter lebhafter Anteilnahme der Gäste mit einem Stock nach der an der Decke aufgehängten oder von einem Gast hochgehaltenen *piñata* schlagen, bis sie sich öffnet und die Süßigkeiten herausfallen. Diese verteilt man dann an die Gäste oder wirft sie aus dem Fenster in das vorbeigehende Volk.

Mit großem zeitlichen und finanziellen Aufwand gefeiert wird die *fiesta de quinzeaños,* der **15. Geburtstag.** An diesem Tag beginnt im Kreise der Freunde und fast der gesamten Verwandtschaft eine neue Lebensphase: die Zeit des Erwachsenseins. Zu dieser Feier werden Geschenke überreicht, Lobreden und Glückwünsche werden laut vorgetragen, das Geburtstagskind darf sich etwas Besonderes wünschen, und es wird feste getanzt. Bei allen Geburtstagsfesten skandiert man – vergleichbar mit dem deutschen „Hoch soll er leben" – zu Ehren des Geburtstagskindes *„A la bio, a la bao, a la bim, bom, bam. Pedro, Pedro, ra, ra, ra!"* und unterstützt die lautstark vorgetragenen Anfeuerungsrufe mit kräftiger Gestik. Kinder reicher Eltern erhalten als Geschenk eine Reise in die USA oder nach Europa.

Unserem Richtfest entspricht in etwa die *fiesta de remojos:* Hat man ein neues Haus bezugsfertig gebaut, veranstaltet man ein Fest und verteilt dabei Geschenke *(remojos)* an die Gäste.

Fiestas ohne besonderen Anlass finden täglich für einzelne „Begnadete" in den mexikanischen *cantinas* (eine Art Bar) statt. Hier kann der mexikanische Mann nach der Arbeit seine persönliche *fiesta* feiern – und leider oft auch sein gerade verdientes Geld komplett vertrinken. Jugendliche, Polizisten und Frauen sind unerwünschte Gäste; billig ausgeschenkter Alkohol erleichtert ernste „Gespräche unter Männern". Für viele Männer ist ein wesenlicher Grund zum Besuch der *cantina,* dass sie sich hier vor den anderen Männern selbst darstellen können als Respekt fordernder *macho.* Das hilft ihnen, ihr Selbstwertgefühl, das durch erniedrigende Erlebnisse im Arbeitsalltag oder in der Familie häufig lädiert ist, wieder aufzupolieren.

Tägliche, kleine (persönliche) *fiestas* finden abends in den zahlreichen **Diskotheken** des Landes statt, und der Besuch einer mexikanischen Diskothek kann recht kurzweilig werden, wenn das Publikum zum Feiern aufgelegt ist. Doch zunächst muss man erst einmal Einlass gewährt bekommen: So manche Türsteher lassen keine männlichen mexikanischen Singles hinein, mit der Begründung, die Gefahr, dass es zu einem Streit wegen einer bereits vergebenen Frau komme, sei zu hoch. Die feineren Discos in den Großstädten wie z. B. in der *Zona Rosa* verlangen meist 10 bis 20 Dollar Eintritt und bieten dafür Musik, Tanz, Show und freie Getränke bis in den frühen Morgen. Mit solch hohen *entradas* filtern sie das Publikum: Da können nur noch Angehörige der Upper Class – Weiße, reiche Mestizen und Ausländer – mithalten. Für einen Durchschnittsverdiener bedeutet der Eintrittspreis mehrere Tagesverdienste. Die hohen Preise haben noch einen anderen Nebeneffekt: Wer 10 bis 20 Dollar bezahlt hat, bleibt meist den ganzen Abend in dieser Diskothek; hohe Fluktuation bedeutet dagegen stets Unruhe und Unübersichtlichkeit.

Gesundheit

„Was schert mich die Moskitopest! Sie ist das Eintrittsgeld für das Land des ewigen Frühlings. In dieser unvollkommenen Welt kann man nichts umsonst haben." (*B. Traven, „Mexiko – Land des Frühlings"*)

Gesundheitsversorgung und Umgang mit Krankheiten ist in allen Gesellschaften ein integraler Bestandteil der Kultur. Medizinische Kenntnisse verleihen in kritischen Fällen dem Menschen Sicherheit, Medizinmänner erlangen durch ihre heilerischen Fähigkeiten meist einen hohen Status. Medizinische Techniken und – damit verwandt – magische Fertigkeiten sind oft gekoppelt mit Macht über andere Menschen oder der Herrschaft über einen Stamm. Dies gilt auch für die präkolumbischen Kulturen Mexikos und hat auch heute noch in einigen indianisch geprägten Regionen des Landes Geltung.

Die meisten Besucher Mexikos stellen sich bereits vor Reiseantritt die Frage nach der Gesundheitsversorgung in diesem Land und welche Krankheit einen Reisenden am ehesten treffen kann. Am wahrscheinlichsten ist wohl ein plötzlicher Durchfall! Die Einheimischen nennen die bei uns unter dem Stichwort Montezumas Rache bekannten Magen- und Darmerkrankungen spöttisch *La Turista*. Neben Grippe und leichten Erkältungen, neben Anzeichen von Höhenkrankheit und Verletzungen sind Insektenstiche und (seltener) Schlangenbisse zu nennen, zudem nicht nur bei den Besuchern von Acapulco und Cancun Hautverbrennungen durch zu langes oder ungeschütztes Bräunen und Sonnenstich. Der größte Teil dieser Erkrankungen lässt sich – wie am Ende dieses Kapitels beschrieben – vermeiden. Übrigens: Ein massiver Kulturschock kann sich nicht nur psychisch, sondern auch physisch bemerkbar machen ...

Zählt man die Gesundheitsversorgung im weiteren Sinne zur Kultur, dann stellt sich folgende Frage: Geht man mit seiner Gesundheit in Mexiko anders um als in Europa? Zwischen der Situation der Mitteleuropäer und mestizischen oder spanischstämmigen Mexikanern, die in größeren Städten in von der Mittel- und Oberschicht dominierten Wohngegenden leben, existieren nur geringe Unterschiede. In stark indianisch geprägten Gesellschaften Mexikos jedoch mag es anders aussehen: Hier nimmt man eher einmal eine Krankheit, ja selbst den Tod eines neugeborenen Kindes als Zeichen der Götter oder des Gottes an. Man steht solchen Schicksalsschlägen tendenziell eher fatalistisch gegenüber (nach dem Motto: An meinem Schicksal kann ich ohnehin wenig ändern) oder erkennt die Krankheit als Zeichen Gottes, etwas an der eigenen Lebensführung zu ändern.

Präkolumbische Medizin

Über die medizinischen Kenntnisse und Leistungen der Olmeken, Maya, Zapoteken und Azteken während ihrer jeweiligen Blütezeit weiß die archäologische Forschung bislang nur wenig; dazu sind die zeichnerischen Darstellungen medizinischer Eingriffe bzw. die bei den Ausgrabungen gefundenen materiellen Überreste zu selten. Von der ersten mesoamerikanischen Hochkultur, den **Olmeken** aus der Golfregion, weiß man, dass sie bereits über ein umfangreiches Sortiment an Naturheilkräutern verfügten, die von den Medizinmännern bei den wichtigsten Krankheiten verschrieben wurden. Wirkstoffe aus Gräsern, Blumen und Bäumen, spezielle ameisenähnliche Insekten zum Zusammenklammern von Riss- oder Schnittwunden und rudimentäre Werkzeuge für chirurgische Eingriffe waren den Olmeken bereits vor ca. 3000 Jahren bekannt.

Die klassischen **Maya** müssen – so der gegenwärtige Stand der Forschung – wie die Inka in Peru bereits die Technik der Schädeltrepanation gekannt haben. Mit Hilfe eines sehr harten Bohrers konnten ihre Medizinmänner die Schädeldecke eines Menschen öffnen, der bei einem Unfall oder während eines Kampfes eine schwere Kopfverletzung davongetragen hatte. Um die innere Blutung zu stoppen bzw. das unter der Schädeldecke ausgetretene Blut abzusaugen, bohrte man eine pfenniggroße Öffnung in den Schädelknochen und verschloss diese anschließend wieder mit einer kleinen, dünnen Platte aus Gold. Wie zahlreiche Funde von verheilten Schädeldecken operierter Menschen beweisen, konnten die Maya-Mediziner häufig auf einen erfolgreichen Eingriff zurückblicken.

Tiefgreifende Einblicke in die menschliche Anatomie haben bereits zu einer Zeit, als dies im christlichen Europa weitgehend von der Kirche verboten war, die Zapoteken bzw. ihre Vorgänger auf dem religiösen Heiligtum Monte Alban bei Oaxaca gehabt. Auf mehreren metergroßen, schweren Steinplatten haben sie – aller Wahrscheinlichkeit nach – schwangere Frauen mit ihren inneren Geschlechtsorganen, Frauen bei der Geburt und Menschen in anormalen Zuständen in Relieftechnik abgebildet. Überdimensionale Köpfe („Wasserkopf"), offener Rücken bei der Geburt, Steiß- und Todgeburten, Verformungen ihrer Extremitäten und sonstige Anomalien waren es demnach wert, mit großem Aufwand festgehalten zu werden. Bei einigen der sogenannten *danzantes* (wörtlich: „Tänzer") handelt es sich vermutlich um Menschen, die gerade einen epileptischen Anfall erleben und aufgrund ihrer „heiligen" Krankheit zum Schamanen ihres Stammes ausgewählt wurden. Die Epileptikern zugeschriebenen besonderen, z. B. hellseherischen oder heilenden Fähigkeiten waren den Vorfahren der amerikanischen Bevölkerung, den nordasiatischen Nomadenstämmen allseits bekannt.

Die **Azteken** nutzten die medizinischen Kenntnisse all ihrer tributpflichtig gemachten Nachbarvölker. Die *tlaotanis,* die Aztekenfürsten, hatten ihre persönlichen Leibärzte, und der Genesungsprozess war meist mit Opfern zu Ehren der Götter verbunden.

Naturheiler heute

Insider im mexikanischen Gesundheitswesen schätzen, dass es heute ebenso viele *curanderos* (Naturheiler), *brujas* (Hexen) und *espiritualistas* (Spiritualisten) wie Ärzte mit schulmedizinischer Ausbildung in Mexiko gibt. Das **Vertrauen in die Naturheiler** ist bei den meisten Mestizen und Indígenas über Jahrhunderte hinweg historisch gewachsen, wohingegen man sich von den Praktiken moderner Ärzte besonders auf dem Land abenteuerliche Geschichten erzählt; der modernen Medizin stehen heute nicht nur alte Mexikaner ausgesprochen skeptisch gegenüber. Gerade in ländlichen Gebieten kursiert eine Redensart, die die – schichtenabhängige – Einstellung vieler Mexikaner zu den Künsten der Schulmedizin oder der *curanderos* beleuchtet:

„Wenn ein reicher Mann krank wird, geht er zu einem Arzt. Wenn er verzweifelt ist, geht er zu einem *curandero.* Wenn ein armer Mann krank wird, geht er zu einem *curandero,* wenn er verzweifelt ist, geht er zu einem Doktor."

Bei medizinischen Problemen versucht man sich auf dem Lande **zunächst einmal selbst zu helfen,** mit Rezepten der Vorfahren: Heilkräuter gegen Magen- und Darmprobleme, Tees gegen Husten, Erkältungen und Asthma, lange Streifen einer besonderen Baumrinde, die man täglich auf von Rheuma befallene Körperteile legen muss, seltene Hölzer, deren Sud man gegen Krebsgeschwüre einnehmen soll. Bei vielen Mitteln scheint der Glaube an ihre Wirksamkeit Berge zu versetzen, doch zahlreiche Naturheilmittel haben nachgewiesenermaßen eine pharmazeutische Wirkung, also nicht nur ausschließlich einen Plazebo-Effekt.

Auf Märkten oder auf belebten Dorfplätzen stehen **curanderos** und bieten eine kleine Auswahl aus ihrem umfangreichen Sortiment an Heilmitteln an, erklären die Anwendungsweise, präsentieren neue Produkte. Mit großer Überzeugungskraft, wortgewandt, meist mit einem praktischen Beispiel, ziehen sie die Zuschauer in ihren Bann. Die Wirkungskräfte der angebotenen Materialien gehen zuweilen ins Magische hinein: Bestimmte Pülverchen sollen Zauberkräfte haben, vom Heiler höchstpersönlich verzauberte Amulette und Halbedelsteine helfen gegen den bösen Blick und gegen andere negative Einflüsse missgünstig gesinnter Mitmenschen. Sogar Sprays findet man heute schon im Sortiment mancher *curanderos:* Sie sollen, regelmäßig angewandt und an die richtigen Stellen gesprüht, gegen Eifersucht und Missgunst wirken. Leguane, Spinnen, Eidechsen und bestimmte Vögel werden von *curanderos* angeboten, da man ihnen geheimnisvolle Kräfte zuschreibt.

Ein gewissenhafter *curandero* spricht, wenn er einen Kranken in seinem Haus besucht, lange mit dem Patienten und versucht, die psychischen Hintergründe für seine Erkrankung zu analysieren; bei zahlreichen mexikanischen Indianerstämmen versteht man Krankheit als Strafe für eine begangene Sünde, für eine schlechte Tat einem anderen Mitbürger gegenüber. Der Heiler oder Schamane kann nun zugunsten des Kranken bei den Göttern ein Wort einlegen, und wenn der Erkrankte seine Fehler bekennt und Besserung gelobt, steht einer Gesundung nichts mehr im Wege. Manchmal werden auch Gebete zu einem bestimmten Heiligen verordnet, in anderen Fällen inszeniert der Heiler magische Räucherzeremonien oder verordnet ausgeklügelte Praktiken, die den Patienten in Trance bringen sollen, um ihn so von der Krankheit zu befreien.

Einen sehr kurzweiligen und farbenfrohen Einblick in das Leben und Arbeiten einer zeitgenössischen *curandera* gewährt *Antonio Sarabias* Roman „Hüter des Vulkans", der im Bundesstaat Jalisco spielt – eine anspruchsvolle und gleichzeitig amüsante Lektüre!

Gesundheitswesen

Das mexikanische Gesundheitswesen wird vom *Instituto Mexicano de Seguridad Social (IMSS)* gesteuert, das über einen Etat von etwa 10 Milliarden Dollar verfügt. Das *IMSS* meldet als **häufigste Krankheiten** innerhalb Mexikos: Amöbiasis (Amöbenruhr), Grippe, Tuberkulose, Masern, Syphilis, Virushepatitis und bakterielle Ruhr. Amöbenruhr und bakterielle Ruhr sowie Reizungen der Atemwege und Bronchialerkrankungen sind – der enormen chemischen Luftverschmutzung und der in der Luft schwebenden Keime und Bakterien wegen – insbesondere in der Hauptstadt Mexiko City weit verbreitet. Einige dieser oben genannten Krankheiten sind durch mangelnde Hygiene, mangelhafte Ernährung und unzureichenden Schutz vor Krankheitsherden bedingt – sie wären also durchaus vermeidbar.

Heute wird mehr als die Hälfte der mexikanischen Bevölkerung von der öffentlichen Gesundheitsversorgung erfasst. Doch auch hier ist das **Gefälle zwischen Stadt und Land** immens und erklärt ein weiteres Mal die seit Jahrzehnten anhaltende Landflucht: In den Städten haben ca. 90 % der Bewohner Zugang zu den Gesundheitsdiensten, auf dem Land jedoch nur zwei Drittel. Unabhängig von Wohnregion oder Bundesstaat gilt jedoch: Ein Großteil der Leistungen der staatlichen Gesundheitsstationen ist kostenfrei.

Zur von der mexikanischen Regierung organisierten **Basisgesundheitsversorgung** gehört auch die Versorgung von Elendsvierteln und Gemeinden in regenarmen Gebieten mit sauberem Trinkwasser bzw. gereinigtem Wasser *(agua purificada)*. Einen weiteren Schwerpunkt der Arbeit des *IMSS* bilden die kostenlosen Schutzimpfungen: Neben Tetanus, Polio und ähnlich grundlegenden Impfungen werden in tropischen Regionen viele Mexikaner gegen Gelbfieber geimpft und prophylaktisch gegen Malaria behandelt.

Trotz aller Erfolge in den letzten Jahren kann man nicht verhehlen, dass sich die Basisgesundheitsversorgung in Mexiko erst im Aufbau befindet und noch längst nicht den Stand moderner Industriestaaten erreicht hat. Derzeit werden die Gesundheitsstationen auf dem Land erweitert, das Netz wird von Jahr zu Jahr verdichtet. Zudem werden die medizinischen Fakultäten an den Universitäten des Landes weiter ausgebaut und neue Krankenhäuser geschaffen. Einen vierten Schwerpunkt bildet die Bekämpfung der verbreiteten Mangel- und Fehlernährung insbesondere bei

Kindern in ländlichen Regionen, häufig Ursache für lebenslange oder tödliche Erkrankungen.

Heute praktizierten in Mexiko ca. 70.000 **Ärzte** und 5000 Zahnärzte; das sind ca. 1400 Mexikaner pro Arzt (zum Vergleich: Bundesrepublik Deutschland: ca. 300 Einwohner pro Arzt). In den ungefähr 800 **Krankenhäusern** stehen knapp 70.000 Betten bereit, umgerechnet ein Bett pro 13.000 Einwohner. Bei der Säuglingssterblichkeit (Tod im ersten Lebensjahr: 2,4 %) und der **Kindersterblichkeit** (Tod im 2. bis 5. Lebensjahr: 4,3 %) liegt Mexiko nur unwesentlich über dem Niveau der Industrieländer, und auch bei der **Lebenserwartung** (Frauen 74 Jahre; Männer 67 Jahre) steht Mexiko nicht mehr weit hinter den mitteleuropäischen Ländern.

Manche der vielen Probleme in der Gesundheitsversorgung Mexikos sind von außen, z. B. durch die bestehende Rechtslage, bedingt. So vetrauen sich alljährlich viele abtreibungswillige Frauen **Quacksalbern** an, da der Schwangerschaftsabbruch in Mexiko illegal ist. Hier, in den abenteuerlich eingerichteten privaten „Operationszimmern", sich viele von ihnen Infektionen zu, erkranken schwer und müssen dann oft für mehrere Wochen ins Krankenhaus eingeliefert werden; eine beträchtliche Anzahl wird durch die Kurpfuscherei zeitlebens unfruchtbar oder dauerhaft krank.

Medikamente sind in den mexikanischen *farmacias* (Apotheken) oft deutlich billiger als in vielen europäischen Ländern: So kosten einfache Medikamente wie Aspirin, aber auch hochwertige Pharmazeutika wie beispielsweise Betablocker nur einen Bruchteil der Summe wie in Deutschland, selbst wenn sie in ihrer Zusammensetzung haargenau identisch sind und von derselben Firma hergestellt werden. Insgesamt ist die Auswahl in einer durchschnittlichen mexikanischen Apotheke wesentlich geringer als die in einer deutschen, man scheint sich eher auf bereits erprobte Mittel zu verlassen.

Penicillin wird von Ärzten wie von Apothekern, die den Kunden meist ihren *consejo medicinal*, ihre medizinische Beratung, anbieten, recht schnell verschrieben und ist auch ohne Rezept erhältlich. **Antibiotika** werden in Mexiko nach Meinung vieler Ärzte häufig zu früh angewandt, wenn auch weniger harte Mittel bereits zum Erfolg führen könnten. Da viele Mexikaner die Einnahme der Tabletten bereits bei den ersten Anzeichen von Gesundung beenden und sie nicht – wie vorgeschrieben – noch drei weitere Tage lang fortsetzen – bewirken sie damit oft eine größere Anfälligkeit gegenüber dieser Krankheit und in zukünftigen Krankheitsfällen wird eine deutlich höhere Dosis des Medikaments benötigt.

Wie man sich als Reisender vor häufigen Krankheiten schützen kann

Wie bereits erwähnt, kann man Mexiko durchaus wochen- oder monatelang bereisen, ohne ernstlich zu erkranken. Um Montezumas Rache zu vermeiden, sollte man einigen fundamentalen Regeln folgen, somit prophylaktisch arbeiten.

Kein Leitungswasser trinken! Gereinigtes Wasser (*agua purificada* oder *agua natural,* ohne Kohlensäure) steht in den meisten Hotelzimmern und wird in jedem Lebensmittelgeschäft, aber auch in Apotheken angeboten. Zumindest in den ersten Tagen sollte man auf Salate verzichten, die möglicherweise mit normalem Leistungswasser gewaschen worden sind. Speiseeis (*helado,* insbesondere von der Straße) zu essen ist ebenfalls zu Beginn der Reise nicht empfehlenswert. Vorsicht bei *cokteles* mit Eiswürfeln; sie werden zwar sehr häufig – nicht nur in guten Hotels und Restaurants – aus *agua purificada* hergestellt, doch bergen sie prinzipiell ein erhöhtes Risiko. Ebenso riskant kann Mayonnaise in Salaten, Fisch- oder Nudelsalaten sein.

Eiskalte Getränke und Speisen fordern den Magen zusätzlich, können den „Sturz des Betriebssystems" verursachen. Montezumas Rache nach einer Flasche eiskalten Bieres in der Hitze ist häufig. Um den Magen nicht noch mehr zu belasten, sollte man bei der Bestellung von Säften und Limonaden hinzufügen: *sin hielo* oder *no hielo, por favor!* Zu Beginn der Reise oder des Aufenthalts empfiehlt sich, beim **Würzen** der Speisen mit feurigscharfem Chili nicht mit den Mexikanern mithalten zu wollen. Besser ist es dagegen, sich langsam an die herrlichen Gewürze des Landes heranzutasten.

Auch wenn die mexikanische Küche einen geradezu zur **Völlerei** verleitet: Wer große Mahlzeiten auf einmal verdrückt, macht's dem Magen noch schwerer.

Und wenn es dann einmal **grummelt im Bauch,** falls man bei sich ernsthafte Blähungen feststellt, empfiehlt sich Mäßigung: Nun sollte man stärker auf die Vorgänge im Magen „horchen". Viele Mexiko-Reisende schwören auf eine Flasche Cola täglich, bei Zimmertemperatur *(al tiempo),* mit wenig Kohlensäure und etwas Limettensaft schön langsam getrunken, dazu Salzgebäck knabbern. Das pechschwarze Gemisch killt nicht nur Fleisch, vielleicht auch die eine oder andere Bakterie. Andere Besucher empfehlen gebrannte Kostbarkeiten der Natur (*tequila, mezcal,* mexikanischen Brandy), Mexikaner kennen bestimmte Kräuter, Tees und Papayasamen als Abhilfe.

Mexiko bietet eine phantastische Vielfalt tropischer **Früchte:** Wasser- und Honigmelonen, Papaya, Ananas, Toronjas (eine Art Quitte bzw. Grapefruit), Mangos, Orangen und Limonen liefern viel und gute Flüssigkeit, sind leichte Kost in der tropischen Hitze, sättigen ein wenig, spenden Vitamine, sind geschmacklich abwechslungsreich. Hierzu ein Tipp: Früchte kann man sehr wohl auch vor dem restlichen Frühstück, Lunch oder Dinner essen. Sie passieren den Magen wesentlich schneller als die meisten anderen Speisen. Eine Scheibe Wassermelone benötigt nur 20 Minuten, ein Steak mehrere Stunden. Apropos **Trinken:** Genügend Flüssigkeit zu sich nehmen ist essentiell; pro 1000 m Meereshöhe ein Liter mehr als normal, lautet die Grundregel. Ferner: Was man in der Hitze wegschwitzt, muss man auch wieder hereinholen.

Darüber hinaus gelten in Mexiko dieselben grundsätzlichen Regeln wie zu Hause – Dinge, die man mit **„positive thinking"** umschreiben kann. Dazu gehört konzentriertes Essen und die meist ungewohnten Gerichte mit Freude zu genießen! Auch eine positive Grundeinstellung zu Land und Leuten und zu den vielen neuen Eindrücken auf der Reise wirkt oft Wunder. Und nicht vergessen: Man gönne sich hin und wieder auch einmal eine Ruhepause vom eventuellen Besichtigungsstress!

Da in den heißen Gegenden Mexikos viele Busse, Büros, Hotels und Restaurants mit **Klimaanlagen** ausgerüstet sind, ist Vorsicht vor der eiskalten Luft geboten. Sie hat schon manchen Magen revoltieren lassen, ein steifes Genick verursacht oder eine heftige Erkältung bewirkt.

Ebenso häufig führt die Einnahme von **Malaria-Prophylaxe-Tabletten** zu körperlichem Unwohlsein. Viel trinken gilt als eine Möglichkeit, die Nebenwirkungen zu reduzieren.

Als Fremder in Mexiko

Besucht man ein fremdes Land, so ist die Frage interessant, wie die Menschen hier gegenüber Einflüssen von außen, gegenüber Fremdem und Fremden eingestellt sind. Nicht jede Kultur ist Fremden gegenüber aufgeschlossen, und jede Kultur hat eigene Strategien entwickelt, mit Fremden umzugehen. Dies gilt auch für Mexiko. Fremde Kulturen zu studieren eröffnet die Chance, im Fremden einen Spiegel für das Selbst zu erkennen.

Einheimische und Fremde

Natürlich kann man die Art und Weise, wie man als Besucher Mexikos von den Einheimischen aufgenommen wird, ein gutes Stück weit selbst

191mx Foto: kb

beeinflussen. Durch Voreingenommenheit, Überheblichkeit, „Kulturimperialismus“ und Desinteresse am Menschen und an ihrer Kultur kann man die Mexikaner geradezu dazu zwingen, größtmögliche Distanz zu wahren oder – in Konfliktsituationen – aggressiv zu reagieren. Man kann aber auch durch offene und höfliche Verhaltensweisen schnell die Einheimischen für sich gewinnen und dadurch hüben wie drüben vorhandene Hemmungen abbauen helfen. Oftmals bedarf es nur Kleinigkeiten, um das Lächeln eines Kellners, einer Verkäuferin oder eines spielenden Kindes zu gewinnen.

In Mexiko werden Höflichkeit und Freundlichkeit im zwischenmenschlichen Umgang großgeschrieben. Etwas zu loben, das manch einem als selbstverständlich erscheint, bringt in aller Regel Pluspunkte ein. Wer sich aufrichtig und mit einem freundlichen Lächeln für eine Dienstleistung bedankt, hat bereits Sympathien gewonnen. Selbst wenn man nicht die Energie hat, vor Beginn der Reise den spanischen Grundwortschatz zu lernen, sollte man zumindest einige **Höflichkeitsfloskeln** beherrschen – sie öffnen Türen und Wege. *Muchas gracias* (vielen Dank), *por favor* (bitte), *con mucho gusto* (mit Vergnügen, gern, nicht zu danken), *con permiso* (Darf ich um ihre Erlaubnis bitten?), *disculpe* (Entschuldigen Sie) und *pardón* (Verzeihung!) gehören zu fundamentalen Redewendungen in Mexiko. Jeder Mexikaner äußert diese Worte 'zigmal täglich.

Ebenfalls sehr hilfreich ist es, die persönliche Begrüßung und den Abschied in spanisch beherrschen. Auch sie sind „Türöffner“, sie zeigen, dass man als Fremder einen Schritt auf den Einheimischen zuzugehen bereit ist, dass man zumindest ein paar Worte spanisch gelernt hat und Land und Leuten – aller Wahrscheinlichkeit nach – positiv und offen gegenübersteht. Wendungen wie *buenos dias* für „Guten Tag", *Adios, hasta luego* für Auf Wiedersehen und das beliebte *Que le vaya bien* („Leben Sie wohl") wie auch die höflichen Anreden *señor* und *señorita* (statt einem lauten Räuspern, einem „Mister" oder „Hallo!") sind nicht schwer zu erlernen.

Mexikaner erwidern auf ein „Danke schön" gern *para servirle* oder *a sus ordenes* („Stets bereit, Ihnen zu dienen" bzw. „Zu Ihren Diensten"). Ein freundliches *salud* (Gesundheit) zu sagen, wenn jemand niesen muss, kann schnell einen Gesprächskontakt herstellen. Gute Karten hat man in Mexiko als Freund des häufigen Händeschüttelns; es ist nach dem *abrazo*, der klassischen mexikanischen Umarmung unter Männern, die häufigste Form körperlichen Kontakts beim Kennenlernen unter Mexikanern.

Vorbehalte Fremden gegenüber

Eines wird der Mexikobesucher sehr schnell feststellen können: In Mexiko existiert wenig Xenophobie (negative Einstellung allem Fremdem gegenüber) wie etwa in anderen Ländern. Mexikaner sind **aus historischer Sicht an Fremde gewöhnt,** auch wenn diese den Einheimischen nicht immer wohlgesonnnen waren: Im präkolumbischen Mexiko fand ein reger Austausch von Handelsgütern und Kulturelementen zwischen den unterschiedlichen, einander fremden Indianerstämmen statt. Mit der Eroberung Tenochtitlans durch *Hernan Cortés* musste sich Mexiko massiven Einflüssen aus Spanien, Frankreich, England (Piraten), Österreich *(Kaiser Maximilian)* und den USA beugen. Alle diese „Ingredienzen" erst machen – so formulieren es aufgeklärte Mexikaner – das heutige Mexiko aus. Mexikaner haben in der Geschichte häufig Fremdes ohne große Probleme übernommen, wenn es sich als nützlich oder besser als das einheimische System erwiesen hat.

Doch es gibt auch Ausnahmen in der jüngsten Geschichte: Als reiche Ausländer im Sommer des Jahres 1995 mit organisatorischer und finanzieller Unterstützung des Bundesstaates Morelos in der 80 km südlich der Hauptstadt gelegenen Kleinstadt Tepoztlán einen Golfplatz mit Hotelkomplex errichten lassen wollten, formierte sich **Widerstand gegen die Fremden** und die Politiker. Bislang hatte man es stillschweigend geduldet, dass die politische Avantgarde Mexikos und wohlhabende Ausländer mit esoterischen Neigungen in diese Stadt zogen, in deren Pyramiden sie besondere Energien vermuteten und UFOs nachspürten. Doch als die *estranjeros* (Fremden) nun in ihrer Stadt auch noch ihrem Luxushobby Golfen nachgehen wollten, platzte den Einheimischen der Kragen. Sie verwiesen auf das bestehende Naturschutzgebiet und die ohnehin sehr angespannte Wasserversorgung (für Bewohner und Landwirtschaft) und forderten die Aufgabe dieses Projekts. Der Bürgermeister Tepoztláns und die Regierung des Bundesstaats Morelos wollten dies jedoch nicht einsehen, und so erzwangen die Rebellen mit den Schlagwörtern „Nein zum Golf-Club“, „Es herrscht Golfkrieg in Tepoztlán“ und „Das Volk bestimmt“ vorgezogene Wahlen.

Bei den Kommunalwahlen im März 1997 erzielte dann der Kandidat der Protestbewegung dreimal so viel Stimmen wie der Kandidat der bislang regierenden Partei *PRI*. Die Fremden hatten den Einheimischen zufolge ihre Gastfreundschaft überstrapaziert und begonnen, diese auszunutzen. Der Golfplatz für die Fremden hätte in Zukunft nur auf Kosten der Tepoztecos betrieben werden können, und das ging den Mexikanern zu weit. Zudem darf man als unbeteiligter Beobachter die berechtigte Frage stellen, ob der Bau eines Golfplatzes in einer so armen Region wirklich notwendig ist.

Bei den Protestkundgebungen in Tepoztlán fiel auch immer wieder der auf die Scharmützel zwischen *Pancho Villa* und *General Pershing* während der mexikanischen Revolution zurückgehende **Ausdruck gringo.** Dieser Terminus wird überwiegend in abwertendem Sinne verwendet, und oft steht er generell für ungewollte Fremde. Im Begriff *gringo* und seinen Konnotationen wird die Ambivalenz vieler Mexikaner nicht nur zu den US-Amerikanern, sondern zu allen Ausländern deutlich: Gerade junge Mexikaner bewundern ihre nördlichen Nachbarn auch und nehmen viele Elemente ihrer Kultur und Lebensweise via Fernsehen, Kino, Werbung und Supermarkt auf. Trotz aller Rivalität, trotz vieler abwertender Kommentare sind und bleiben die USA insbesondere für junge Mexikaner vom Lande oder aus den Elendsvierteln der Großstädte das ferne Ziel, ein ferner Traum auf ein besseres Leben.

Doch nicht nur US-Amerikaner sind eine beliebte Zielscheibe konstruktiver Kritik, beißender Ironie oder von Angriffen, auch über die **Argentinier** macht man sich in Mexiko gern lustig. Viele Mexikaner schätzen sie als überheblich, selbstbezogen, arrogant und großspurig ein. Den Durchschnitts-Argentinier hält man in dieser Hinsicht gewissermaßen für das Gegenstück zum zurückhaltenden, bescheidenen und stillen Mexikaner. Daher kursieren in Mexiko zahllose Argentinier-Witze, so wie in

Junge Städterinnen sind heute viel emanzipierter als noch in den 1970er-Jahren

193mx Foto: kb

Deutschland einmal die Ostfriesenwitze Hochkonjunktur hatten. Die meist mündlich zirkulierenden Witze haben jedoch meist einen Schuss Ernst und Biss mehr als ihre deutschen Pendants.

Verhältnis zu Deutschen (und ihren deutschsprachigen Nachbarn)

Überspitzt gesagt: Für die Mexikaner ist nicht jedes Bleichgesicht ein *gringo*. Äußert man in einem Gespräch, man sei kein *gringo,* sondern Deutscher, reagiert der mexikanische Gesprächspartner in aller Regel mit einem freundlichen Lächeln oder einer positiven Bemerkung. Meist gibt es dann einen gemeinsamen Anknüpfungspunkt: Entweder er hat Bekannte aus Deutschland, Geräte deutscher Fabrikation oder er kennt einige deutsche Prominente.

Deutsche (sowie Schweizer und Österreicher) haben **in Mexiko einen recht guten Ruf.** Touristen aus deutschsprachigen Ländern bleiben durchschnittlich wesentlich länger in Mexiko als US-Touristen. Letztere fliegen zum überwiegenden Teil für eine Woche nach Cancun, Acapulco oder Puerto Vallarta, um dort die „Sau rauszulassen", die anderen reisen wochenlang durch das Inland und besuchen unter beträchtlichen körperlichen Strapazen die Kulturstätten des Landes. Sie bereiten sich intensiver vor und interessieren sich nicht nur für die Landschaft (bzw. speziell für die mexikanische Sonne und das warme Meer), sondern auch für das mexikanische Essen, die Musik und die Menschen. In Mexiko leben derzeit ca. 35.000 Deutsche und Deutschstämmige sowie 50.000 ursprünglich aus Norddeutschland emigrierte Mennoniten.

Mexikaner machen die Erfahrung, dass Besucher aus deutschsprachigen Ländern oft ein weniger vorurteilsbeladenes Bild von Mexiko mitbringen als die nordamerikanischen Nachbarn. Dies erklärt sich zum großen Teil aus der konfliktbeladenen Geschichte der beiden Nachbarländer und aus den zahllosen Klischees, die z. B. in den vielen US-Western und -Krimis heute noch transportiert werden. Deutschland dagegen verbindet man in Mexiko schnell mit dem großen Werk von *Volkswagen* in Puebla, mit der dortigen Produktion des legendären VW-Käfers, mit solider Ingenieurleistung und verlässlichen Importprodukten. Viele große deutsche Unternehmen der Chemie-, Pharma- und Konsumgüterindustrie haben Niederlassungen in Mexiko, fertigen hochwertige Produktionsmaschinen und geben vielen Menschen Arbeit. Zudem hat es zwischen Mexiko und Deutschland bislang keine nennenswerten historischen Zwistigkeiten gegeben.

Mexikanische Fußballfans kennen deutsche Fußballer wie *Beckenbauer, Matthäus* und *Klinsmann,* erinnern sich an die spannenden Länderspiele zwischen beiden Teams (eines davon um den Einzug ins Halbfinale bei der Fußball-WM 1986 in Mexiko selbst). Ebenfalls wohlbekannt ist neben Projekten der Internationalen Entwicklungszusammenarbeit des *BMZ* das langjährige Projekt der „Mexiko-Hilfe des Deutschen Fußball-Bundes", der den Betrieb eines Waisenhauses in Querétaro, nördlich von Mexiko City, finanziell unterstützt. Deutschen gegenüber existieren somit in Mexiko vorwiegend positive Vorurteile – eine gute Grundlage, um bei einem Besuch des Landes persönliche Kontakte zu Mexikanern zu knüpfen.

Verhaltenstipps

Abschließend werden an dieser Stelle einige Tipps für ein weitgehend konfliktfreies, Sympathie weckendes Verhalten als Fremder in Mexiko angeboten.

Wer sich als Ausländer über **Unzulänglichkeiten in Mexiko** lustig machen möchte, sich über Schlaglöcher in den Landstraßen, Unpünktlichkeit von Bussen und anderes mokiert, ist bei den Mexikanern an der falschen Adresse. Erstens machen die Einheimischen dies in ihren Zeitungen und Fernsehkomödien bereits selbst zur Genüge. Zweitens wirken Menschen, die glauben, sie müssten die Missstände und die Unterentwicklung einzelner Bereiche kritisieren, oft so verletzend auf die patriotischen Mexikaner, dass mit diesen Bemerkungen der weitere Kontakt zwischen Einheimischen und Fremden sehr erschwert, wenn nicht gar unmöglich gemacht worden ist.

Reisen ohne Vorurteile und Klischees?

Mexikaner reagieren generell auf **Kritik von Fremden** an ihrem Land sehr reserviert, oft verständnislos. Selbst wenn ein mexikanischer Bekannter bei einer Zecherei kritische Worte über sein Heimatland äußert und vielleicht die rhetorische Frage stellt, ob diese Kritik nicht zutreffe, sollte dies nicht als Einladung zum Bekräftigen der Kritik verstanden werden. Die Rückfrage ist oftmals nur scheinbar rhetorisch; viel lieber möchte er hören, dass dies alles nur ein klein wenig zutreffe oder zumindest nicht immer. Misstrauisch werden viele Mexikaner jedoch auch, wenn man als Ausländer heftige Kritik am eigenen Land übt; dafür hat man in einem Gespräch mit einem Fremden wenig Verständnis.

Die besten Voraussetzungen schafft man sich selbst, wenn man einen Mexikoaufenthalt unvoreingenommen, ohne Vorurteile beginnt. Das ist leichter gesagt als getan, muss man doch gleichzeitig die zahlreichen Mexiko-Klischees aus Film und Fernsehen ablegen und sich für neue Eindrücke und Erfahrungen öffnen. Es empfiehlt sich darüber hinaus, das eigene **Interesse** auch den Einheimischen gegenüber zu bekunden; auch das öffnet Türen und ermöglicht nicht nur oberflächliche Kontakte. Und statt wie etwa an der Arbeitsstelle zu Hause auf alles eine Antwort parat haben zu wollen, sollte man während der Mexikoreise bereit sein, auf eigene Fragen von den Einheimischen eine Antwort zu bekommen.

Wichtig ist es zudem, die Gefühle der Einheimischen zu respektieren sowie **Unterschiede in der Mentalität und in der Wahrnehmung** zu akzeptieren. Ein praktisches Beispiel: Man erlebt in Mexiko nicht selten Touristen, die sich bei einer mexikanischen *fiesta* über die Lautstärke der Musiker beschweren und die Veranstalter auffordern, die Musik leiser zu drehen! Die Beschwerdeführer haben ganz offensichtlich vergessen, dass sie die Gäste und die Feiernden die Gastgeber sind. Mexikaner lieben nun mal laute, schwungvolle Musik; sie kann ohrenbetäubend laut sein, solange man noch lauthals mitsingen kann.

In Mexiko herrscht eben eine andere Lebensphilosophie. Und die betrifft auch Dinge wie Organisation und langfristige Planung. Man wird als

Fremder in Mexiko sicher einmal auf **organisatorische Probleme** stoßen, wenn etwa der reservierte Sitzplatz im Zug bereits von jemand anderem belegt ist. Dann kann man in aller Regel darauf hoffen, dass die betreffenden Personen das Problem lösen. Einerseits sind die Mexikaner – häufig gezwungenermaßen – Improvisationstalente, andererseits bemühen sie sich bei Ausländern meist besonders, die Sache wieder in Ordnung zu bringen. Und noch etwas in diesem Zusammenhang: Die Sauberkeit der Straßen und Hausfassaden, geregelte Abwasser- und Müllentsorgung sind bei weitem nicht die wichtigsten Kriterien einer Kultur! Abgesehen davon, dass es in dieser Hinsicht noch zu Beginn des 20. Jahrhunderts in Deutschland vielerorts geradezu mittelalterlich zuging.

In Mexiko gelten andere Formen von Höflichkeit als in vielen Ländern Mitteleuropas: Rempeln, sich vordrängen und den körperlichen Mindestabstand nicht einzuhalten wird den Fremden zwar häufig verziehen, doch in jedem Fall innerlich missbilligend wahrgenommen.

In diesem Zusammenhang ist es elementar wichtig, den **anderen Zeitbegriff** zu akzeptieren. Hier spielen Dinge mit hinein wie die große Bedeutung von Geduld *(paciencia)*, die Zweitrangigkeit von Pünktlichkeit, der Wert von Vergangenheit und von Traditionen sowie das Beharren auf alten Gewohnheiten. Besonders gut fährt man in Mexiko, wenn man als Ausländer die verfügbare Zeit stets großzügig einplant und sich für alles (insbesondere für Gespräche) ausreichend Zeit nimmt.

Umgang mit der mexikanischen Lebensart

Es gibt viele Dinge, die den Mexikanern wichtiger sind als Pünktlichkeit: Höflichkeit, persönliches Mitgefühl, der Genuss des Augenblicks und der einzigartigen Situation. Für **Ungeduld** hat man in Mexiko wenig Verständnis; mit ungeduldigen Reaktionen, Beschwerden und ähnlichen Verhaltensweisen erreicht man meist das Gegenteil des Gewollten. Besser ist es – auch wenn's manchem schwerfällt –, noch einmal nach dem bereits vor einer Stunde bestellten Essen nachzufragen, freundlich zu bleiben, die Bitte ein weiteres Mal höflich zu wiederholen, möglichst in die Anfrage ein wenig Witz einzubringen und seinen Charme spielen zu lassen.

Die Art der mexikanischen Lebensgestaltung sollte man bewusst vergleichen mit der eigenen und überlegen, ob die „mexikanische Variante" nicht auch **Vorteile gegenüber der mitteleuropäischen Lebensart** hat. Eine Mexikoreise wäre eine gute Gelegenheit zu reflektieren, ob man selbst durch bestimmte – ungeprüfte Annahmen oder unbewusste Gewohnheiten – in engen Zwängen lebt. Die Reflexion über die verschiedenen Möglichkeiten, das Leben in einer menschlichen Gemeinschaft zu meistern, kann zur Abkehr vom Glauben, die eigene Lebensweise sei die

196mx Foto: kb

einzig richtige, führen. Die Begegnung mit Mexikanern kann die Ansicht in Frage stellen, dass Kultur und Lebensweise der westlichen Industriestaaten denen der Entwicklungsländer allgemein und Mexiko im Besonderen überlegen seien. Auch Bemerkungen wie die, dass die Mexikaner im Vergleich zu den früheren Hochkulturen Teotihuacans und Tulas, der Maya und Azteken heute tief gesunken seien, zeugen nur von der Ignoranz dieser Kritiker.

Gute Voraussetzungen für einen fruchtbaren Mexikoaufenthalt ist der Wunsch, die Sitten, kulturellen Traditionen, Gewohnheiten, Rituale der gastgebenden Bevölkerung kennenzulernen. Es kann sich dabei um profane Dinge wie die Begrüßungsformeln oder die *siesta* handeln oder um schon teilweise schwerer Verständliches wie den *Culto Guadalupano*.

Nicht jeder hat allerdings gleich Verständnis für das komplizierte System der *mordida,* der **Korruption.** Kulturelle Verhaltensweisen kennen zu lernen und akzeptieren wollen bedeutet jedoch nicht gleich, sie auch gutheißen zu müssen. In Mexiko erfüllt die *mordida* wichtige gesellschaftliche Funktionen, sie bringt den einen Vorteile, den anderen Nachteile, sie macht Vorgänge berechenbar.

Auch als Tourist kann man das allgegenwärtige System der Korruption und Vetternwirtschaft am eigenen Leibe zu spüren bekommen. Wenn ein Polizist einen Autofahrer anhält, ihm wegen einer geringen Regel-

Mariachis auf einem Boot in den Schwimmenden Gärten von Xochimilco

übertretung ins Gewissen redet und am Ende der Ermahnungen beiläufig die Bemerkung fallen lässt, er könne ein paar Pesos für ein Getränk *(para un refresco)* sehr gut gebrauchen, handelt es sich bereits um *mordida*. Der Polizist verzichtet auf ein Bußgeld (mit Quittungspflicht) oder auf eine Anzeige, dafür spendiert der einsichtige Autofahrer ihm eine Coca-Cola. Auch bei Behördengängen (z. B. zwecks Ausstellung einer besonderen Erlaubnis) kann ein kleiner Pesoschein die Bearbeitung der Angelegenheit des Ausländers beschleunigen.

Feilschen um jeden Preis

Es empfiehlt sich, während einer Mexikoreise immer wieder auch die **Auswirkungen des eigenen Handelns** bedenken. Schließlich ist man nur einer von Millionen Touristen, mit denen die Einheimischen das ganze Jahr über zu arbeiten haben. Es lohnt durchaus, sich abends mal auf dem Bett auszustrecken und nachzudenken, wie das eigene Verhalten auf die Einheimischen wirkt oder gewirkt hat.

Nicht selten beobachtet man auf den bunten mexikanischen *mercados* Touristen, die minutenlang **um den letzten Peso** feilschen und sich dabei besonders clever vorkommen. Dabei sollte man einmal überlegen, dass der gezahlte Preis eigentlich nur des geringen Arbeitslohnes und des minimalen Profits des Erzeugers wegen so niedrig sein kann. Ein Beispiel aus der jüngsten Geschichte: Der Kaffee aus Lateinamerika kann in Europa nur deshalb so billig verkauft werden, weil die Arbeiter am Existenzminimum leben. Die kleinen Kaffeebauern und die Tagelöhner verdienen nur noch das Allernotwendigste. Der Sturz des Kaffeepreises auf dem Weltmarkt hatte den Aufstand indianischer Kleinbauern in Chiapas 1994 mitbedingt, der bislang mehrere hundert Menschenleben gefordert hat.

Und noch eine Bemerkung zum Feilschen, das manche Besucher Mexikos offenbar zu einer ihrer Lieblingsbeschäftigungen gemacht haben: In den allermeisten Läden sind die Preise fest, und hartnäckiges Handeln kann hier beleidigend, ja verletzend wirken. Die angestellten Verkäuferinnen können im Normalfall gar nicht mit dem Preis heruntergehen, weil sie den Unterschied zum offiziellen Verkaufspreis aus der eigenen Tasche zahlen müssten.

Einladungen

Als Besucher Mexikos sollte man stets offen sein für Einladungen von Einheimischen zu einer *fiesta* oder sonst wohin. Viele Reisende bringen viel Misstrauen mit, weil in ihren Reiseführern ständig vor dunklen Gestalten gewarnt wird. Sinnvoller ist es, sich ein gutes Stück weit auf die eigene Intuition und den eigenen Verstand (falls noch nicht von zu vielen *tequilas* benebelt) zu verlassen. Einladungen spricht man in Mexiko schnell aus, und nicht immer sind sie **beim ersten Mal** gleich ernst gemeint. Wenn der Einladende jedoch Interesse beim Gegenüber verspürt und sich gut vorstellen kann, dass er in die Gruppe passt, wird er die Einladung *(invitación)* wohl wiederholen. Und wenn er dann den Ort und die genaue Zeit noch erwähnt, kann man die **Einladung als sicher betrachten.** Möchte man die Einladung partout nicht annehmen, ist eine erfundene Ausrede die diplomatischste, die mexikanische Lösung. Nimmt man dagegen die Einladung an, sollte man sie kurz vor dem Treffen noch mal telefonisch rückbestätigen, um böse Überraschungen zu vermeiden.

Am ehesten trifft man sich - ob Mann und Frau, Kollege und Kollegin - zunächst in einem Café oder einem Restaurant. In das **Haus des mexikanischen Bekannten** wird man in der Regel nicht sofort eingeladen, dies gilt als großer Vertrauensbeweis, und in der gastgebenden Familie wird ja erwartet, dass man nur seriöse Bekannte mitbringt. *Fiestas* im Familien- und Freundeskreis dienen der Annäherung, dem Vergessen gesellschaftlicher Schranken. Zwänge der Höflichkeit und des Distanzmanagements kann man dann ablegen.

Eine letzte Anregung: Selbstverständlich sind nicht alle Mexikaner gleich. Man sollte differenzieren und nicht alle über einen Kamm scheren. Dies würde man als aufgeklärter, gebildeter Mensch im eigenen Land ja auch nicht tun.

Grundregeln mexikanischer Umgangsformen

„Die Herren der Schöpfung sind schon seltsame Käuze. Da sie sich nicht küssen, nichts Liebevolles sagen und auch keine schwangeren Bäuche streicheln können, begrüßen sie sich mit diesen scheppernden Umarmungen und diesem dröhnenden Gelächter. Ich verstehe nicht, was sie daran witzig finden.“ (*Angeles Mastretta* in ihrem Roman „Mexikanischer Tango“ über mexikanische Männer)

Im Folgenden werden einige fundamentale Umgangsregeln von Mexikanern untereinander, zugleich aber auch Verhaltenstipps für Ausländer beschrieben, z. B. bezüglich Anrede, Begrüßung und Höflichkeit. Dabei gilt es zwei grundlegende Dinge zu beachten: Einerseits agieren selbstverständlich längst nicht alle Mexikaner in diesen Bereichen gleich; es gibt je nach Alter, Geschlecht, sozialer Schicht, Bildungshintergrund etc.

leichte oder gravierende Unterschiede. Andererseits sollte man die folgenden Ausführungen nicht dahingehend missverstehen, dass man als Europäer in Mexiko versucht, wie ein hundertprozentiger Mexikaner zu agieren. Damit kann man sich lächerlich machen. In den Augen der Mexikaner mag man bei übertriebener Übernahme mexikanischer Umgangsformen den Bogen der Höflichkeit bzw. Anpassung überspannen, weil man die eigene kulturelle Prägung verleugnet. Vielmehr kann man die Kenntnis wichtiger Verhaltensformen in Mexiko nutzen, um sich darauf vorzubereiten, mit welchen zu Europa unterschiedlichen Verhaltensmustern man bei einem Mexikobesuch konfrontiert werden kann.

Begrüßung

Mexikaner **schütteln** bei der Begrüßung gern **die Hand.** Frauen – insbesondere weiße und mestizische Frauen aus Ober- und Mittelschicht und aus dem urbanen Lebensumfeld – geben einander dabei auch gern Küsschen auf die Wangen, ohne sich jedoch eng zu berühren. Leichte Verbeugungen während des Händeschüttelns sind nur bei klar hierarchischen Beziehungen – wie in der Politik oder am Arbeitsplatz – üblich. Augenkontakt ist dabei erlaubt bzw. sogar erwünscht, unabhängig von Geschlecht und Alter.

Einer mag das Gespräch eröffnen mit dem Ausruf: *„Que milágro!"* (Welch ein Wunder, Dich hier zu sehen!) Die erste Frage könnte nun lauten: Wie geht es Ihnen/Dir, und wie geht's der Familie? Darauf wird der Gefragte zunächst einmal mit *bien/muy bien* und *gracias* antworten, auch wenn es ihm und/oder der Familie schlecht geht; für unangenehme Nachrichten und Themen ist an dieser Stelle noch kein Platz. In den nächsten Sätzen drückt man einander die gegenseitige Freude über das Kennenlernen oder Wiedersehen aus; diese Bemerkungen werden gern mehrfach wiederholt. Man sagt *„Que bien de verte/verle*!" („Schön, Dich/Sie zu sehen!") oder beim Abschied: *„Fue un placer de conecerte/conecerle*!" („Es war mir ein Vergnügen, Dich/Sie kennen zu lernen").

Mexikanische Männer aller Altersgruppen und gesellschaftlichen Schichten vollführen bei der Begrüßung untereinander – sofern sie sich schon kennen – den **abrazo** (wörtlich: „Umarmung"). Dieses etwas kompliziertere Ritual umfasst mehrere Vorgänge: Zunächst schütteln die beiden Männer einander kräftig und lange die Hand, dann wechselt man den Griff, indem man jeweils den Daumen umgreift und die Arme weiter bewegt. Nach einigen Augenblicken kehrt man wieder zum normalen Händeschütteln zurück. Nun kommt der wichtigste Teil, die eigentliche Umarmung: Entweder, man umarmt sich einander mit beiden Armen, oder man behält die eine (rechte) Hand in der des Gegenübers. Beim Umarmen klopft man einander laut hörbar auf die Schulter, sodass der Staub aus dem Jackett des anderen aufsteigt. Nach mehrmaligem kräftigem Klopfen – begleitet von freudigen Bemerkungen wie *„Mi amigo, qué alegría de verte!"* oder Ähnlichem wechselt man wieder zum abschließenden Händeschütteln. Während dieses Zeremoniells sprechen beide Beteiligten herzliche Worte aus und lachen dabei herzhaft. Von einem höhergestellten Mann einen *abrazo* zu erhalten, gilt als Auszeichnung: Man wird dabei symbolisch auf die Stufe des anderen gehoben. Bietet man als Ausländer einem Mexikaner, den man noch nicht kennt, einen *abrazo* an, kann dies deplaziert wirken. Günstig ist es, ein Gespür dafür entwickeln, ob die Situation (Anwesenheit anderer), die Stimmungslage der Beteiligten und natürlich die Person des Gegenüber sich gerade für einen *abrazo* eignen.

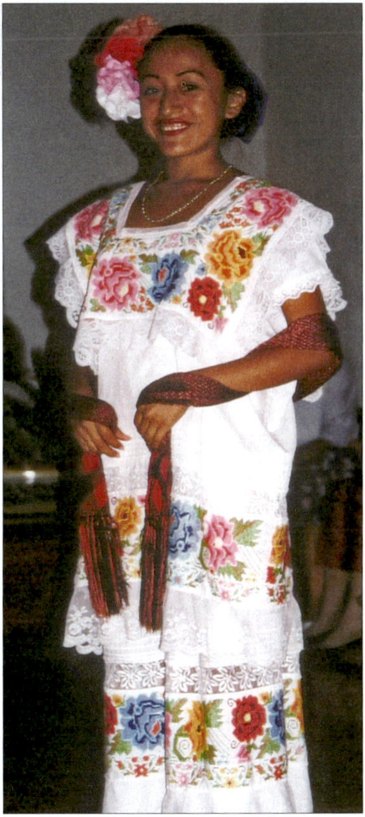

201mx Foto: kb

Bei einer mexikanischen Begrüßung dominieren mehr noch als sonst höfliche Umgangsformen, der Austausch positiver Floskeln und Komplimente. **Visitenkarten** werden in Mexiko – anders als etwa in Asien – seltener ausgetauscht, abgesehen von Geschäftskreisen. Sie dienen der richtigen Selbstdarstellung und dem Austausch erster – unausgesprochener – Informationen über sich selbst. Je formaler der Anlass, desto formaler ist auch die Begrüßung.

Dies gilt auch für die **Anrede** des Gegenüber: Neben dem richtig gewählten Du oder Sie sind *Doña* („Frau") oder *Don* („Herr"), *Señora* oder *Señor* die gängigsten Anredeformen. Daneben gebraucht man gern *maestro, profesor (profe), ingeniero, caballero, joven, señorita* (auch zu älteren Frauen). Personen mit Doktortitel werden diesen Titel bei der Begrüßung in aller Regel (auch zu *Doc* abgekürzt) „vorgehalten" bekommen, mindestens so häufig wie in Europa (vergleichbar mit seinem häufigen Usus in Österreich). Wer auf ein abgeschlossenes Universitätsstudium zurückblicken kann, mag auch mit *„Licenciado"* (abgekürzt: *Lic.*) angesprochen werden. Dies wiederum ist in Europa ungewöhnlich, doch versteht man in Mexiko ein Uni-Examen der hohen Abbruchquote von Studien wegen per se schon als erwähnenswert.

Gastgeschenke sind in Mexiko nur bei Besuchen im Haus eines Bekannten oder Geschäftspartners üblich. Landestypische Kleinigkeiten aus der eigenen Heimat und Mitbringsel für die Kinder der Familie werden gern angenommen. Hier gilt das Motto: Lieber etwas Kleines und Herzliches schenken, als etwas Großes und Teures. Schließlich fühlen sich auch die Mexikaner verpflichtet, sich beim Schenkenden eines Tages zu revanchieren.

Höflichkeit

Höflichkeit *(cortesía)* ist in ganz Mexiko in jeder Situation Trumpf. **Sprachliche und gestische Ausdrucksformen** der Höflichkeit (z. B. um das Gesagte zu unterstreichen) tauchen in jeder Begrüßung, in jedem Gespräch auf. Dazu gehören Ausdrücke wie *como no* (selbstverständlich, Sie haben natürlich recht), *con mucho gusto* (mit Vergnügen, gern) *para servirle* (zu Ihren Diensten; bereit, Ihnen zu dienen), *tu casa* (Bitte fühlen Sie sich hier wie zu Hause), die Anredeformen (*Señor, Don, Licenciado, Doctor* etc.), *por favor* (bitte) und *gracias* (danke). Nicht zu vergessen, das stete freundliche Lächeln, der angemessene Abstand zum Gegenüber (bewusstes Weghören bzw. Abwenden von einem Gespräch anderer), die angemessene Lautstärke, das Anbieten von Hilfe und noch vieles mehr.

Menschen aus der Bundesrepublik Deutschland wird im Ausland nicht selten nachgesagt, sie wären sehr direkt, sie sprächen ihre Meinung frei heraus, sie sagten, was sie denken. Das mag in Deutschland als eine Tugend per se angesehen werden, auch wenn es häufig verletzend wirkt. In Mexiko sind solche Verhaltensweisen keineswegs tugendhaft, im Gegenteil: Sie gelten als ungehobelt, unbeherrscht, nicht einfühlsam, unfreundlich und unhöflich. Mexikaner sind in einem Gespräch nicht in erster Linie daran interessiert, dem anderen ihre Meinung darzulegen. Wichtiger ist es ihnen zunächst einmal, die **Meinung des anderen zu erfahren.** Dazu stellen sie ihm eine Frage oder sprechen das betreffende Thema aus der Sicht eines Dritten an, sodass der Gesprächspartner die Gelegenheit nutzen kann, seine Perspektive zu erläutern – wenn er dies überhaupt möchte.

Will ein höflicher Mexikaner seinen **eigenen Standpunkt darlegen,** ohne damit den anderen zu kompromittieren, wählt er wiederum die dritte Person: „Der und der hat neulich gesagt, ..." oder „Jüngst war zu lesen, dass ...". Damit geht er sicher, dass er mit seiner eigenen Meinung den anderen nicht brüskiert – möglicherweise hat er ja einen wichtigen Aspekt bei seiner Meinungsbildung übersehen. Grammatikalisch wie symbolisch ziehen Mexikaner die indirekte Rede der direkten vor – vor dem Hintergrund höflicher Umgangsformen.

Mehrere indigene Ethnien vermeiden **körperliche Berührungen** in der Öffentlichkeit generell, auch Umarmungen und andere Zärtlichkeiten.

Wie in vielen asiatischen Ländern, vermeidet man es auch in Mexiko generell, die eigene Frau, aber auch **die Gattin des anderen zu loben.** Dies gilt als unschicklich, in manchen Fällen sogar als beleidigend. *B. Traven* hat in seinem Buch „Mexiko – Land des Frühlings" die Hintergründe für dieses Verhalten auf seine typische Art geschildert:

„Es wird (...) als Unhöflichkeit empfunden, einem Herrn zu sagen, dass er eine schöne Frau habe; konservative Herren betrachten das sogar als Beleidigung der Dame des Hauses, was zur Folge hat, dass man nie wieder in das Haus geladen wird. Um das zu verstehen, muss gesagt werden, dass in der Bemerkung ‚schöne Frau' das Verlangen versteckt liegt, sie zu besitzen, und darin eine Beleidigung der Dame empfunden wird."

Travens Erfahrungen zufolge ist allein schon die **Erwähnung der Ehefrauen** tabu:

„Über die Damen anwesender Herren zu sprechen oder auch nur über die eigene Frau zu sprechen in Gegenwart anderer Herren, selbst wenn sie intime Freunde sind, wird als ungemein taktlos empfunden. Nicht einmal ein mexikanischer Arbeiter tut es, auch dann nicht einmal, wenn er mit der Frau nur nach dem natürlichen Gesetz verbunden ist. Erkundigt man sich nach dem Wohlbefinden der Dame des Hauses, so spricht man von der Familie des Herrn, nur um die Dame des Hauses nicht erwähnen zu müssen."

Zur Höflichkeit im Umgang mit Mexikanern gehört es auch, ein Gespür dafür zu entwickeln, **wann man Hilfe anbietet** bzw. wann man tatkräftig helfend zupackt – und wann man es besser lässt. Wer hier in der falschen Situation (im gut gemeinten Sinne) zu eifrig ist, kann durch sein Einschreiten beleidigend wirken. Ein Beispiel: Ist der Frau des Hauses beim Servieren des Essens ein kleines Malheur passiert, so hat zunächst nur sie das Recht, das Missgeschick zu beheben. Man kann gestisch andeuten, dass man ihr dabei gern zur Hand gehen möchte, sollte sich aber vor einem eventuellen spontanen Zupacken erst vergewissern, ob sie damit einverstanden ist. Andernfalls stellt man ihre Kompetenz ungewollt in Frage oder verletzt ihren Stolz.

Trinkgelder

Trinkgeld *(propina)* ist in Mexiko **Teil jeder bezahlten Dienstleistung.** Meist beträgt es 10 bis 15 % des Rechnungsbetrags. In sehr touristischen Gegenden wie Acapulco und Cancun, an der Plaza Garibaldi in Mexiko City und der Plaza de Mariachis in Guadalajara, wird das Trinkgeld von den Inhabern der Restaurants und Bars unter der Rubrik *servicio* („Bedienung") bereits auf die Rechnung gesetzt. Dies gilt insbesondere für Gruppen über sechs Personen; damit will man vermeiden – so die gängige Erklärung –, dass den Beschäftigten die *propina* vieler Gäste auf einmal verloren geht.

Die *propina* erlaubt eine Belohnung einer Dienstleistung und spornt jedermann dazu an, sich anzustrengen. Sie ist in Mexiko längst Teil der traditionellen Kultur. Mexikaner erwarten eine *propina* und sind innerlich enttäuscht, wenn Fremde aus Gedankenlosigkeit, Vergesslichkeit, Geiz oder sonstigen Gründen kein Trinkgeld geben. In den wenigsten Fällen würden sie jedoch diese Enttäuschung offen zeigen: Dies verbietet schon allein ihr Stolz bzw. ihre Professionalität.

Für Kofferträger *(botones)*, die die schweren Koffer ins Zimmer tragen oder dem Gast ein Taxi rufen, Zimmermädchen, Kellner, Garderobenfrauen, Toilettenfrauen und viele andere stellt die *propina* einen **bedeutenden Teil der Tageseinnahmen** dar. Denn die meisten im Dienstleistungsgewerbe beschäftigten Mexikaner erhalten nur einen sehr geringen Grundlohn, weil ihre Arbeitgeber erwarten, dass sie durch die Trinkgeld-Einnahmen auf ein passables Gehalt kommen. Kinder, die auf das Auto aufpassen, beim Einparken helfen oder in der Zwischenzeit das Fahrzeug zu einem bestimmten Preis waschen, erhoffen sich ebenfalls ein Trinkgeld.

Taxifahrer erwarten dagegen selten ein Trinkgeld, insbesondere dann nicht, wenn sie mit dem Fahrgast den Preis vor Beginn der Fahrt bereits vereinbart hatten. Dann haben sie im erhandelten Fahrpreis ihre *propina* schon mit einkalkuliert. Bezahlt man in Mexiko ein Taxi nach Taxameter, rundet man generell den Preis auf.

Praktische Tipps für das Reisen in Mexiko

In diesem Kapitel werden weniger theoretische, sondern eher praktische Hinweise für das Reisen mit öffentlichen und privaten Verkehrsmitteln in Mexiko gegeben, Wissenswertes zur Orientierung in den Städten, zum Thema Sicherheit (Kriminalität, Taschendiebstahl, Drogen), zum Fotografieren und Filmen sowie zu Kleidungsregeln und Kirchenbesuchen. Diese Informationen sollen in erster Linie als Anregung zum eigenen Nachdenken verstanden werden, denn jeder entscheidet über seine Verhaltensweise im Gastland Mexiko letztendlich selbst. Auch die genannten Bereiche zählen zur Kultur eines Landes und oft erfolgt gerade in ganz praktischen Dingen der stärkste Kulturschock. Daher ist eine Vorbereitung auf die unterschiedlichen Verfahrensweisen in Mexiko durchaus sinnvoll.

Unterwegs mit Bus, Bahn und Auto

Die mexikanischen Überlandbusse, in den Städten auch Kleinbusse wie *micros, colectivos* und *peseros* sowie die Eisenbahn unterhalten in Mexiko ein umfangreiches Verkehrsnetz, das jedermann – manchmal in Kombination mit einer Taxifahrt – überall hin bringen kann. Die **öffentlichen Verkehrsmittel** haben gegenüber den privaten (eigenes Auto, Mietwagen o. Ä .) mehrere Vorteile: Sie sind in aller Regel wesentlich preisgünstiger, sicherer, unterhaltsamer und ermöglichen während der Fahrt vielfältige Kontakte zu Einheimischen. Auch wenn nicht alle Busse und Bahnwaggons den Komfort des guten alten VW Käfers bieten, sind sie einen Versuch wert.

Trampen *(viajar por autostop)* ist in Mexiko eine Rarität; Mexikaner greifen vorwiegend in Notfällen (Pannen, Unfällen, Krankheit etc.) zu dieser Variante der Fortbewegung. Der Erfolg beim Trampen ist dementsprechend mäßig: Einerseits halten nur wenige Fahrer an, andererseits verlangen manche von ihnen einen Teil des üblichen Buspreises – schließlich verkehren auf fast allen Straßen von früh bis spät öffentliche Busse. Auch hinsichtlich der eigenen Sicherheit kann man Trampen in Mexiko wenig empfehlen; insbesondere Frauen gehen dabei (auch zu zweit oder zu dritt) ein erhöhtes Risiko ein.

Verkehrsregeln werden in Mexiko großzügiger und individueller gehandhabt; man kalkuliert häufig auch Situation, Zeit und Beteiligte mit in die Überlegungen zum eigenen Fahrverhalten ein. Zwar sind die meisten Verkehrsregeln identisch mit den international gültigen, doch empfiehlt es sich, sich einige wenige Unterschiede einzuprägen, sonst könnte der

207mx Foto: kb

Kulturschock auch lebensgefährliche physische Folgen haben. Mexikanische Autofahrer kommunizieren im Straßenverkehr viel mehr miteinander als mitteleuropäische: Der Vorausfahrende signalisiert durch Betätigung des linken (!) Blinkers die günstige Gelegenheit zum Überholen, entgegenkommende Wagen zeigen per Lichthupe Warnungen vor Hindernissen wie Kühen und Eseln, Unfällen oder Polizeikontrollen. Auch erzwingen Mexikaner ihre Vorfahrt nicht so sehr wie etwa in Deutschland, sie sprechen sich eher untereinander – etwa an einspurigen Brücken oder sonstigen Engpässen – per Lichthupe ab.

Die Polizei postiert gern völlig demolierte Fahrzeuge an den Straßenrand, auf Verkehrsinseln oder großen Kreuzungen, um den Autofahrern die Folgen von **überhöhter Geschwindigkeit, Leichtsinn, Machogebaren und Alkohol** am Steuer plastisch vor Augen zu führen. Insbesondere auf die Fahrer städtischer Busse und von Expressbussen scheinen diese Maßnahmen jedoch wenig zu wirken: Ihre Fahrweise ist nicht selten mehr als offensiv und draufgängerisch. Für Motorradfahrer gilt dies dagegen kaum: Von ihnen gibt es in Mexiko überaus wenige. Dennoch: Fleißig geflucht wird im mexikanischen Straßenverkehr auch, und es heißt, dass jährlich mehr als hundert Verkehrsteilnehmer durch einen gezielten Schuss eines Kontrahenten umkommen. Einladungen oder Aufforderungen zu einem Zweikampf auf der Straße nachzukommen bedeutet gleichzeitig, ein hohes Risiko für Leib und Leben einzugehen.

Auch bezüglich der **Beschilderung** gibt es einige Unterschiede. Zunächst einmal gibt es in Mexiko nicht den in Deutschland so gern verspotteten „Schilderwald". Einerseits stehen dem mexikanischen Verkehrsministerium nicht die gleichen immensen Geldmittel wie dem deutschen zur Verfügung, andererseits beweist sich auch hierin die mexikanische Kultur als Hochkontextkultur – nicht alle Informationen müssen explizit an jeder Stelle genannt werden, sondern man muss bereits viele Voraussetzungen mitbringen, um Zusammenhänge verstehen zu können.

Als Mexikobesucher fallen schnell einige in Europa ungebräuchliche Schilder auf: Mit *No maltrate las señales* sind gelangweilte Hobbyschützen angesprochen: Sie möchten bitte die Schilder nicht mit Schusswaffen, Steinen oder Baseballschlägern verunstalten. *No deje piedras en el pavimiento* ermahnt alle Verkehrsteilnehmer, nach einer Panne alle zur Absicherung der Haltestelle auf die Straße gelegten Steine (und Äste, brennenden Öltöpfe u. Ä.) wieder sorgfältig zu entfernen. Das Schild *No rebasar* zeigt nicht selten auch ohne durchgezogene Mittellinie ein generelles Überholverbot an. Und *Conceda cambio de luces* erinnert die Fahrer, auf die Aufblendsignale entgegenkommender Fahrzeuge zu achten. Erreicht man dagegen eine Kreuzung ohne jegliche Schilder, gilt: Wer zuerst kommt, mahlt zuerst. Ebenfalls ohne besondere Beschilderung darf man an den meisten Abzweigungen – egal ob eine rechte Abbiegerspur vorhanden ist oder nicht – auch bei Rot in die Querstraße einfahren.

Ausländische Besucher, die von der Hauptstadt aus Mexiko mit einem Mietwagen erkunden wollen, haben häufig großen Respekt vor dem **Großstadtverkehr in Mexiko City.** Ein verständliches Gefühl, wenn man bedenkt, wie sich die 25 Millionen Einwohner insbesondere zu den Rush Hours in den verschiedensten Verkehrsmitteln fortbewegen wollen. Dennoch: Der Verkehr in Mexiko City ist weitaus weniger „chaotisch" bzw. beängstigend als in vielen anderen Großstädten der Welt. Mit ein wenig Ruhe und Übersicht, mit reichlich Höflichkeit und vorsichtiger Fahrweise überlebt man ihn ohne große Probleme. Dennoch stellt sich die Frage: Ist es bei dem großen Angebot öffentlicher Verkehrsmittel und der extremen Luftverschmutzung in Mexikos Hauptstadt überhaupt sinnvoll, als Tourist mit dem eigenen bzw. gemieteten Auto herumzukutschieren?

Per Auto **nachts unterwegs** zu sein, birgt zusätzliche Risiken: Die geringe Beleuchtung der Straßen, unverhoffte Baustellen oder Schlaglöcher, frei herumlaufende Tiere (Vieh und Wild) und die stellenweise lückenhafte Beschilderung der Straßen erfordern höchste Konzentration und viel Glück. Wer Nachtfahrten vermeiden kann, sollte dies immer tun.

Bei **Autopannen oder Unfällen** bewähren sich gute Spanischkenntnisse. Wenn es keine Notrufsäulen gibt, bleibt nichts anderes übrig, als Passanten vor Ort um Hilfe zu bitten oder auf eine Polizeistreife zu warten. Daneben existiert in Mexiko eine Pannenpatrouille mit dem Namen *Angeles Verdes,* deren hilfsbereite Mitarbeiter kleinere Defekte reparieren sowie das Fahrzeug abschleppen können. Verkehrsunfälle ohne Personenschaden wickeln die Mexikaner meist ohne Polizei ab; ohnehin sind die wenigsten Autos versichert, und man muss Glück haben, wenn man im Fall eigener Schuldlosigkeit den Schaden ersetzt bekommt. Ist man per Mietwagen unterwegs, muss aus versicherungstechnischen Gründen die Polizei meist eingeschaltet werden.

Als Fremder in einer mexikanischen Stadt

Die **Orientierung** gestaltet sich in den meisten mexikanischen Städten wesentlich einfacher als in europäischen. In Mexiko muss man sich als Reisender innerhalb kürzester Zeit nicht so viele Straßennamen merken wie in den verwinkelten Straßen der Alten Welt. Die Eroberer legten nämlich die Straßen der neu gegründeten Städte in aller Regel in der Form eines Schachbrettmusters an, soweit Hügel, Flüsse, Sümpfe und Seen dies zuließen. Die *calles* (Straßen), *avenidas* (Avenues), *paseos* (Boulevards) etc. verlaufen in Ost-West- und Nord-Süd-Richtung im rechten Winkel zueinander und sind häufig numeriert; ein besonders anschauliches Beispiel für diese Methode bietet die yukatekische Großstadt Merida. Hier liegt der *zócalo* an der Schnittstelle der *calles* 60/62 und 61/63.

Mehrere Kilometer lange Straßen in größeren Städten tragen meist noch einen zusätzlichen Orientierungshinweis: *sur* (Süden), *poniente* (*Pto.;* Westen), *norte* (Nord) oder *oriente* (*Ote.;* Ost). Werden diese Straßen von einer anderen wichtigen Verkehrsachse geschnitten, so beginnt die Zählung der Hausnummern an der Schnittstelle: Je weiter sie sich von diesem Punkt entfernen, desto höher werden sie. Exakte Hausnummern sind allerdings nicht die Regel. Häufig lokalisiert man in der Adresse ein bestimmtes Gebäude, indem man die beiden nächsten Straßen nennt; dem Fremden bleibt dann die Suche selbst überlassen. Fragt man in einer mexikanischen Stadt nach Entfernungen, so erhält man meist Angaben in 50 bis 100 Meter langen Blocks – *cuadras*. Verlegenheitsantworten ortsunkundiger Einheimischer, die dem Suchenden aus reiner Höflichkeit eine vermeintlich genaue Distanzangabe übermitteln, sind nicht selten. Ein guter Stadtplan kann hier viele vergebens gelaufene Meter vermeiden helfen.

Sicherheit

Über die Sicherheit beim Reisen in Mexiko kursieren in anderen Ländern häufig Horrorgeschichten, die die tatsächliche Situation völlig übertrieben darstellen. In Wirklichkeit gehört Mexiko zu den sichersten Nationen ganz Amerikas. Gewaltsame Überfälle auf Touristen oder gar tödliche Attentate auf ausländische Besucher sind selten. Ob statistisch gesehen in Mexiko z. B. mehr Fälle von Taschendiebstahl als in den USA oder südamerikanischen Staaten vorkommen, lässt sich schwer sagen. Erfahrene Mexikoreisende sind davon überzeugt, dass die Touristen betreffende **Kriminalität** weit weniger erwähnenswert ist, als in einzelnen deutschen Großstädten oder in bestimmten Regionen südeuropäischer Länder.

Es gibt eine Reihe fundamentaler **Präventivmaßnahmen,** die das Risiko beim Reisen stark einschränken. Dazu gehört auch, dass man den wertvollen Körperschmuck zu Hause lässt und damit schon niemanden in Versuchung führt. Zudem gibt es genügend moralische Gründe für einen solchen Verzicht in einem Land mit einer derart offensichtlichen Armut. Wichtige Reisepapiere, Bargeld und Reiseschecks liegen im Hotelsafe, der *caja de seguridad,* weitaus sicherer als in einer der hinteren Hosen- oder Jackentaschen oder selbst im Hüftgurt oder im Brustbeutel. In Großstädten sollte man den mitgeführten Rucksack, die Handtasche oder die Kameraausrüstung gut im Auge behalten und – gerade im Gedränge – sicher in den Händen halten, nicht lose an der Schulter baumeln lassen.

Das mexikanische Touristenbüro empfiehlt in einer Broschüre den Besuchern, in den größeren Städten nicht direkt an der Bordsteinkante, sondern weiter innen auf dem Bürgersteig zu gehen, um etwaigen Motorrad-„Attentätern" das Handwerk zu erschweren. Die Broschüre warnt zudem davor, ein Taxi zu benutzen, in dem bereits ein Fahrgast sitzt; es könnte sich um ein Ganovenpaar handeln. Beim Bezahlen in der Anwesenheit anderer Kunden (aber auch Verkäufer) sollte man niemals zeigen, dass man größere Geldmengen bei sich trägt. Wird man von einem Polizisten angehalten, so sollte man sich für alle Fälle, so das Touristenbüro, die an der Uniform markierte Dienstnummer notieren. Auch dies hilft dem Wankelmütigen, einer etwaigen Versuchung zu widerstehen. Wer beim Verlust wichtiger Reisepapiere größeren Ärger und Aufwand vermeiden möchte, sollte sich bereits zu Hause Fotokopien von Reisepass, Flugtickets, mexikanischer Touristenkarte, Nummernliste der Reiseschecks, Impfpass und Führerschein anfertigen.

Wie in jedem Land der Welt gibt es auch in Mexiko einzelne schwarze Schafe, die sich per **Taschendiebstahl** *(ratería)* ein Auskommen zu ver-

212mx Foto: kb

schaffen suchen. Beliebte Betätigungsfelder der Taschendiebe, der *rateros* (wörtlich: „Mauser, Stibitzer") bzw. der *carteristas* („Brieftaschler") sind gut gefüllte Versammlungen (auf öffentlichen Plätzen), Wallfahrtskirchen mit hohem Andrang wie die Basilika der Virgen de Guadalupe (gilt als eine besonders ergiebige Einnahmequelle) sowie die Busse und Metrowaggons während der Hauptverkehrszeiten. Vorsichtige Einheimische versuchen zudem, wenn möglich, dunkle Gassen in Elendsquartieren und zwielichtigen Vergnügungsvierteln zu meiden. Oft sind die Tricks eingebunden in einen vorgetäuschten Sturz, ein auf der Kleidung des Opfers verschüttetes Getränk oder eine vermeintliche freundliche Hilfeleistung. Das entschuldigende Argument, die Armut Leidenden sollen sich's eben von den reichen Touristen holen, akzeptieren die ehrlichen Mexikaner nicht. Einerseits werden damit diejenigen verhöhnt, die täglich zehn Stunden hart für wenige Pesos arbeiten müssen. Andererseits schreckt eine hohe Kriminalität Touristen langfristig von einem Mexikobesuch ab und schadet so den Millionen von Mexikanern, die langfristig auf ehrliche Art vom Tourismus leben.

Wie in aller Welt variieren – fast wie eine Mode – die handfesten **Trickbetrüger** im Laufe der Zeit verschiedene Techniken. Eine seit der Währungsumstellung Anfang der neunziger Jahre gängige Praxis nutzt die Unkenntnis von Touristen: So geben die Kleinganoven alte, wertlose Scheine (z. B. 50-Peso-Noten) als Wechselgeld heraus. Statt umgerechnet 5 Euro hat das Opfer dann eben nur ein Souvenir aus vergangenen Zeiten in der Hand. Ab und an kommt es vor, dass Beschäftigte in Restaurants die Kreditkarte des Gastes beim Anfertigen des Abzugs gleich noch einmal für private Zwecke abziehen. Daher empfiehlt es sich, Kreditkarten sicherheitshalber nicht auszuhändigen, sondern die Karte nur am Tisch oder an der Kasse abziehen zu lassen und zu unterschreiben.

Drogen

Jeder Mexikaner kennt das Lied von der Küchenschabe *(La cucaracha)*, die nicht mehr tanzen kann, weil ihr Marihuana (von *Egon Kisch* 1945 noch als „Vergifterin Mexikos" gebrandmarkt) zum Rauchen fehlt. Doch so locker wie in dem Lied geben sich die mexikanischen Gesetzeshüter keineswegs. **Drogenkonsum und -anbau** ist offiziell in Mexiko verboten, und so kann jedermann in den Genuss von gründlichen Durchsuchun-

Kinder armer Familien helfen durch Betteln und Musizieren mit

gen des Gepäcks am Flughafen, an den Landesgrenzen oder von Stichproben auf freier Strecke kommen.

Aufgrund von Vereinbarungen mit dem weltweit führenden „Hauptabnehmer“ USA unternimmt Mexiko seit 1988 unterschiedlich erfolgreiche Anstrengungen, den Anbau und den Zwischenhandel von Drogen via Südamerika nach den USA zu bekämpfen. Mit groß angelegten, für die Medien spektakulär inszenierten Razzien und in Drogenvernichtungsaktionen via Hubschrauber (in denen Soldaten Pflanzengift versprühen oder Cannabisfelder niedermähen) glaubt man den Forderungen des nördlichen Nachbarn nachkommen zu müssen, nicht selten auch in Zusammenarbeit mit US-Behörden.

Ein erfolgversprechendes Gesamtkonzept gibt es jedoch bislang nicht. Dagegen ziehen – wie in vielen anderen Bereichen auch – **Kleinkriminelle und korrupte Polizisten** ihren Vorteil aus der Gesetzeslage: Immer wieder kommt es vor, dass polizeibekannte Dealer allein reisenden Touristen Drogen zu besonders günstigen Preisen verkaufen, die Traveller wenig später an die Polizei denunzieren und dafür eine Prämie erhalten. Die Hüter des Gesetzes geben sich in der Regel mit der Zahlung eines „Lösegelds“ von hundert US-Dollars oder mehr zufrieden. In einzelnen Fällen soll es zudem vorgekommen sein, dass ein Polizist bei der Gepäckdurchsuchung dem Reisenden ein Päckchen Heroin oder Ähnliches hineingeschmuggelt hat. Das heißt im Klartext: Drogenkonsum kann den Mexikobesucher teuer zu stehen kommen oder ihm – insbesondere bei Schmuggel oder Handel – eine langjährige Gefängnisstrafe einbringen. Da die mexikanische Rechtsprechung keine Unterscheidung zwischen weichen Drogen (wie Marihuana und Haschisch) und harten Drogen (wie Heroin und Kokain) macht, empfiehlt es sich, für die Dauer des Mexikoaufenthalts gänzlich auf (illegale) Drogen zu verzichten.

Fotografieren und Filmen

Der Umgang mit Kleinbild- und Videokamera erfordert in einem Land wie Mexiko mit so vielen herrlichen Fotomotiven besondere Sorgfalt. Hier kann man bei den Einheimischen nicht die gleiche Laissez-faire-Einstellung zum Filmen und Fotografieren wie in Europa voraussetzen. Man sollte auf jeden Fall sensibel mit den Wünschen und Bedürfnissen der betroffenen Menschen umgehen; schließlich ist man Gast des Landes und greift mit der Kamera in den **persönlichen Bereich der Einheimischen** ein. Indianer in Bundesstaaten wie Oaxaca und Chiapas haben die Überzeugung geäußert, Fotografen fingen mit dem Bild auch einen Teil ihres Geistes ein oder verletzten ihre Würde damit. Nicht wenige sind der Ansicht, dieses Problem könne der Fotograf mit der Zahlung von ein paar Pesos lösen. Angehörigen bestimmter Glaubensrichtungen ist es verboten, sich fotografieren oder filmen zu lassen. Auch für das Fotografieren von ausgestellten Waren (Obst, Gemüse, Puppen, Kleidung, Kunsthandwerk etc.) verlangen manche Verkäufer Geld; auch das muss man akzeptieren.

Um das Verbot zu umgehen, versuchen es manche Touristen mit Schnappschüssen aus der Hüfte und Über-Kopf-Bildern nach der Devise „Dies merkt niemand oder es stört keinen". Irrtum: Viele Mexikaner kennen diese Tricks und bemerken die Fotokünstler doch. Und dann kann es – wie bereits häufiger beobachtet – handgreiflichen Ärger geben. Wer gar in der Kirche von San Juan Chamula bei San Cristóbal trotz absoluten Fotoverbots die Anwesenden überlisten will, riskiert – wie bereits geschehen – Gesundheit und Leben. Ganz raffinierte bzw. fanatische Fotofreaks arbeiten sogar mit einem 90-Grad-Winkel-Objektiv, bei dem das „Opfer" kaum bemerken kann, dass es gerade „gefilmt" wird. Diese Fotografen argumentieren gern, wer es nicht merke, könne ja auch nicht verletzt werden. Doch ist diese Technik wirklich moralisch vertretbar?

Wenn **innerhalb von Gebäuden** Blitzlicht mit dem Hinweis *No use flash!* verboten ist, dann hat das seinen Grund: Entweder würde es Fresken, Gemälde oder sonstige Kunstwerke schädigen, oder – etwa in der Kirche – würde das ständige Blitzen der Kameras die Gläubigen stören.

Will man in einem **Dorf** intensiv fotografieren, sollte man sich beim Bürgermeister eine Erlaubnis *(permiso)* besorgen. Die kostet in der Regel zwar Geld, doch wird man im Gegenzug oft bei seinen Aufnahmen begleitet und geschützt. Generell sollte man die fotogenen Mexikaner nicht als „Objekte", sondern als Menschen betrachten, mit denen man ins Gespräch kommen kann. Sind erst einmal ein paar freundliche Worte gewechselt, erhält man in der Regel die Erlaubnis zu einem Foto viel eher.

Kleidung

In puncto Kleidung existieren mehrere wichtige Unterschiede zwischen der mexikanischen und den mitteleuropäischen Kulturen. Mexikaner lieben es, sich **gut und gepflegt zu kleiden.** In Stadt und Land sieht man die meisten Menschen fast täglich in frischer Kleidung, wie aus dem Ei gepellt. Besonders Kinder werden – häufig auch trotz finanzieller Engpässe – von ihren Eltern sehr aufwendig und liebevoll gekleidet. Mexikaner legen viel Wert auf eine gepflegte äußere Erscheinung und geben einen beträchtlichen Teil ihres Einkommens dafür aus. Die lockeren Kleidungsregeln z.B. der nördlichen Nachbarn (Shorts und Muscle-Shirts zu

215mx Foto: kb

jeder Tageszeit; freier Oberkörper, barfüßig) werden hier nur von einem Teil der Jugendlichen übernommen.

Nach Feierabend trägt man zu Hause, in der Nachbarschaft oder im Park gern auch einmal Sportkleidung: Jogging-Anzüge, Sporthosen und Turnschuhe. **Sonntags** jedoch holt man – nicht nur für den Kirchenbesuch – seine besten Sachen aus dem Schrank. Nackte Schultern, allzu kurze Röcke und kurze Hosen sind **in Kirchen** offiziell verboten; zwar werden diese Vorschriften nur in wenigen Kirchen kontrolliert, doch handelt man sich bei Verstößen den Missmut vieler Einheimischer ein.

Viele Mexikaner baden in Schwimmbädern, Flüssen und im Meer mit einem langen T-Shirt über der eigentlichen **Badekleidung;** einteilige Badeanzüge bei Frauen und kurze Turnhosen bei Männern überwiegen vor Bikinis, Tangas oder sparsam geschnittenen Badehosen. Oben ohne ist seit Beginn der spanischen Kolonialzeit längst „mega-out". Und wer will sich schon groß bräunen? Mestizen und Indianer haben ohnehin eine dunkle Haut, und die meisten Weißen verspüren kein Verlangen, sich durch Sonnenbaden ihren indianischen Landsleuten farblich anzunähern.

Frauen, die sich sehr knapp bekleiden, haben in Mexiko häufig den Hauch der sexuellen Abenteurerin – wie alle leicht bekleideten *gringas*: Zwar sind hautenge Blusen oder T-Shirts und enge Miniröcke jahrelang Mode (gewesen), doch werden weiterhin alle „kritischen" Körperteile diskret verdeckt. Auch die betont schwarze Bekleidung, High Heel Shoes und Plateau-Schuhe haben vor Jahren via *MTV* und ausländischer

Kino- und Fernsehwerbung bei den bessergestellten Jugendlichen Einzug gehalten. Da lange, schlanke Beine in Mexiko generell nicht so sehr verbreitet sind, tragen viele ihrer stolzen Besitzerinnen diese dann auch gern zur Schau. Ohnehin entsprechen sie eher dem via Medien und Tourismus transportierten westlichen Schönheitsideal als die eher gedrungene Anatomie der mestizischen und indianischen Bevölkerung.

Doch die sexuelle Provokation in der mexikanischen Variante dieser Weltmode ist im internationalen Vergleich tendenziell eher zurückhaltend. Wer sich in Mexiko als junge Frau freizügig kleidet, muss mit Pfiffen, anzüglichen Bemerkungen oder massiverer Belästigung von Seiten einheimischer Männer aller Altersklassen und sozialen Schichten rechnen. Ausnahmen bilden hier nur die jungen weiblichen mexikanischen Stars in den abendlichen Fernsehshows.

In feineren **Restaurants** erwartet man von den Gästen keine Shorts oder Muscle-Shirts, eher schon Hemd, Krawatte und Jackett bzw. ein langes Kleid. Im heißen Yucatán sollte es zumindest ein Hemd und eine lange Hose sein; die Einheimischen tragen gern das *guayabera,* ein hüftlanges, helles Hemd, das über der Hose „heraushängt".

Kirchenbesuche

Kirchenbesuche sind Teil wohl jeder Mexikoreise. Schließlich stehen in Mexiko **einige der sehenswertesten Kirchen der Welt.** Gotteshäuser im Barock-, Rokoko- oder Churriguerra-Stil, aber auch moderne Kirchen ziehen Freunde der Kunst in allen Landesteilen an. Manche von außen unauffällig wirkende Kirchen offenbaren innen mit ihren vorwiegend indianischen Besuchern, die dort ihren synkretistischen Kulten nachgehen, eine faszinierende kleine Welt.

Doch Kirchenbesuche können auch die Andacht von anwesenden Gläubigen stören und so sind einzelne Kirchen an besonders stark von Touristen frequentierten Orten zumindest zu den Gottesdienstzeiten für den reinen Besucherverkehr geschlossen. Alle Seitenaltäre inspizieren zu wollen, an denen Gläubige beten, kann sehr **störend wirken.** Man muss auch mal verzichten oder später wiederkommen können. Während der Gottesdienste – und die gibt es in einigen mexikanischen Kirchen von früh bis spät – sollte man auf der Suche nach Gemälden, Heiligenfiguren und Altären generell nicht durch den Kirchenraum streifen. Fotografieren zu dieser Zeit verstößt ebenfalls gegen die guten Sitten.

Viele Mexikaner baden in der Öffentlichkeit mit einem langen T-Shirt

222mx Foto: bh

ANHANG

Glossar

- **Atlatl:** Vorrichtung zum Schleudern eines Wurfspießes; Speerschleuder. Eine der wichtigsten Waffen der aztekischen Soldaten.
- **Atole:** Suppe aus Maismehl, die je nach Region mit Honig gesüßt wird.
- **Azulejos:** Keramikkacheln maurischen Ursprungs, die durch die Spanier in Mexiko (besonders in Puebla) populär wurden. Die farbigen (blau, rot, weiß) Fliesen schmücken die Außenwände vieler feiner Kolonialhäuser.
- **Blumenkrieg:** Militärische Auseinandersetzung zur Zeit der Azteken zwischen feindlichen Stämmen mit dem Ziel, Gefangene zu machen, die den Göttern geopfert werden können.
- **Blumentod:** Opfertod eines gefangenen Menschen zu Ehren der Götter. Dabei schneidet ein Priester dem Opfer bei lebendigem Leib das Herz aus der Brust.
- **Boleros:** Liebevolles Slang-Wort für die Schuhputzer.
- **Cacique:** Der Kazike war ursprünglich der Indianerhäuptling, später dann einfach der mächtigste Mann im Dorf, mit dem spanischen Pendant *Caudillo* vergleichbar. Das Wort stammt aus der Sprache der karibischen Arawak-Indianer.
- **Calavera:** Wörtlich „der Schädel", Slang für Frauenheld.
- **Cantina:** Mexikanische Männerkneipe, bekannt für robustes Ambiente.
- **Caudillo:** Politischer Führer im lateinamerikanischen Stil.
- **Cenote:** Natürlich entstandenes Kalksteinloch vor allem auf der Halbinsel Yukatán; wurde bereits von den klassischen Maya als Zisterne oder Orakel genutzt.
- **Chavo, chava:** Slang für Kerl, Typ, Mädchen.
- **Chela:** Slang für Bier.
- **Chili:** Mexikanischer Paprika, gehört zu den schärfsten Gewürzen der Welt. Die Azteken verwendeten *chili* auch zur Bestrafung von Menschen, indem die Paste in den Mund oder in den Genitalbereich gerieben wurde. *Chili con carne* („Chili mit Fleisch") ist kein mexikanisches Gericht, sondern Teil der in den USA beliebten Tex-Mex-Küche.
- **Chingar:** Schänden, vergewaltigen, übervorteilen, belästigen, nerven. Das Verb *chingar* und seine Substantivformen gehören zu den wichtigsten mexikanischen Slang-Worten. Es steht für das erzwungene *mestiziaje,* die Vermischung der spanischen mit der indianischen Kultur, für die Beziehung zwischen *Hérnan Cortés* und seiner indianischen Dolmetscherin und Geliebten *Malinche.*
- **Clavidistas:** Die mutigen Frauen und Männer, die in Acapulco gegen Geldspenden aus 50 m Höhe kopfüber in den Pazifik springen.

- **Cochenille:** Roter Farbstoff, den die mexikanischen Indianer aus der Laus gleichen Namens bereits vor mehreren Tausend Jahren gewannen, um u. a. Pyramiden und Tempelwände zu bemalen.
- **Codices:** In Leder gebundene Bücher präkolumbischer Ethnien Mexikos, die in Bilderschrift oder mit Glyphen geschichtliche Ereignisse und Legenden festhielten.
- **Compadrazgo:** Vetternwirtschaft. *Compadre* ist der in Mexiko wichtige Pate eines Kindes.
- **Communidad Indígena:** Die „indianische Gemeinschaft" ist die größte soziale Organisationseinheit der indianischen Bevölkerung in Mexiko und umfaßt Bereiche wie Verwaltung, Recht, Landverteilung, Besitzrecht und Religion. Sie gilt als eine spezifische Form der bäuerlichen Gemeinschaft.
- **Conquista:** Die spanische Eroberung Mexikos 1519-21.
- **Costumbres:** Sitten, Bräuche, kulturelle Traditionen.
- **Coyotes:** Als „Kojoten", schleichende, nächtliche Beutejäger, bezeichnet man die Fluchthelfer an der Grenze zu den USA.
- **Crillo:** Der Begriff Kreole stand in der Kolonialzeit für einen in Mexiko geborenen Weißen.
- **Desmadre:** Die Unordnung, wörtlich: „Unmutter".
- **Ejido:** Indianisches Gemeindeland.
- **Gabacho:** Slang-Wort für Angloamerikaner.
- **Gachupín:** Ein vorwiegend während der Kolonialzeit gängiger Schimpfname für in Mexiko lebende Spanier.
- **Gringo:** In der Regel abwertende Bezeichnung für US-Amerikaner, manchmal auch im übertragenen Sinne für alle bleichgesichtigen Ausländer verwendet. Das Wort *gringo* stammt entweder von der kurz nach der Revolution häufig ausgesprochenen Aufforderung *„Green, go home"* an die grünuniformierten US-Soldaten oder (eher unwahrscheinlich) von dem Begriff *hablar griego* (wörtlich: „griechisch sprechen"), das dem deutschen Ausdruck „Das kommt mir spanisch vor" oder „Ich verstehe nur chinesisch" entspricht.
- **Huichol:** Indianerstamm aus dem wüstenhaften Norden Mexikos, der heute zum Teil noch sehr traditionell lebt.
- **Huipil:** Von Indianerinnen verschiedener Stämme getragene Bluse bzw. rechteckig geschnittener Umhang mit Öffnungen für Arme und Kopf.
- **Huizilopochtli:** Der Kriegsgott und einer der wichtigsten Götter der Azteken.
- **Indio:** Die ursprüngliche spanische Bezeichnung der Bewohner Amerikas, zurückgehend auf das geografische Missverständnis von Christoph Columbus. *Indio* wird in vielen Ländern von mestizischen und weißen

Bevölkerungsgruppen oft im pejorativen Sinne verwendet; viele *indígenas* empfinden es als Schimpfwort.

- **Indígena:** Der von den „Indianern“ und der Wissenschaft favorisierte Terminus für die Ureinwohner Amerikas und deren heute noch weitgehend „indianisch“ lebenden Nachfahren. Die wörtliche deutsche Übersetzung „Eingeborener“ gilt wegen ihrer historischen Konnotationen als wenig passend.
- **Jalapeño:** Eine feurigscharfe Chili-Art.
- **Ladino:** Ein insbesondere im Bundesstaat Chiapas gebräuchlicher Begriff, mit dem sich die Mestizen selbst bezeichnen, um sich damit von den *indígenas* zu distanzieren. In der Anthropologie schließt der Terminus *ladino* die Herrschaft eines/der Mestizen über *indígenas* ein.
- **Latifundistas:** Latifundien-, also Großgrundbesitzer. Sie waren eine der wichtigsten Zielscheiben in der Großen Mexikanischen Revolution.
- **Licenciado:** Unbestimmter akademischer Titel, ursprünglich nach einem juristischen oder theologischen Studium. Wird heute in Mexiko inflationär ge- und missbraucht.
- **Maguey:** Agavenart zur Herstellung von *tequila*.
- **Mañana:** „Morgen“ steht in Mexiko nicht nur für den nächsten Tag, sondern für Geduld, manchmal für eine fast fatalistische Haltung zur Zukunft.
- **Mixtecas:** Indianerstamm aus der Sierra Madre, Region Oaxaca. Die „Wolkenmenschen“ sind für ihren ausgeprägten Totenkult (Beispiel: ihre Totenstadt Mitla bei Oaxaca) und für ihre hervorragenden Goldschmiedekünste bekannt gewesen.
- **Mexica:** Die Bezeichnung des urspünglichen ethnischen Kerns der Azteken. Der Begriff wird heute oft auch im übertragenden Sinne für die gesamte Aztekenkultur verwendet, etwa im Großen Saal der Mexica im Anthropologischen Museum von Mexiko City.
- **Mennoniten:** In verschiedenen Teilen Mexikos lebende ethnisch-religiöse Minorität, ursprünglich aus Friesland stammend, die ihrem Glauben nach keine Waffe in die Hand nehmen darf, vielfach ausschließlich von der Landwirtschaft lebt und auf die Wahrung alter Traditionen (Verhaltensweisen, Sprache, Kleidung etc.) bedacht ist.
- **Mestizos:** Die Mestizen sind Mischlinge aus Weißen und Indianern, stellen heute den Großteil der mexikanischen Bevölkerung.
- **Mezcal:** Agaveschnaps mit dem berühmten Wurm drin.
- **Mordida:** Wörtlich der „Biss“, ein Bestechungsgeld.
- **Nachos:** Spezialität der Tex-Mex-Küche: Taco-Chips mit geschmolzenem Cheddar-Cheese obendrauf.
- **Nahuatl:** Sprache der Azteken, Weiterentwicklung des älteren *nahua*.

- **Nemontémtin-Tage:** Die „hohlen" bzw. unglücklichen Tage ohne Namen, die zum Ausgleich des Kalenders zwischen die Jahre geschaltet wurden.
- **Niños Heroes:** Die „Heldenkinder", die sich Mitte des 19. Jahrhunderts todesmutig den anrückenden US-Truppen in den Straßen Mexiko Citys entgegenstellten und dabei ihr Leben ließen. Dieses Ereignisses wird jährlich mit patriotischen Gedenkreden in der Hauptstadt öffentlich gedacht.
- **Noche triste:** „Die traurige Nacht" vom 30. Juni auf den 1. Juli 1520, in der die Spanier Hals über Kopf aus Tenochtitlan flohen und dabei hohe Verluste in Kauf nehmen mussten.
- **Olmecas:** Die Olmeken (Siedlungsgebiet: Region Villahermosa am Golf von Mexiko) gelten als die Mutterkultur Mittelamerikas.
- **Otomi:** Präkolumbisches Volk sesshafter Bauern, die bereits um die Zeitenwende das Zentralplateau bewohnten.
- **Pachanga:** Ein rauschendes Fest inklusive eines Besäufnisses.
- **Peyote:** Igelkaktus, aus welchem Indianerstämme in Nordmexiko halluzinogene Drogen gewinnen. Der Anthropologe Carlos Casteñeda hat sich mit dem Ritual und dem kulturellen Hintergrund des Peyote-Konsums wissenschaftlich intensiv auseinandergesetzt.
- **Piñata:** Bei Geburtstagen verwendeter Papierschmuck; mit verbundenen Augen schlägt man auf eine mit Bonbons und ähnlichem gefüllte, bunt verpackte Figur, bis die Süßigkeiten herauspurzeln und an die Gäste verteilt werden können. Der Ursprung dieser Tradition ist nicht sicher: Waren es Araber, Sizilianer oder Chinesen, die sie nach Mexiko brachten? Die klassische *piñata* ist ein Kugelstern mit sieben Strahlen, die sieben Todsünden repräsentierend. Das Geburtstagskind schlägt, obwohl vorher mehrfach um die eigene Achse gedreht und von den Anwesend mit (falschen) Tipps irritiert, mit seinem Stock symbolisch die bösen Geister bzw. den Satan.
- **Poblanostil:** Indianische Architekturelemente und koloniale Stilformen ergaben im 17. Jahrhundert den Poblanostil, dessen Name sich von der Stadt Puebla im mexikanischen Hochland ableitet.
- **Pulque:** Alkoholhaltiges, weißliches Agavengetränk, schmeckt bittersüß.
- **Ocelotl:** Nahuatl-Wort für Jaguar, Symbol für eine ihrer Kriegerkasten.
- **Quetzalcóatl:** Die gefiederte Schlange, auch unter dem Namen *Kukulcan* bekannt, war eine der wichtigsten Gottheiten des alten Mexikos, bereits von den Bewohnern Teotihuacans und von den Tolteken verehrt. Der Legende nach sollte sie in einem bestimmten Jahr („ein Rohr") nach Mexiko zurückkehren – dieses Jahr war ausgerechnet identisch mit dem Jahr (1519), in dem Cortés seinen Eroberungszug be-

gann. Motecuzoma soll ihn daher zunächst für *Quetzalcóatl* gehalten haben.

- **Rebozo:** Traditioneller Wollschal bzw. Schultertuch, wird heute noch von Indianerinnen verschiedener Regionen getragen.
- **Requerimiento:** Bereits im Mutterland hatten jesuitische *Padres* von Rechtsgelehrten das sogenannte *requerimiento* ausarbeiten lassen, das die Bewohner Mexikos aufforderte, sich den neuen Herren friedlich zu unterwerfen und den neuen Glauben anzunehmen. Dieses *requerimiento* sollten die spanischen Ritter – so die naive Auffassung der Jesuiten – den mexikanischen Kriegern vorlesen.
- **Sinarquismo:** Reaktionäre, katholisch beeinflusste Widerstandsbewegung der 1930er-Jahre gegen die mexikanische Revolution.
- **Sarape:** Von Männern getragener, traditioneller Umhang aus Wolle oder Baumwolle mit geometrischen Mustern. Das Pendant zum südamerikanischen Poncho.
- **Tacos:** Mais-Pastete. Die weltweit bekannten Taco-Chips bestehen aus gerösteten Tortilla-Stücken.
- **Talud-Tablero-Stil:** Die Kombination von schräger und steiler Fläche an der Außenfassade von Tempeln, geprägt zur Blütezeit Teotihuacáns.
- **Teotihuacán:** Wörtlich „der Platz, an dem man zu Gott wird", der Name für die wohl größte Stadt des alten Amerika, 70 km nördlich des heutigen Mexiko City gelegen. Teotihuacán erlebte seine Blütezeit zwischen 250 v. Chr. und 750 n. Chr.
- **Tequila:** Ca. 40-prozentiger Schnaps aus der Maguey-Agave, heute eins der weltweit bekanntesten Exportprodukte Mexikos.
- **Tequila-Vorhang:** Slang-Wort in den USA für die Grenze zu Mexiko.
- **Tezontle:** Rotes Lavagestein zum Bau von Häusern und Kirchen, bereits zur Zeit der Azteken häufig verwendet.
- **Tlachtli:** Rituelles Ballspiel verschiedener vorspanischer Völker in Mittelamerika, bei dem der kopfgroße Ball nur mit Knien, Gesäß, Hüften und Ellbogen innerhalb eines Spielfelds bewegt werden durfte. Bei den Tolteken soll die siegreiche Mannschaft (oder deren Anführer) nach Spielende den Göttern geopfert worden sein.
- **Tlaloc:** Regengott verschiedener mittelamerikanischer Indianerstämme.
- **Tlatoani:** Verehrter Sprecher bzw. Großer Sprecher; Anrede für die Herrscher der einzelnen aztekischen Reiche, vergleichbar mit den Titeln König oder Kaiser (oder heutzutage: mexikanischer Staatspräsident ...).
- **Tonatíu:** Der Sonnengott der Azteken. Sein Gesicht ist auf dem berühmten aztekischen Kalenderstein im Anthropologischen Museum von Mexiko City abgebildet.

- **Tortilla:** Der berühmte mexikanische Maisfladen, zubereitet aus Maismehl, ein wenig Wasser und einer kleinen Prise Salz.
- **Tzotziles:** Indianerstamm im Bundesstaat Chiapas, in der Region von San Cristóbal de las Casas, bekannt für farbenprächtige Kleidung.
- **Tzeltales:** Indianischer Volksstamm in den Bergen von San Cristóbal de las Casas, Chiapas.
- **Viejitos:** „Die kleinen alten Männlein" stehen für die Tarasken, die sich der Legende nach den spanischen Eroberern ergaben, indem sich ihre Führer als alte, gebrechliche Männer vor Cortés ausgaben. Der Viejito-Tanz erinnert an diese Geschichte.
- **Voladores:** Fliegerritual, vermutlich zuerst bei den Totonaken entstanden. Vier Männer befestigen an der Spitze eines hohen Mastes jeweils ein Seil an ihren Füßen und „fliegen" in 13 Umdrehungen vom Himmel zur Erde. Diese Zeremonie soll im Zusammenhang mit der Kulturpflanze Mais und dem Kalender stehen.
- **Zapotécas:** Indianerstamm aus der Region Oaxaca, die (wie andere Stämme) das Heiligtum Monte Alban regelmäßig besuchten.
- **Zócalo:** Der Hauptplatz einer mexikanischen Gemeinde. Der Name geht auf einen Sockel, ein Fundament für ein Bauwerk zurück, das die Spanier ursprünglich auf der Hauptplaza Mexiko Citys errichteten, dann jedoch nie zu Ende bauten.

Literaturtipps

- **Aguilar Camín, Héctor:** Der Kazike. Roman. Fischer Taschenbuch, Frankfurt/Main 1991. Sein Wort ist Gesetz, seine Unterschrift Befehl. Ein spannender Roman über die feudalistischen Strukturen, Korruption und das Loyalitätsgefüge im ländlichen Mexiko.
- **Avila, Elena; Parker, Joy:** Curandera. Eien mexikanische Schamanin berichtet. Taschenbuch. München 2001.
- **Bennholdt-Thomsen, Veronika:** Zur Bestimmung des Indio. Die soziale, ökonomische und kulturelle Stellung der Indios in Mexiko. Indiana Beiheft 6. Ibero Amerikanisches Institut, Berlin 1976. Eine gut lesbare Untersuchung über das soziale und wirtschaftliche Leben der Indígenas in Mexiko.
- **Bennholdt-Thomsen, Veronika:** Juchitan, Stadt der Frauen. Eine ethnologische Studie über das von Frauen geprägte Leben in der Mittelstadt Juchitan im Isthmus von Tehuantepec.
- **Bernecker/Braig/Hölz/Zimmermann (Hrsg.):** Mexiko heute. Politik, Wirtschaft, Kultur. Vervuert 2004. In der Reihe Bibliotheca Ibero-Ameri-

cana haben die vier Herausgeber Beiträge über aktuelle politische und gesellschaftliche Entwicklungen in Mexiko zusammengestellt und ein kenntnisreiches Bild der kulturellen Perspektiven und der wirtschaftlichen Situation gezeichnet.

- **Buche/Metzger/Schell (Hrsg.):** Mexiko – die versteinerte Revolution. Bornheim-Merten 1985. Ein Sammelband mit zahlreichen Aufsätzen zur sozialen, wirtschaftlichen und politischen Situation Mexikos in den 1980er-Jahren.
- **Casas, Bartholomé de las:** Kurzgefaßter Bericht von der Verwüstung der westindischen Länder. Hrsg. Von Hans Magnus Enzensberger, Frankfurt 1966. Der „Anwalt der Indianer" legt hiermit Mitte des 16. Jh. eine Art Klageschrift vor Kaiser und Papst über die untragbaren Zustände in Mexiko ab.
- **Castañeda, Carlos:** Die Lehren des Don Juan. Ein Yaqui-Weg des Wissens. – Reise nach Ixtlan. Die Lehren des Juan. – Neue Gespräche mit Don Juan. – Der Ring der Kraft. Don Juan in den Städten. Mit Enthusiasmus und Neugierde dringt der Anthropologe Carlos Castañeda in die Welt der Yagui-Indianer Mexikos ein, schließt Freundschaft mit dem weisen Medizinmann des Stammes, Don Juan, und lässt sich von ihm aus der profanen Welt in die Realität einer neuen Dimension führen. Der Autor gewährt einen tiefen Blick in die Mythologie, die Rituale und die Arbeit der Schamanen der Yagui-Indianer.
- **Castellanos, Rosario:** Das dunkle Lächeln der Catalina Diaz. 1994.
- **Castellanos, Rosario:** Die neun Wächter. Suhrkamp Tb. 1992.
- **Chactun – die Götter der Maya.** Quellentexte, Darstellung und Wörterbuch. Hrsg.: Christian Rätsch. Eugen Diederichs Verlag, Köln 1986.
- **Coe, Michael C.:** Die Maya. Bastei Lübbe, TB. Das bündigste, übersichtlichste Werk über die Maya, geschrieben von einem renommierten Mayaforscher. Mit zahlreichen Illustrationen und Grafiken. Mittlerweile zwar in einigen Bereichen von neuen Entdeckungen leicht überholt, dennoch sehr wertvoll.
- **Cortés, Hernan:** Die Eroberung Mexikos. Alte abenteuerliche Reiseberichte. Eigenhändige Berichte an Kaiser Karl V., 1520-1524. Mit 28 zeitgenössischen Darstellungen und einer Karte. Hrsg.: Hermann Homann. Edition Erdmann.
- **Davies, Nigel:** Die versunkenen Königreiche Mexikos. Koch's Verlag Nachf., Berlin/Darmstadt/Wien o.J. Der Autor spannt einen historischen Bogen von den Olmeken über Teotihuacán, die Maya, Tolteken bis hin zu den Azteken. Mit zahlreichen Grafiken und Illustrationen.
- **Davies, Nigel:** Die Azteken. Meister der Staatskunst – Schöpfer hoher Kultur. Econ Verlag, Düsseldorf 1974. Der 1920 in England geborene

und in Eton ausgebildete Davies, Abgeordneter des britischen Parlaments (Nachfolger Churchills in dessen Wahlbezirk) lebt seit 1962 in Mexiko City und widmet sich dort dem Studium der Geschichte und Kultur der altmexikanischen Völker. Mit diesem Buch hat er eine der umfangreichsten Monographien über die Azteken geschrieben.

- **Deuel, Leo:** Kulturen vor Kolumbus. Abenteuer Archäologie in Lateinamerika. Taschenbuch, dtv 1982. Besonders interessant sind die Kapitel über die Entdeckung Chichen-Itzás, Palenques und Monte Albans mit dem Grab Nr. 7. Deuel lässt die Entdecker in ihren Tagebuchaufzeichnungen zu Wort kommen.
- **Díaz del Castillo, Bernal:** Wahrhafte Geschichte der Entdeckung und Eroberung von Mexiko. Stuttgart 1971. Ganz aus der Perspektive der spanischen *conquistadores* berichtet der wohl wichtigste spanische Chronist seiner Zeit über die Ereignisse in Mexiko ab 1519.
- **Ellert, Luzia; Hoffinger, Oliver; Swoboda, Ingo:** Chili. 120 scharfe Rezepte. Collection Rolf Heyne, 2007.
- **Engelbrecht, Beate; Keyser, Ulrike:** Mexikanisch kochen. Gerichte und ihre Geschichte. Edition día.
- **Erkundungen.** 22 Erzählungen aus Mexiko. Verlag Volk und Welt. Berlin 1991. Diese leicht lesbaren Erzählungen liefern einen guten Einstieg in die mexikanische Literatur.
- **Esquivel, Laura:** Bittersüße Schokolade. Roman. Frankfurt/Main 1991. Ein sehr kurzweiliger, mittlerweile grandios verfilmter Roman um Liebesaffären, Alltag, Kochrezepte und Krieg.
- **Falconer, Colin:** Die Aztekin. Roman. Das Leben von Ce Malinali (Malinche), der Dolmetscherin und Geliebten des Hernan Cortés, kurzweilig und historisch weitgehend korrekt erzählt. Heyne-Verlag, 1996.
- **Fuentes, Carlos:** Terra Nostra – Der alte Gringo – Nichts als das Leben – Die Heredias – Diana oder Die einsame Jägerin – Hautwechsel – Landschaft in klarem Licht – Das Haupt der Hydra – Christoph, Ungeborn – La Campaña (1990; handelt von der Unabhängigkeitsbewegung in Südamerika und Mexiko) – Chac Mool (Erzählungen) – Verbranntes Wasser.
- **Greene, Graham:** Die Kraft und die Herrlichkeit. Roman. Der stellenweise fanatisch und recht subjektiv schreibende amerikanische Schriftsteller schildert die blutigen Vorgänge in Mexiko zur Zeit der postrevolutionären Christenverfolgung und der Cristero-Aufstände; die Handlung ist hauptsächlich im Bundesstaat Tabasco angesiedelt.
- **Hafkemeyer, Jörg:** Mexiko. Zwischen Maya und Moderne. Westermann, Braunschweig 1988. Über Arbeit und Alltag, Politik und Polizei, Korruption und *fiestas, tequila* und *toreros*.

- **Hamann, Brigitte:** Mit Kaiser Max in Mexiko. Taschenbuch. München 2001.
- **Hermann, Helmut:** Mexiko. Reisehandbuch für individuelles Reisen in ganz Mexiko. Reise Know-How Verlag.
- **Hetmann, F.:** Indianermärchen aus Mexico. Fischer Taschenbuch, Frankfurt/Main. Kurzweilige, mitunter recht merkwürdige Märchen mit überraschender Pointe.
- **Hielscher, Martin Hrsg.:** Fluchtort Mexiko. Luchterhand Literaturverlag, Hamburg/Zürich 1992.
- **Humboldt, Alexander von:** Politischer Essay über das Königreich Neu-Spanien, (entstanden in Mexiko 1804). Humboldt beeinflusste damit die europäischen Vorstellungen über die Politik in Mexiko sehr stark.
- **Humboldt, Alexander von:** Reisen in die Tropen Amerikas. Stuttgart 1969. Mit Aufzeichnungen zu seinem Aufenthalt in Mexiko Anfang des 19. Jahrhunderts.
- **Huse, Birgitta:** Qué busca? Textilien und Touristen: Ein Maya-Indianerdorf in Chiapas, Mexiko. Die Kulturwissenschaftlerin erklärt in gut lesbarer Form die geschichtliche Entwicklung der heutigen Souvenirs. www.journal-ethnologie.de, 4/2004
- **Ibargüengoitia, Jorge:** Die toten Frauen. Roman, Taschenbuch. Bibliothek Suhrkamp, Frankfurt 1990.
- **Ibargüengoitia, Jorge:** Augustblitze. Roman, Taschenbuch. Bibliothek Suhrkamp, Frankfurt 1992.
- **Jennings, Gary:** Der Azteke. Fischer Verlag, Frankfurt/Main 1984. Historischer Roman der Spitzenklasse. Sehr lesenswert und äußerst spannend. Der Hintergrund: „Karl V., Kaiser des Römischen Reiches und König von Spanien, verlangt im Jahre 1529 einen Bericht über seine neue Provinz Neu-Spanien, ihre Geschichte und über die Traditionen, Sitten und Gebräuche dieses Landes. Der Kaiser und sein Hofstaat sind hingerissen und gebannt, wenn daraus vorgelesen wird. Fray Don Juan de Zumárraga, Erster Bischof von Mexico, hat den Befehl seines Kaisers befolgt. Er lässt einen Azteken berichten und ist entsetzt über das, was er zu hören bekommt und was er dem Kaiser vermelden muss."
- **Kerouac, Jack:** Tristessa. Ein teilweise in Mexiko spielender Roman vom kalifornischen Meister der Beatnik-Generation. Reinbek.
- **Kirchhoff, Bodo:** Mexikanische Novelle. Suhrkamp, Frankfurt/Main 1984. Ein deutscher Journalist lernt in einem kleinen Dorf im Norden Mexikos eine attraktive Mexikanerin kennen und fährt mit ihr in ihre Heimat. Deren Bruder reist nach und beginnt, Probleme zu machen. Der Journalist/Erzähler unterschätzt diese. So werden aus Zufällen Zwangsläufigkeiten, die in einer Katastrophe enden.

- **Kisch, Egon Erwin:** Entdeckungen in Mexiko. Köln 1981. Der rasende Reporter aus Prag, der in den 1940er-Jahren nach Mexiko auswanderte, schildert den mexikanischen Alltag kurzweilig und überaus informativ vor dem Hintergrund der mexikanischen Geschichte.
- **Linder, Leo G.:** Unter der Jaguarsonne. Begegnungen mit der Geschichte der Maya. Düsseldorf/Wien 1995.
- **Lindig und Münzel:** Indianer Nord- und Südamerikas. Band 2: Mittel- und Nordamerika. Dtv, wissenschaftliche Reihe. Eine übersichtliche Zusammenfassung des heutigen Forschungsstandes.
- **Lopez-Medina, Sylvia:** Cantora. Das Lied der Mestizin. Roman. Piper Verlag. München/Zürich 1994.
- **Lowry, Malcolm:** Unter dem Vulkan. Ein in Mexiko spielender historischer Roman. Reinbek 1984. Dieser 1938 zuerst publizierte Roman spielt vor dem historischen Hintergrund der Verstaatlichung ausländischer Erdölgesellschaften in Mexiko durch Präsident Lazaro Cardenas. Ein britischer Konsul trinkt sich in diesen Jahren zu Tode, die Mexikaner bilden den Rahmen für den an Handlung armen Roman.
- **Märchen aus Mexiko.** Diederichs Märchen der Weltliteratur. Rowohlt Taschenbuch 35055, Reinbek bei Hamburg, 1996. Eine der umfangreichsten Sammlungen mexikanischer Märchen aus verschiedenen Epochen, mit zahlreichen erklärenden Anmerkungen und einem Nachwort von Maria Antonia Espadinha. „Pueblo-Indianer, Mestizen und die Nachfahren der Maya und Azteken erzählen ihre schönsten Geschichten: Eine Prinzessin heiratet einen Bärensohn, ein Indiojunge kämpft gegen den grausamen Regengott, die Mondmädchen wetteifern um die Gunst des Sonnengottes."
- **Mastretta, Angeles:** Mexikanischer Tango. Roman, Suhrkamp, Frankfurt 1995. Die Mexikanerin Catalina Guzmán heiratet im Alter von 15 Jahren den Revolutionsgeneral Andrés Ascencio, der Gouverneur von Puebla, später sogar enger Berater des Staatspräsidenten wird. Der General verkörpert den Macho schlechthin: Autoritär und politisch skrupellos, unterhält er mehrere langfristige Affären mit anderen Frauen, von denen er auch Kinder hat. Ein Roman über die gegensätzlichen Welten von Mann und Frau im Mexiko der 1920er- bis 1950er-Jahre, über Politik und Korruption. Sehr kurzweilig und amüsant.
- **Meissner, Otto:** Meine Hand auf Mexico. Die Eroberung des mächtigen Aztekenreiches durch Hernando Cortés, 1519. Moewig Verlag, Rastatt 1978. Meissner dazu: „Alle in diesem Buch geschilderten Ereignisse sind tatsächlich geschehen, auch wenn sie oft unglaublich scheinen. Alle Personen der Handlung haben wirklich gelebt und tragen ihren richtigen Namen. Die Geschichte ist aufregender als die Phantasie.

Den Wegen der Entdecker bin ich selber gefolgt und habe alle Landschaften, die sie durchstreiften, mit eigenen Augen gesehen."

- **Michener, James A:** Mexiko. Roman. Gustav Lübbe Verlag, Bergisch Gladbach 1994. Zwei Matadore stehen im Mittelpunkt des dramatischen Geschehens in der kleinen mexikanischen Stadt Toledo, in der jedes Jahr eine dreitägige *fiesta* stattfindet. Dort treffen die Traditionen Mexikos in Form des spanisch geprägten Victoriano Leal und des indianischen Juan Gómez aufeinander. Norman Clay, ein in Toledo geborener US-Journalist, soll über diese Auseinandersetzung berichten. James Michener entfaltet anhand dieser drei Charaktere die gesamte Geschichte Mexikos.
- **Nadig, Maya:** Die verborgene Kultur der Frau. Ethnopsychoanalytische Gespräche mit Bäuerinnen in Mexiko. Fischer Verlag, Geist und Psyche. Frankfurt/Main 1986. Darin wird deutlich, wie sehr sich die mexikanischen Frauen auf dem Lande durch ihre Arbeit definieren; ihre Arbeit auf dem Feld bestimmt ihre Identität und ihr Selbstwertgefühl in erster Linie.
- **Pacheco, José Emilio:** Kämpfe in der Wüste. In Mexiko spielende Erzählungen. Residenz Verlag, 1995.
- **Paz, Octavio:** Das Labyrinth der Einsamkeit. Frankfurt/Main 1984. Der 1914 geborene und 1998 verstorbene Autor beschreibt, wie sich Mexiko auf der Suche nach sich selbst gegen den übermächtigen Nachbarn in der eigenen Tradition zurechtfinden und behaupten muss. Durch die Rückbesinnung auf das vorspanische, indianische Amerika einerseits und die Gegenbilder fremder Kulturen andererseits sucht Paz die Merkmale einer authentischen Mexikanität zu bestimmen.
- **Paz, Octavio:** Der menschenfreundliche Menschenfresser. Frankfurt/Main 1981. Octavio Paz erhielt wenig später (1984) den Friedenspreis des Deutschen Buchhandels.
- **Peyer, Rudolf:** Bis unter die Haut. Mexikanische Notizen. Artemis-Verlag, Zürich und München 1976. Der Autor beschreibt seine Reiseerfahrungen in Mexiko in den 1970er-Jahren, thematisiert das Leben in den Städten, den Alltag auf dem Lande, die Natur und die Geschichte, die Rolle der Kirche und die präkolumbischen Kulturen. Mit vielen Zitaten und Gedichten.
- **Poniatowska, Elena:** Stark ist das Schweigen; Vier Reportagen aus Mexiko. Suhrkamp Taschenbuch 1438, Frankfurt/Main 1987. Die gebürtige Pariserin lebt in Mexiko und gilt dort als eine herausragende Vertreterin des *jornalismo nuevo*. Poniatowska solidarisiert sich mit den Unterdrückten, z. B. den mexikanischen Frauen, und kämpft gegen die allgegenwärtige Ungerechtigkeit an.

- **Popol Vuh.** Das Buch des Rates. Diederichs Verlag, Düsseldorf/Köln. Die Geschichten des Popol Vuh blieben zunächst durch mündliche Überlieferung der Maya erhalten und wurden kurz nach der Eroberung von Padre Ximénez in lateinischer Schrift (aber in der Sprache der Quiche-Indianer) festgehalten. Ein wichtiges Dokument über die Entstehung und Wanderungen der Maya-Stämme, ihre Mythologie und kulturellen Traditionen.
- **Rätsch, Christian:** Bilder aus der unsichtbaren Welt. Zaubersprüche und Naturbeschreibung bei den Maya und den Lakandonen. Kindler, München 1985.
- **Reed, John:** Mexiko in Aufruhr. Berlin 1972. Der berühmte nordamerikanische Journalist beschreibt in diesem Buch die wilden Jahre der mexikanischen Revolution, in denen nicht nur Francisco Pancho Villa und Emiliano Zapata eine wichtige Rolle spielen.
- **Richter, Dieter:** Maya-Kultur erleben. Reise Know-How Verlag, Bielefeld 2003. Ein leicht lesbarer Ratgeber zum besseren Verständnis der Maya-Kultur.
- **Rulfo, Juan:** Pedro Paramo. Dieser in den 1950er-Jahren publizierte Roman gilt als epochales Werk der mexikanischen Literatur und als wichtige Basis des „Neuen Romans". Der Hauptdarsteller des Buches entschließt sich nach 30 Jahren des Wartens, den Vater seiner Angebeteten zu töten, um diese endlich heiraten zu können. Rulfo thematisiert in seinem Roman die Einsamkeit der verschlossenen Mexikaner, den Machismo und das fatalistische Verhältnis der Menschen zum Tod.
- **Sahagún, Bernadino de:** Sie suchen nach dem Gold wie Schweine. Die Eroberung Mexico-Tenochtitlans aus indianischer Sicht. Tübingen 1982.
- **Sahagún, Bernadino de:** Das Herz auf dem Opferstein. Aztekentexte.
- **Schmidt, Guido:** Die Soldaten der Jungfrau. Eine Erzählung aus dem Süden Mexikos. Frankfurt/Main 1994.
- **Stephens, John Lloyd:** In den Städten der Maya. Köln 1973. Der wichtigste und erfolgreichste Entdecker alter Maya-Anlagen im 19. Jh. berichtet zum Teil im Tagebuchstil von seinen Forschungen und Ausgrabungen. Mit zahlreichen hervorragenden Illustrationen seines Zeichners Frederick Catherwood.
- **Stucken, Eduard:** Die weißen Götter. Rororo, Frankfurt/Main 1961. Ein Epos auf wissenschaftlicher Basis über den Untergang des Aztekenreiches. Gerhard Hauptmann: „Ein Wunderwerk". Franz Werfel: „Ein unvergängliches Denkmal". Hermann Hesse: „Die deutsche Dichtung hat solche Schöpfer seit langem nicht gehabt".
- **Sturm, Augustin:** Mein Herz blieb in Mexiko. Abenteuer eines Lebens im Land der Unglaublichkeiten. München 1980. Ein deutscher Lehrer

zieht mitsamt Klavier, Frau und Kindern nach Mexiko, um dort Deutsch und Musik zu unterrichten. Das neue Leben fasziniert ihn, doch bald macht ihm der Kampf gegen Intrigen und Korruption das Leben schwer und veranlasst ihn, nach Kanada auszuwandern.

- **Somerlott, Robert:** Der Tod der Fünften Sonne. Fischer Taschenbuch Verlag, Frankfurt/Main 1990. Eine spannende Biographie Malinches, Cortés' Geliebter. Malinche „soll überaus schön und intelligent gewesen sein, überdies war sie in das Lager der Konquistadoren übergegangen." Als Geliebte und Dolmetscherin von Cortés half sie bei der Zerschlagung des Aztekenreichs.
- **Soustelle, Jacques:** So lebten die Azteken am Vorabend der spanischen Eroberung. Stuttgart 1956. Ders.: Das Leben der Azteken. Der 1912 geborene französische Ethnologe und Politiker setzt sich intensiv mit der Kultur der Azteken auseinander und untersucht die Frage, warum die so kriegerischen Azteken überhaupt einem kleinen Heer wie dem von Cortés unterliegen konnten.
- **Taibo II., Paco Ignacio:** Auf Durchreise. – Das Fahrrad des Leonardo da Vinci. – Das nimmt kein gutes Ende. – Comeback für einen Toten. – Das bizarre Leben. 1968: Gerufene Helden oder Handbuch zur Eroberung der Macht. Dies ist eine Auswahl seiner in deutsch erschienen Krimis, Romane und Essays, die zum Teil leider bereits vergriffen sind.
- **Thompson, J. Eric S.:** Die Maya. Aufstieg und Niedergang einer Indianerkultur. München 1968. Der „Entdecker" und Ausgräber Chichen-Itzás versucht die im 19. Jh. verfügbaren wissenschaftlichen Quellen über die Maya und die Ergebnisse seiner eigenen Forschungen vor Ort zusammenzufassen. Einiges davon ist heute überholt oder in Frage gestellt, das Buch dennoch lesenswert.
- **Traven, B.:** Der Marsch ins Reich der Caoba. – Die Rebellion der Gehenkten. – Der Schatz der Sierra Madre. – Die weiße Rose. – Mexiko, Land des Frühlings. – Die Baumwollpflücker. – Das Totenschiff. Allesamt lesenswert! Verlag: detebe-Klassiker.
- **Westphal, Wilfried:** Die Maya. Volk im Schatten seiner Väter. Eine umfangreiche Monographie, geschrieben mit viel Herzblut. Mit teilweise farbigen Abbildungen. Gondrom-Verlag.
- **Wilhelmy, Prof. Herbert:** Die Umwelt der Maya. Das umfassendste deutschsprachige Taschenbuch über die Kultur der Maya; mit zahlreichen Illustrationen. Piper-Verlag. Sehr empfehlenswert. Die Arbeit eines schwäbischen Tüftlers, eines Professors für Geografie an der Universität Tübingen.
- **Williams, Tennessee:** Die Nacht des Leguans. Ein Stück in 3 Akten. Fischer Taschenbuch, Frankfurt 1993.

sound))trip
in cooperation with
((piranha))
Neu im
REISE KNOW-HOW Verlag
REISE KNOW-HOW
Northern Africa
The Andes
Argentina
Australia
The Balkans
Barbados
Oriental Belly Dance
Northeast Brazil
Canada
Chile
China
Cuba
Finland
Iceland
India
Ireland
Japan
Mexico
New Zealand
Norway
Russia, St. Petersburg
Scotland
South Africa
Switzerland
Turkey
Uruguay
Die Compilations der CD-Reihe sound))trip stellen aktuelle, typische Musik eines Landes oder einer Region vor.
Jede CD 50–60 Min., 22- oder 46-seitiges Booklet.
Im Buchhandel erhältlich.
Unverbindl. Preisempf.:
EURO 15,90 [D]
Kostenlose Hörprobe im Internet.
www.reise-know-how.de

Register

A

B

C

D

E

Mexiko
San Diego
Tijuana
Mexicali
Tucson
El Paso
U S
Nogales
Ciudad Juárez
Hermosillo
Chihuahua
Ciudad Cuauhtémoc
Delicias
Guaymas
Santa Rosalía
El Divisadero
Creel
Cusárare
Guachochi
Parral
Ciudad Jiménez
Navojoa
Parque Natural Barranca del Cobre
Monclova
Golf von Kalifornien
Loreto
Los Mochis
Guasave
San Pedro de Colonias
San Carlos
Topolobampo
Torreón
Gómez Palacio
R. Aguanaval
Culiacán
La Paz
Durango
Mazatlán
Cabo San Lucas
Escuinapa
Acaponeta
Zacatecas
Aguascalien
Tepic
Guada-Lajara
PAZIFISCHER OZEAN
Ameca
Guanaj
Autlán
Morel
Giudad Guzmán
Colima
Uruapan
Manzanillo
La Orilla
0
300 km

New Orleans
Hauston
New Orleans
San Antonio
Piedras Negras
Nuevo Laredo
Brownsville
Monterrey
Reynosa
Matamoros
R. Conchos
Linares
San Fernando
Golf von Mexiko
Cuidad Victoria
Tampico
Rio Tampaon
Tamazunchale
Tuxpan
Pachuca
Mexico City D.F.
Puebla
Jalapa
Veracruz
Cuerna-vaca
Iguala
Tehuacán
Chilpancingo
Oaxaca
Mitla
Acayucan
Minatitlán
Tehuantepec
MEXIKO
Golf von Mexiko
Mérida
Tizimin
Cancún
Valla-dolid
Uxmal
Tulúm
Yucatan-Halbinsel
Cuidad del Carmen
Escárcega
Chetumal
Villa-hermosa
Palenque
BELIZE
Belmo-pan
San Cristóbal de las Casas
Tuxtla Gutiérrez
Ciudad Cuauhtémoc
La Mesilla
GUATEMALA
Puerto Cortés
San Pedro Sula
Talis-mán
Tapachula
Quezalte-nango
Guatemala City
HONDURAS

Der Autor

Klaus Boll ist Kulturwissenschaftler. Er war lange Jahre als Berater in der internationalen Entwicklungszusammenarbeit tätig und arbeitet heute als systemischer Berater für interkulturelle Zusammenarbeit in einem großen internationalen Unternehmen.

Nach mehreren längeren Aufenthalten in Mexiko Anfang und Mitte der achtziger Jahre reist er seitdem häufig dienstlich wie privat dorthin.

Danksagung

Dank an meine mexikanischen Freunde Lupita, Maria, Antonio, Luis, Raúl, Jorge, Gaudencio, Miguel und Ricardinha für ihre Auskünfte und Informationen, an Maximiliano, Sebastiano und Francisco für ihre spirituelle Unterstützung und ihre Anregungen.